Dieses Buch, welches viele meiner Patienten durch ihre Briefe mitgeschrieben haben,

widme ich allen, mit denen ich therapeutisch gearbeitet habe.

Ohne sie wäre mein Leben arm.

Wilhelm Reich und die Vegetotherapie

Die Patienten und der Behandler
Eine retrospektive Studie

Vladimir Bošnjak

tao.de

© 2016 tao.de in J. Kamphausen Mediengruppe GmbH, Bielefeld

Autor: Vladimir Bošnjak
Umschlag- & Innenlayout: Kirstin Dreimann, tao.de

Printed in Germany

Verlag: J. Kamphausen Mediengruppe GmbH, Bielefeld · www.tao.de

Bibliographische Information der Deutschen Nationalbibliothek: Die
Deutsche Nationalbibliothek verzeichnet diese Publikation in der Deut-
schen Nationalbibliographie; detaillierte bibliographische Daten sind im
Internet über http://dnb.de abrufbar.

ISBN
Paperback: 978-3-95802-973-6
Hardcover: 978-3-95802-974-3
e-Book: 978-3-95802-975-0

Inhalt

Schreiben Sie mir einfach ...

Der alte Weisheitssatz „Für die Welt bist du ein Sandkorn, und für dich selbst bist du die Welt" hat mir immer geholfen, den eigenen Blickwinkel zu adjustieren, vor allem, wenn ich für mich die Welt war. Das ist ein Zustand, in dem ich leide oder eingebildet und arrogant bin. Wenn dann dieser Satz von irgendwoher in mir auftaucht, entspannt sich mein Schultergürtel, und ein feines Lächeln huscht über mein Gesicht. Viele Menschen kennen das, beziehungsweise ich wünsche es ihnen! Das Vorhaben, das ich mit dem Schreiben dieses Buches verwirkliche, möge von dieser Weisheit begleitet und geleitet sein.

1962 musste ich ins Krankenhaus. Im Frühjahr und im Sommer 2003 war ich wieder krank. Grundsätzlich bin ich, Gott sei's gedankt, sehr gesund. Dieses Jahr 2003 brachte eine tiefgreifende Wende in mein Leben. Seit 1971 verbrachte ich Stunde für Stunde, Tag für Tag, Woche für Woche, Monat für Monat, Jahr für Jahr, neben einer Couch sitzend, auf der ein Mitmensch lag, erzählte, weinte, hustete, sich schnäuzte und spuckte ... Was sie/er erzählte, war hauptsächlich traurig und schmerzvoll. Und in den ersten sechs Jahren meiner therapeutischen Arbeit saß ich auch fünfmal in der Woche auf einem Stuhl in einem Kreis von Stühlen, meistens am späten Nachmittag oder am Abend. Auf den anderen Stühlen saß „die Gruppe". Gruppentherapie, Selbsterfahrungsgruppe, Encounter-Gruppe, TZI-Gruppe, Eric Berne und „Die Spiele der Erwachsenen" ..., all die Gruppenformen, die Ende der 60er bis Anfang der 70er Jahre aus den Staaten herüberkamen. Das Werk mit dem Titel „Die Gruppe" von Horst-Eberhard Richter ist 1971 erschienen.

In der gleichen Zeit wurde auch „The primel scream" von Artur Janov übersetzt und erschien auf Deutsch als „Der Urschrei". Über die Bedeutung dieses Buches für mich persönlich berichte ich später.

So saß ich also in der Gruppe und schwieg, hörte zu, fragte, bestätigte, konfrontierte, fasste zusammen ...

Am Ende dieser Gruppensitzungen – als ich alleine war, noch in der Praxis oder auf dem Weg nach Hause – kamen in mir widerspruchsvolle Gedanken und Gefühle auf; beglückend – es war gut, bei ihr/ihm ist etwas Wichtiges geschehen ..., oder eher unzufrieden – habe ich richtig reagiert? Ich habe zu viel geredet, mich zu oft eingemischt ..., ich war zu schnell, nicht bedächtig ... Glück, Dankbarkeit, Zufriedenheit ... Mein Beruf ist eine wunderbare Sache ... Oder es gab Zweifel, Unbehagen ... Habe ich ihr/ihm geschadet? Manchmal überkam mich Überdruss, weil sich der größte und wichtigste Teil unseres menschlichen Leidens permanent wiederholt – in persönlichen Varianten.

Als ich dann im Frühjahr 2003 im Klinikum-Nord in Nürnberg als Patient lag, einer unter 2.000 von mehr oder weniger „Gleichberechtigten", konnte und musste ich Gedanken denken und Gefühle fühlen, die mich sonst nicht beschäftigten. Ich dachte, dass in diesem Augenblick wahrscheinlich 1,5 Milliarden, – vielleicht sogar mehr – Menschen auf dieser Erde ähnliche oder schlimmere Schmerzen haben und in unzähligen Krankenhäusern auf der ganzen Welt liegen. Sie warten auf eine Untersuchung, wie auch ich, auf eine Untersuchung, die sie nicht über sich ergehen lassen wollen, weil sie ihnen gefährlich vorkommt ... In der Regel muss man vor einer solchen Untersuchung ein Papier unterschreiben. Und dann, nachdem sie drei Tage lang sehr oft gehört haben: „Es wäre wichtig, dass wir das machen", haben sie der Untersuchung zugestimmt, wie auch ich.

Die Mehrheit der Patienten aber liefert sich einfach der Untersuchungsmaschinerie aus, ohne irgendwelche Bedenken zu haben und etwas zu hinterfragen. Oder sie sind operiert und bangen um die weitere Entwicklung ihrer Genesung.

Für einige Wochen musste ich mich – und später wollte ich mich dann auch – all den widerspruchsvollen Erfahrungen stellen. In dieser ganzen Zeit fühlte ich einen grundsätzlichen Überdruss dem menschlichen Leiden und unserem undurchsichtigen Schicksal gegenüber. Wer braucht dieses Leiden? Wofür soll es nötig sein? Welches System steht dahinter?

Im Krankenhaus freundete ich mich mit einem Oberarzt an, der drei Jahre jünger war als ich selbst. Als ich ihn einmal fragte, wie er eigentlich mit unserem menschlichen Leiden umgehe, sagte er, er gehe damit nicht um, er mache seine Arbeit so gut er könne, sei ständig unter Druck, und wenn er dann zwischen sechs und sieben, manchmal sogar später, das Krankenhaus verlasse, sei er froh, nach Hause zu gehen. Seine Frau und er verstehen sich gut. Wenn er nach Hause kommt, trinkt er gerne vor dem Abendessen zwei Gläschen guten Schnaps, und im Fernsehen findet er in der Regel interessante Sendungen ... Nicht nur, weil er ein guter Doktor war, sondern auch wegen dieser Lebenseinstellung hatte ich ihn gern. Und da ich für die Maische von Zwetschgen und sonstigem Fallobst eine glückliche Hand habe und ein Grundstücks- und Obstbaumbesitzer war, brannte ich gute Schnäpse – ganz legal. Ob diese glückliche Hand für Alkohol eine Gabe oder Strafe Gottes ist, darüber will ich mich jetzt nicht auslassen ... Auf jeden Fall bekam Dr. Friedel einige Flaschen guten Schnaps, der in Oberfranken als „edel und fränkisch" gilt. Seine Freude darüber machte mich glücklich.

Seine Antwort auf meine schwerwiegende Frage: „Wie gehen Sie mit menschlichem Leiden um?" war und ist für mich wichtig. Sie holte mich von meiner inneren Schwere und Bedeutung herunter und zeigte mir, dass ein Teil meines Überdrusses eine feine Angeberei war. In den letzten Jahren haben wir uns aus den Augen verloren.

Als ich wieder gut dastand und mich in meinem Körper wohl fühlte, intensivierte sich in mir die Frage nach dem „objektiven" Wert meiner psychotherapeutischen Arbeit. In all diesen Jahren hatte ich nie das Gefühl, dass ich jemandem geholfen hätte. Wenn ich mit einem Patienten – eigentlich ein schlechtes Wort – arbeitete und es ihm/ihr bald oder allmählich besser ging, war mir klar, dass es für diesen Besserungsprozess viele mir unbekannte Gründe geben konnte. Einer war vielleicht oder sogar ziemlich sicher auch meine Arbeit. Wenn es jemandem nicht besser ging, konnte ich sicher sein, dass ihm/ihr meine Arbeit nicht half, zumindest nicht unmittelbar.

In dieser Stimmung entschloss ich mich, eine Enquête unter meinen Patienten, früheren und jetzigen, durchzuführen. Ich ging die Patientenkartei, Akten und Terminkalender durch. In Telefonbüchern und im Internet schaute ich nach und konnte ca. 360 aktuelle Patientenadressen finden; das war ca. ein Viertel der Gesamtzahl meiner Patientenkartei.

Dann überlegte ich recht lange und entwarf einen Brief, den ich an sie schickte.

VLADIMIR BOSNJAK
DIPL·THEOL·DIPL·SOZ·PÄD·(FH)
HEILPRAKTIKER
PSYCHOTHERAPIE·REICHSCHE
VEGETOTHERAPIE·PSYCHOSOMA-
TISCHE GEBURTSVORBEREITUNG

STÜCHT 7
91332 HEILIGENSTADT/O
TEL·09198/1444
FAX·09198/9987676
E·MAIL·bosnjak@t·online·de
BOGENSTRASSE 39
90459 NÜRNBERG
TEL·0911/458958
SPRECHSTUNDE
N·VEREINBARUNG

Sommer 2003

Liebe/r ...

Wahrscheinlich werden Sie zuerst überrascht sein, wenn dieser Brief in Ihre Hände gelangt, dann neugierig, vielleicht werden Sie sich sogar unbehaglich fühlen oder sich freuen, je nachdem, in welchem Licht Ihnen die Zeit, in der Sie regelmäßig zu mir kamen, und Ihre Erinnerung an mich jetzt erscheint.

In meinen Überlegungen schreibe ich diese Zeilen schon recht lange.

Seit meiner Kindheit hatte ich den Drang, in allem möglichst weit auszuholen, mit Adam und Eva anzufangen, also auch jetzt.

Anfang September 1944: Im Januar jenes Jahres war ich sieben geworden. Mir ist diese Zeit intensiv in Erinnerung geblieben; es ist Krieg. In meinem kindlichen Inneren kann ich die zwei entgegengesetzten Wirklichkeiten nicht zusammenbringen: den wunderbaren, warmen, freundlichen und friedlichen Spätsommer und die Schwere des Kriegs, der hochschwanger ist mit Angst, Traurigkeit und Trauer, mit ständigen Erwartungen grausamer Nachrichten.

Warum ist denn das so? Wird das immer auch so bleiben? Seit dieser Zeit versuche ich immer wieder zu verstehen, was eigentlich nicht so richtig verstanden werden kann.

Meine Mutter mit zwei kleineren Schwestern, eine ist erst im April auf die Welt gekommen und im letzten August – 2002 – schon gestorben, befinden sich in unserem Haus, im Dorf, wo wir herstammen. Der Vater und ich sind in Osijek, der Stadt der Bezirksregierung, wo wir jetzt leben, weil der Vater ein ziemlich hoher Regierungsbeamter ist.

Die Mutter wird in drei bis vier Wochen mit den Schwestern zurückkommen. Die ersten Nebel in der Drava-Ebene am frühen Morgen werden ihr die Zeit der Rückkehr anzeigen.

Osijek ist im letzten Krieg beim Zerfall Jugoslawiens im Ausland bekannt geworden, weil die Stadt arg beschossen wurde. Jetzt wird sich kaum mehr jemand daran erinnern.

Ich bin mit dem Vater in der Osijeker Wohnung, weil für mich die Schulzeit begonnen hat, jene Zeit, die für die nächsten zwei Jahrzehnte – sogar etwas länger – mein Leben bestimmen wird. In diesen Wochen, bis die Mutter nach Osijek kommt, sind wir in der Wohnung zu dritt. Der Vater, Herr Kopić und ich. Herr Kopić ist drei, vier Jahre älter als mein Vater; sie sind Arbeitskollegen und Freunde. Seine Frau ist auch zu Hause auf dem Land.

In der Früh gehe ich zur Schule. Der Unterricht muss oft ausfallen, weil Partisanen von dem anderen Drava-Ufer die Stadt beschießen. Zum Mittagessen treffen wir drei uns im großen städtischen Waisenhaus. Es wird von Klosterfrauen geleitet und untersteht oben bei der Regierung meinem Vater, der sich hauptsächlich um das Finanzielle der Einrichtung kümmert.

Am Nachmittag lerne ich oder auch nicht, spiele, manchmal gehe ich zu befreundeten Familien. Der Krieg intensiviert die Freundschaften. Am Abend, bevor ich schlafen gehe, betet Herr Kopić mit mir. Einmal – nach dem Abendgebet – fragte ich ihn plötzlich: *„Werde ich das Jahr 2000 erleben?"* Die Frage überrascht ihn sichtlich. Ich selbst habe keine Ahnung, wie und wodurch diese Frage in mir aufkam. Er überlegte und sagte dann besonnen: *„Wahrscheinlich wirst du das Jahr 2000 erleben. Du wirst nicht einmal sehr alt sein: 63 Jahre."*

Und diese Jahre vergingen ... Ich wurde sechzig; dann kam das Jahr 2000 mit 63, dann das offizielle Rentenalter mit 65 ...

Bei jedem dieser Abschnitte tauchte in mir der Wunsch auf, ein objektives Bild zu bekommen, objektiv zu erfahren, *soweit das möglich ist,* welche Bedeutung mein bisheriges Leben – und zwar in Bezug auf meinen Beruf – hatte. Hier verstehe ich die „Bedeutung" von außen gesehen, d.h. wie Sie die Auswirkung meiner Arbeit und auch Ihrer Arbeit auf sich selbst erlebt haben. Bei anderen Aspekten meines Lebens kann ich die Bedeutung selbst einordnen. Einigermaßen.

1971 habe ich mit der psychotherapeutischen Arbeit begonnen. Zuerst war ich fünf Jahre in der Drogenberatung in München tätig; dann – seit 1975 – arbeitete ich selbstständig in eigener Praxis.

Ich schaute Patienten-Karteikarten durch, blätterte die Unterlagen in den langen Reihen der Aktenordner, schaute nach in Terminkalendern. Wie viele Menschen kamen während der 32 Jahre in die Behandlungsräume, in denen ich mit ihnen arbeitete?! Wie viele Stunden in diesen gut drei Jahrzehnten saß ich neben einem Bett, auf dem

jemand lag, klagte, litt, hoffte, redete, schwieg, lachte, atmete, hustete, spuckte, weinte ...?! Wie viele Stunden saß ich in den Gruppenrunden, hörte zu, fragte, schwieg, provozierte, konfrontierte, versuchte Zusammenhänge zu verstehen und aufzuzeigen ...?! Es waren viele Stunden, und es waren nicht wenige Menschen. Vom Geld, das sie mir bezahlt haben, habe ich all die Jahre mit meiner Familie gelebt – und das nicht schlecht.

Was haben aber Sie, meine Patientinnen und Patienten, von dieser Therapie wirklich bekommen? Diese Frage ist der eigentliche Anlass dieses langen Briefes. Ich habe versucht, möglichst viele Adressen von Ihnen ausfindig zu machen und schicke Ihnen nun diesen Brief zu. Meine Bitte an Sie: Nehmen Sie sich Zeit, am besten sofort, und schreiben Sie mir, so aufrichtig, wie es Ihnen möglich ist!

War Ihre Therapie mit mir für Ihr Leben von Nutzen, inwiefern?

Haben Sie in irgendeiner Art und Weise davon Schaden getragen, inwiefern?

Was war für Sie hilfreicher: das Reden oder das „Andere", intensive Atemsequenzen, Bewegungen, Laute, mit den Augen dem Lämpchen nachgehen, Stöhnen, Zittern, Kälteschauer, Kribbeln ...?

Wie haben Sie meine Arbeit an Ihrem Kopf am Ende der Sitzung erlebt?

Hat es Sätze, Hinweise gegeben, die für Sie besondere Bedeutung hatten und die sich Ihnen so eingeprägt hatten, dass Sie sie nicht mehr vergessen haben?

Wenn es so etwas gegeben hat, würde ich gerne diese Sätze aus Ihrer Erinnerung erfahren.

Zu wissen, welche Schwierigkeiten Sie mit mir hatten, ist mir sehr wichtig.

Was hat Sie an mir und meiner Art gestört, geärgert, verletzt?

Wie sind Sie damit umgegangen?

Was erleben Sie jetzt, wenn Sie diese Zeit in sich aufkommen lassen? Beschönigen Sie nichts!

Schreiben Sie mir einfach, wie es Ihnen geht, was Sie machen, was Sie innerlich beschäftigt!

Ich sagte eben, schreiben Sie mir am besten sofort. Wir alle schieben Dinge gerne auf in dem Gefühl, später wird es leichter und günstiger sein, das zu erledigen. Das ist unsere *Morgen-Krankheit.* Sie ist für uns sehr verderblich. Es ist mir klar, dass nur ich an Ihren Antworten interessiert bin und dass Sie meine Bitte eher als eine zusätzliche Arbeit erleben werden. Ich bin aber wirklich an Ihren aufrichtigen Antworten interessiert. Alle von Ihnen, die diese Zeilen erreichen und die das wünschen, können einen Termin mit mir vereinbaren. Ich würde Ihnen gern eine Sitzung als Geschenk geben; dann könnten diejenigen von Ihnen, die in der Therapie vor 1978 waren, erfahren, was ich damals in Los Angeles gelernt habe. Für Ihre Antwort danke ich Ihnen im Voraus.

Es grüßt Sie herzlich und warm

Vladimir Bošnjak

Von den verschickten Briefen kamen ca. 47 als unzustellbar zurück. Gut die Hälfte der Briefempfänger antwortete. Etwas weniger als die Hälfte schrieb also nicht zurück. Sie sind mir ein „Stachel im Fleisch". Einigen von ihnen fühlte ich mich ausdrücklich verbunden. Es riefen 13 an, weil ihnen das Schreiben zu kompliziert war.

Meine Freunde, die sich in Statistiken auskennen, „trösteten" mich, weil das ein sehr gutes Umfrageergebnis sei. Ja, nun, „Statistik" als wissenschaftliche Methode hat heute einen so hohen Wert, dass ich mit einem kleinen Unbehagen sage: Ich halte von ihr wenig bis nichts. Mir scheint genau das und schien immer genau das wichtig zu sein, was eben in keine Statistik passt.

Nun folgen Briefteile beziehungsweise ganze Briefe, die ich als Antwort bekommen habe. Die Namen der Patienten sind verändert, und ich werde aufpassen, die Anonymität der mir nahen Menschen zu wahren. Die Rückantworten kamen in der Zeitspanne vom späteren Sommer 2003 bis Mai 2005.

Es ist eine bekannte Sache, dass mehr Frauen als Männer einen Psychotherapeuten aufsuchen. So war ich „stolz", dass in meiner Praxis Frauen und Männer sich das Gleichgewicht hielten. Im Antworten auf meinen Brief waren es aber 92 Frauen und 71 Männer, die mir zurückschrieben.

Die Antwortbriefe konnte ich nach keinem Gesichtspunkt ordnen. In die Praxis kamen Hochschulabsolventen, Hochschulprofessoren, Studentinnen und Studenten der Medizin, der Psychologie, der Sozialpädagogik, der technischen Richtungen, etliche Lehrer verschiedener Schularten, Schüler aus den höheren Klassen, Ärzte, Krankenschwestern, Bankkauffrauen, Menschen in sozialen Berufen, evangelische Pfarrer und ihre Frauen, Handwerker, Arbeiter, Angestellte, einige Landwirte, einige Pensionierte ... Sie waren im Alter von 16 bis 70 Jahren. Die Briefe widerspiegeln diese Vielfalt. In ihnen ist nichts korrigiert – weder Rechtschreibung noch Formulierungen.

Zu den Briefen füge ich hinzu, in welchem Alter jemand war, als er zu mir kam, wie lange er geblieben ist und wie viele Sitzungen er hatte.

Nach meinem Empfinden kommentiere ich die Briefe, wenn ich meine, dass sie sonst nicht genug beziehungsweise richtig verstanden werden können. Oder ich füge meine Gedanken und Einsichten hinzu.

Nachdem ich das Manuskript das letzte Mal las, empfand ich, dass der Hauptteil des Buches, nämlich der Briefe, sehr kompakt ist. Auch wenn sie interessant sein mögen, da sie verschiedene Schicksale beschreiben, wirkten sie auf mich ermüdend, und meine Aufmerksamkeit hat beim Lesen der Briefe nachgelassen. Und es kam in mir ein Drang hoch – jetzt gehe ich das schnell durch –, und das wäre schade.

So versuche ich, diesem Drang entgegenzuwirken, indem ich immer zwischen zwei Briefen ein Zitat einschiebe. Diese Zitate beziehen sich nicht auf die Briefinhalte, sondern sie sollten beim Lesen wie eine „Zigarettenpause" wirken. Vielleicht! Hoffentlich! Das würde heißen, dass ich danach *aufmerksam* weiter lese.

Zum großen Teil sind es Zitate über Freundschaft.

Briefe & Exkurse

Frau Ulrike Thanner war 29 Jahre alt, als sie zu mir kam,
sie blieb 2 Jahre in der Therapie und hatte 64 Sitzungen.

„Lieber Vladimir,

der Impuls, Dir sofort zu antworten, ging dann doch im Trubel unter, und heute fiel mir Dein Brief wieder in die Hände.

Ich habe von der Elfriede Engelein erfahren, dass Du dieses Rundschreiben auf den Weg geschickt hast, und ich hatte große Lust, Dir zu antworten.

Ja, die Zeit, die ich bei Dir verbracht habe, hatte Bedeutung für mich. Sie ist mir in einer guten Erinnerung geblieben, und ich empfand Deine Begleitung damals als hilfreich. Ich hielt Dich als einen „guten" Therapeuten in meinem Gedächtnis. Das klingt jetzt zwar blöd, aber ich habe doch etliche Leute, die therapeutisch arbeiten, kennen gelernt, und da geben sich doch Unterschiede, was von den unterschiedlichen Personen in mir zum Klingen kam.

Ich kam ja ursprünglich zur Atemtherapie als Begleitung während der Schwangerschaft und zur Geburtsvorbereitung.

Ganz klar kann ich sagen: Das Atmen, die sehr feine Kör-pererfahrung bis ins Becken und die tiefe Ruhe, die ich dadurch erleben konnte, taten mir in dieser Zeit sehr gut. Das Atmen und die Körpererfahrung unterstützten das Ge-bären in positiver Weise. Ich erinnere mich deutlich daran, wie ich mich während der Geburt, als das Kind schon eine ganze Weile im Geburtskanal feststeckte, an das Atmen, an das Öffnen der Scheide und an das Loslassen, Hergeben des Kindes aus meinem Bauch, erinnerte und ich mich diesem Moment dann voll hingeben konnte. Das hatte ich bei Dir gelernt und geübt. Jahre danach habe ich die Atemübungen allein für mich weiter ausgeübt.

Nach der Geburt meiner Tochter warst Du mein Begleiter in der schwierigen Phase der Trennung vom Vater des Kin-des. Ich habe damals einen Platz gebraucht, und diesen Platz hatte ich bei Dir.

Auch das alleine sollte nicht unterschätzt werden.

Ich habe Deine Art geschätzt. Sicherlich war sie beein-flusst von der Arbeit mit Gurdjieff. Ich suche nach Worten: Klarheit, nicht manipulierbar, sondern präsent sein, im Hier und Jetzt. Die Bedeutung für mein Leben jetzt? Eine wun-derbare Erinnerung an das Erlebnis der Geburt meiner Tochter, v.a. an den Moment des Loslassens.

Eine Körpererfahrung, die ich in mir trage. Ganz speziell erinnere ich mich an ein paar Sitzungen, in denen wir an der Öffnung der Kehle gearbeitet haben. Heute noch kann ich das neue Körpergefühl zurückrufen, wenn es mir mal verloren geht. Ebenso die Erfahrung der Öffnung im Unterleib. Das Ge-wahrsein in diesem Bereich habe ich nie mehr verloren. Das „Arbeiten" mit einem Therapeuten, der für mich klar, präsent und eindeutig war. Du warst mir da ein klares Gegenüber. So konnte ich mich selbst in einer Eindeutigkeit erleben.

Eine Begleitung auf meinem Weg und sicherlich auch ein Einfluss auf die Richtung meines Weges. Welcher Einfluss? Echtheit, Klarheit, das Jetzt als das Gültige nehmen. Ich erinnere mich oft an eine Situation, die ich bei einem Wochenende damals erlebt habe. Wir waren in einem Bauernhof und hatten Tänze von Gurdjieff gelernt, nebenbei gearbeitet ...

Da wurde manchmal die Glocke angeschlagen, und wir sollten genauso wie in dem Moment verharren und uns wahrnehmen. Immer wieder komme ich so zu mir zurück. Diese Übung wirkt wirklich nachhaltig in mir, und ich kann gar nicht sagen, was ich alles daraus schöpfe: Die Wahrheit des Augenblickes, das unbeschönigte Beobachten meiner selbst, die Erkenntnis von Illusion, von Träumerei, von Gedankenkonstrukten.

Ich habe keinen Schaden aus der Therapie davongetragen.

Für mich war das Atmen sehr hilfreich. Mit den ganzen Bewegungen, die ich dazu machen musste.

Wir haben wenig geredet, aber ich habe einen wichtigen Satz für immer in meinem Gedächtnis. (s.u.)

Manchmal hätte ich gerne mehr Zeit zum Reden gehabt, ein wenig Raum, mich auch gedanklich besser zu begreifen.

Die Arbeit am Kopf war für mich nicht so intensiv. In der Erinnerung ist mir nur noch schwach, dass ich mich manchmal fragte, was Du da machst und ob es Bedeutung haben soll.

Mir sind zwei Sätze in Erinnerung geblieben:

Einmal kam ich völlig identifiziert und völlig außer mir bei Dir an. Als erstes lachtest Du. Ein anderer Klient wäre vielleicht beleidigt aufgesprungen. Ich erschrak. Im selben

Moment wurde ich mir meiner selbst gewahr. Und dann lachte ich mit. Dann sagtest Du: ‚Was für ein sinnloses Leiden.'

Das war einer der wichtigsten Momente in meinem ganzen Leben.

Einmal sagtest Du, wenn ich so mit den Männern weitermachen würde, hätte ich es in den Wechseljahren sehr schwer. Da habe ich lange damit gekämpft und auch Angst gehabt. Glücklicherweise war ich in dieser Zeit auch bei einer wunderbaren Astrologin, die mir diese spezielle Konstellation mit allen ihren Lehrmöglichkeiten auf astrologische Art nahebrachte. Und gewissenhaft, wie ich bin, habe ich natürlich dran gearbeitet. Dieser Satz war insofern von Bedeutung, weil ich ihn nie vergessen habe und weil mir etwas daran lag, daran zu lernen. Was mir, soweit ich es einschätzen kann, gelang.

Ich denke, es war für mich in gewisser Weise schwierig, mit Dir zu arbeiten, weil Du damals mit Paul befreundet warst. Ich hatte, wenn ich mich einlassen konnte, so eine leichte Angst bzgl. Deiner Loyalität mir gegenüber im Hintergrund. Das machte mich innerlich manchmal trotzig oder abwehrend.

Bei dieser Frage muss ich tief graben. Es ist direkt nichts Verletzendes übrig geblieben. Doch bei langem Suchen fiel mir ein, dass ich das Kaffeetrinken, während ich splitternackt und mit geschlossenen Augen vor Dir auf der Couch lag, am Anfang befremdend fand und selbst wahrscheinlich auch nie machen würde.

Ich kann mich nur vage an das Ende der Behandlungszeit erinnern. Soweit ich das im Gedächtnis hatte, bekam ich von Dir eine Postkarte aus Kanada oder Amerika mit der Information, dass Du längere Zeit dort bleiben wirst. Da fühlte ich mich 'im Stich gelassen'. Bald danach zog ich dann sowieso aus München weg.

Ich habe, wie oben geschrieben, insgesamt ein gutes Gefühl, wenn ich an die Zeit bei Dir denke. Du warst mir ein wichtiger Begleiter in einer wichtigen Zeit. Ich habe vieles mitgenommen, das mich in meinem weiteren Leben begleitet hat, sowohl, was Selbsterfahrung und Körpererfahrung betrifft, wie auch die wichtigen philosophischen Anregungen. Auch das Erleben Deiner Art, wie Du therapeutisch gearbeitet hast, hat mir für mein eigenes Tun wichtige Eindrücke vermittelt.

Ich habe noch zwei weitere Therapien gemacht...

Ich fühle mich insgesamt sehr dankbar, in dieser Weise begleitet worden zu sein.

Zu unserem Leben jetzt: Wir, Magdalena und ich, leben seit 16 Jahren in BW.

Sie ist jetzt 18 Jahre alt und macht in diesem Schuljahr das Abitur. Magdalena ist ein sehr tiefgründiger und auch sehr wahrhaftiger Mensch geworden. Ihr Berufswunsch geht in die Richtung Psychologie und Kriminalistik. Sie ist auf der Suche nach einer Antwort darauf, warum Menschen „böse" werden und hofft, da irgendwo Antwort zu finden. In diesem Sommer muss sie sich zum ersten Mal mit einem großen Liebeskummer auseinandersetzen. Wir verstehen uns gut. Wir leben in einer sehr ehrlichen und partnerschaftlichen Beziehung.

Ich habe seit fast 16 Jahren eine Praxis als Heilpraktikerin. Hauptsächlich habe ich meine Klienten mit Shiatsu-Behandlungen begleitet.

Ja, es ist alles in Ordnung. Da könnte ich jetzt noch vieles schreiben ... ‚Ich bin glücklich'.

Lieber Vladimir, ich wünsche Dir alles Gute, und hoffentlich bekommst Du durch diese Umfrage Antwort auf Deine Fragen.

Liebe Grüße von Ulrike Thanner."

In Begleitung

Dieser Brief, als Anfang der Antworten, ist geeignet und verlangt auch, dass ich das Wesentliche über das Szenario und die Atmosphäre in meiner Arbeit sage. Meinen menschlichen und beruflichen Werdegang habe ich vor, noch ausführlich in einem weiteren Buch zu beschreiben – keine Autobiographie, sondern das Aufzeigen des Weges meiner Sehnsucht. Der eigentliche Grund für dieses Vorhaben sind meine Kinder.

Wenn ich auf mein Leben zurückblicke, stelle ich fest, dass meine Gedanken und Gefühle widersprüchlich waren, ständig wechselten, sich gegenseitig ausbooteten ... Das ist noch immer so, nur habe ich jetzt diesen inneren Vorgängen gegenüber einen größeren Abstand und mehr Geduld. Auch bin ich im Laufe der Zeit fähiger geworden, mich selbst unparteiisch zu beobachten. Die Sehnsucht blieb während dieser Jahrzehnte beständig. An seinem 80. Geburtstag sprach Romano Guardini[1] über Ironie. An meinem 80. Geburtstag würde, müsste ich über Sehnsucht sprechen.

Viele Patienten sagten: *„Über meinen Vater weiß ich eigentlich nichts."* Das muss auch ich über meinen Vater sagen. Es geht dabei nicht um äußere Ereignisse in seinem Leben, sondern mehr um seine inneren Erlebnisse.

Meine Kinder äußerten oft den Wunsch, zu wissen, wie es in meinem Leben war. Immer wieder wenn ich etwas aus der Vergangenheit erzählte, hörte ich den Satz: *„Das wusste ich gar nicht."* Anna, mein jüngstes Kind, sagte einmal ausdrücklich: *„Du musst mir alles, was du gemacht und erlebt hast, aufschreiben."* Deshalb sind sie der erste und wohl nicht der einzige Grund für das Vorhaben, über mein äußeres und inneres Leben zu schreiben. Hier in diesem Zusammenhang will ich nur in Kürze das Wesentliche dazu sagen.

Großes Glück wurde mir zuteil in „Begegnungen mit bemerkenswerten Menschen", wie Gurdjieff sein zweites Buch betitelte. Aber zuerst: Für jedes Menschenkind sind wohl seine Mutter und sein Vater die bemerkenswertesten Menschen. Sie verbinden uns mit dem Leben, mit der Ewigkeit, mit Gott. Unser ganzes Leben werden wir damit zu tun haben, was wir bei unserer Entstehung von ihnen bekommen haben. Es ist sehr gut, oft darüber nachzudenken.

---

[1] Romano Guardini 1885-1968 war katholischer Priester, Theologe und Religionsphilosoph. In meiner Studienzeit in München war er Professor für christliche Weltanschauung. Guardini schrieb viel. Für mich ist sein Büchlein „Vom Sinn der Schwermut" wichtig gewesen.

Jetzt folgen andere bemerkenswerte Menschen, denen ich in meinem Leben begegnet bin. Mein Grossvater mütterlicherseits – Miško Bokor; zwei Jesuiten-Patres: Ivan Loina auf dem Jesuiten-Gymnasium in Zagreb und Dr. Ivan Kozelj, der Philosophieprofessor an der theologischen Fakultät in Zagreb.

Von Prof. Kozelj lernte ich, a) dass ich kein Mediziner sein muss, um zu diagnostizieren, dass eine Leiche zum Beispiel keinen Kopf hat oder erschossen wurde, b) dass ich, um das zu diagnostizieren, keine Erlaubnis von der medizinischen Fakultät holen muss und c) dass es für die Philosophie und für mich am besten ist, wenn ich selbständig denke.

Dann begegnete ich Dr. Hubert Klees, dem Spiritual im Priesterseminar, „Herzogliches Georgianum" in München, und Frau Angelika Probst, der „klassischen" Psychoanalytikerin in München, bei der ich meine erste Psychotherapie wegen einer „neurotischen Depression" machte. Einmal sagte sie zu mir: *„Wenn Sie aus Ihrem Schlamassel heraus sind, werden Sie viel über Menschen wissen."* Dieser Satz war wohl der Anfang meiner Überlegungen, einmal selbst Psychotherapeut zu werden.

Ein zweiter Satz und die damit verbundene Erfahrung aus dieser Therapie blieb maßgebend für mein späteres Leben. Ich erinnere mich, dass ich über etwas sehr erhitzt redete, worüber, weiß ich nicht mehr. Nach einer Weile sagte Frau Probst: *„Sie reden so viel drauflos über etwas, wovon Sie keine Ahnung haben."* Ich fühlte mich wie abgemäht, ertappt und beschämt, und ich musste innehalten. Ja, wie oft mache ich das!? – ging's durch meinen Kopf. Seit dieser Zeit wacht in mir ein Engel, der aufpasst, dass ich nicht in eine solche Situation reinrutsche, und wenn, dass ich es schnell merke. Dafür bin ich seit 49 Jahren Frau Probst dankbar. Viel später werde ich entdecken, dass bereits Sokrates, so wie Platon ihn darstellt, diesen Zug in der menschlichen Natur beobachtet hatte. So viele Bereiche in unserem öffentlichen und privaten Leben sind mit diesem Übel verseucht.

Dr. Ottokar Graf zu Seyn-Wittgenstein und sein Buch „Märchen, Träume, Schicksale" war für mich wichtig, wie auch Dr. Ursula Heim, beide Psychotherapeuten in München. Bei ihnen lernte ich analytische Psychotherapie, die sie in ihrem wichtigen Teil bereits entmythologisiert hatten. Zu den Begegnungen mit bemerkenswerten Menschen gehört auch Bhagwan Shree Rajnish in Indien, in seinem Ashram in Poona. Im Schlusskapitel werde ich darauf zurückkommen.

Dann die bedeutenden Begegnungen in Kalifornien, mit der ganzen Primärtherapie-Szene in Los Angeles und im Esalen Institut in Big Sur. Da begegnete ich Stanislav Grof, John Lilli, Dick Price, Gregory Batson und Elisabeth Kübler-Ross. Lenard Ohr und die Rebirthers waren hingegen eher eine lustige Episode. Mit Stan Grof lernte ich psychodelische Substanzen kennen – in einem streng klinischen Rahmen. Das sind wohl göttliche Erfahrungen in meinem Leben. In meinem kommenden Buch will ich das detailliert beschreiben.

Die Begegnung mit Gregory Batson, dem Vater der „double bind", prägte mein Denken und Beobachten entscheidend für mein späteres Leben – bis heute. Hier ein kurzer und präziser Versuch zu zeigen, was unter „double bind" zu verstehen ist: *„Die Mama hat dich nicht bestraft, weil sie böse ist, sondern, weil du böse warst. Mama schlägt dich, weil sie es gut mit dir meint."* Eine fünffach verdrehte Botschaft, die den Botschaftsempfänger hilflos, verworren, handlungsunfähig macht. Wir müssen uns noch die Körpersprache dabei vorstellen. Solche Botschaft macht den Menschen, das Kind besonders, verworren, wütend, sprachlos, handlungsunfähig und traurig.

Was mein Berufsleben für die nächsten Lebensjahrzehnte bestimmen wird, ist das Erlernen der Reich´schen Vegetotherapie – Reichian Body Work – bei Dr. Philipp Curcuruto und die Freundschaft mit Dr. Dr. Wilson Smith, seinem „Meisterschüler". Er war mein Lehrtherapeut. Phil war ein einmaliger Lehrer. Amerikanische Therapeuten, besonders die kalifornischen, welche Reich´sche Therapie praktizierten, betonten als eine Auszeichnung auf ihrer Home-Page, dass sie Curcurutos Schüler waren. Das macht auch Peter Levine, der weltbekannte Trauma-Therapeut. In seinem Buch „Sprache ohne Worte" schreibt er im „Dank"-Kapitel, S. 15: *„Ein Riese, auf dessen breiten Schultern ich stehe, ist Dr. Wilhelm Reich. Seinen umfassenden Beitrag zum Verständnis der ‚Lebensenergie' brachte mir Philip Curcuruto nahe, ein Mann von wenigen Worten und von einer einfachen Weisheit".* Ja, wenige Worte, weil er sich in keine Diskussionen über Reich einließ. Wie weise!

Jetzt sind es nicht mehr viele, die noch praktizieren. So bin auch ich darauf stolz und dafür dankbar. Meine Ausbildung war eingebettet in das Psychologiestudium am International College. Dieses College war eine Hochschule in Los Angeles, gegründet in den 1970er Jahren. Die Idee der Gründer war: Am College wird „in vestigiis institutorum antiquorum" – „auf den Spuren der alten Lehrer" – gelehrt. Die alte Weise, zu lehren, war die der Platon-Akademie oder auch der Pythagoras-Schule. Die Studenten gingen zum Lehrer, wohnten sogar bei ihm oder gemeinsam in der Nähe und trafen sich täglich mit ihm. Sie sprachen über das Thema miteinander und brachten sich mit ihrem Nachdenken und ihren Einsichten ein. Sowohl in der Pythagoras-Schule als auch in der Platon-Akademie hat es Studentinnen gegeben.

Gurdjieffs Institut für harmonische Entwicklung des Menschen, im Châtau du Prieuré, in Avon bei Fontainebleau, war auch so konzipiert.

Diese Vorstellung des Lehrens und Lernens widerspiegelt sich ursprünglich in Klosterschulen. Wir Psychologiestudenten am International College trafen uns im Haus von Prof. Curcuruto. Dort hörten wir seine Vorlesungen, hatten unsere „Frage- und Antwortstunden" und klinische Übungen. Unsere Feste fanden dort statt. Wenn ich mich richtig erinnere: In meinem Semester waren zwölf Amerikaner, ein Holländer und ich. Für ein Semester zahlte ich damals 1.500 amerikanische Dollar. In dieser Zeit begegnete ich zum ersten Mal den Namen Gurdjieff und Ouspensky. Etwas trieb mich, noch lebende Schüler von dem „alten Magier" ausfindig zu machen. Und das gelang mir auch.

Und nun, seit dem Februar 2009, schlage ich mich mit dem neuen Familien-Stellen und mit Bert und Sophie Hellinger herum. Ich sage das nicht ironisch, ich erlebe es als eine sehr ernste Herausforderung. Es ist hilfreich, für die Orientierung in der Zeit, zu sagen, dass die erste Begegnungsphase mit all diesen Strömungen und Menschen 1972/73 endete, die zweite schloss sich dann an. Besonders intensiv waren die Jahre meiner „Gesellen-Wanderschaft" – 1976-1978 ... Die wichtigste Begegnung – im Spätherbst 1964 – hatte ich mit einer reifen Frau, die neun Jahre älter war als ich. Sie dauerte vier Wochen, danach war für mich klar, dass ich kein katholischer Priester werden will. Für diese Erfahrung bin ich besonders dankbar.

Dieser Text birgt nur auf den ersten Blick etwas Angeberei in sich, verdeutlicht jedoch den aufrichtigen Wunsch, dass der Leser erahnt, dass ich gezwungen war, ernsthaft zu suchen.

Das Suchen, die Suche, der Suchende – sind für mich eine physische, somatische Angelegenheit. Ich muss hingehen, ich muss ausprobieren, an und in meinem Körper erleben: stundenlang meditieren – andere Ausdrücke dafür: sitzen, praktizieren –, körperlich schwer arbeiten, tagelang schweigen, Aufmerksamkeit üben, auf der Couch liegen und selbst tun, was ich später vermitteln will. Ich kann weder nachlesen noch erzählt bekommen, wie das Salz schmeckt. Auf der eigenen Zunge muss ich es zergehen lassen, um ein für alle Mal diesen Geschmack zu kennen. Nur was wir erfahren, wissen wir, und der Wert des Menschen hängt von der Tiefe seiner inneren Erfahrungen ab, wie Gurdjieff es auch sah.

Frau Ulrike Thanner sagt richtig, dass meine Arbeit vom Gurdjieff'schen System beeinflusst ist. Aus Reich und Gurdjieff habe ich mir das Gerüst für mein Leben und Arbeiten zusammengezimmert. Selbstverständlich ist meine ernste und intensive Beschäftigung mit diesen zwei Männern und ihren Gedanken, Hinweisen und Methoden nicht das Einzige, was mich geprägt hat. Sie nehmen aber in meinem Denken und Tun den ersten Platz ein. In der Praxis habe ich als „Reichianer" gearbeitet und gleichzeitig Gruppen geleitet, in denen Gurdjieffs System praktisch und theoretisch studiert wurde. Das lernte ich von einigen Schülern Gurdjieffs und Bennetts, hauptsächlich von Pierre Elliot (1914-2004). Sie sind alle in der Zwischenzeit gestorben.

Die Praxis und die Gruppe waren zwei Paar Stiefel; die Enquête bezog sich in erster Linie auf die Therapie-Arbeit. Es kam öfters vor, dass ich jemandem, von dem ich dachte, dass dies für seine persönliche menschliche Entwicklung gut sein könnte, nach der beendeten Therapie vorschlug, sich die Arbeit in der Gruppe anzuschauen und dann zu entscheiden, ob er/sie da weiter mitmachen möchte. Kaum kam es vor, dass jemand nicht für eine längere Zeit in der Gruppe blieb. Umgekehrt: Zu jemandem, der in die Gruppe kam und da mitmachte, habe ich nie gesagt, dass er in die Therapie gehen sollte.

Ab und zu kam jemand aus der Gruppe zu ein, zwei Sitzungen, der in einer Krisensituation war und zuerst in der Therapie war. Auch einige Frauen, die in der Gruppe waren und schwanger geworden sind, kamen zur Geburtsvorbereitung in die Praxis. Frau Thanner war eine von ihnen.

Einige Tabus, die in der damaligen Therapeutenausbildung wichtig waren, habe ich gebrochen; übrigens war Reich zweifelsohne ein „Tabu-Brecher". Immer wieder nahm ich Bekannte in Behandlung. Der Freund von Frau Thanner – und Vater der gemeinsamen Tochter – war ein guter Bekannter von mir. Vor ihr war er bei mir in der Therapie. Verwandte habe ich nicht behandelt – mit einer Ausnahme: Nach dem Tode meiner mittleren Schwester hatte ich einige Male mit ihren beiden erwachsenen Töchtern therapeutisch gearbeitet.

Die Verfasserin des ersten Briefes schreibt, dass sie „splitternackt auf der Couch" lag. Da es sich in der Reich'schen Arbeit zuerst um eine Arbeit mit und am Körper der Patienten handelt, mache ich es so wie Reich selbst und Dr. Curcuruto. Ich bitte, dass sich der/die Patient/-in während der Therapie bis auf die Unterhose auszieht. Ab und zu war das, besonders für die Patientinnen, am Therapiebeginn ein Problem. In einigen Briefen wird das angesprochen.

Meine Nichten zogen sich nicht aus.

Als ich im Herbst 1978 in München anfing, Reich'sche Vegetotherapie zu praktizieren, suchte mich eine Frau auf, die stark in der Bewegung der „Frauenemanzipation" verankert war. Sie hatte da auch eine höhere Position. Als ich sie bat, sich auszuziehen, sagte sie: „Nur dann, wenn sie sich auch ausziehen." Für ein Weile schwieg ich und sagte dann: „Ja, gut, es ist in Ordnung, wenn Sie sich nicht ausziehen." In der zweiten Sitzung zog sie sich dann von selbst aus. Allerdings sagte sie mir, dass sie nur fünfmal kommen wolle; danach hörte ich nie wieder etwas von ihr. Dieser Vorfall war einer der Gründe, dass ich die Heilpraktiker-Schule und -Prüfung machte. So darf ich, ohne Arzt zu sein, behandeln.

Genau genommen geht die Reich'sche Vegetotherapie im Vergleich zur psychoanalytischen Vorgehensweise den entgegengesetzten Weg. Wir tasten uns langsam vom Körper in die Psyche hinein. Für uns ist der wichtigste Aspekt der Neurose die Stauung der Lebensenergie im Körper, vorrangig in den Muskeln, aber nicht nur. Wie oft habe ich von Dr. Curcuruto den Satz gehört: „Neurosis is an oxigen-hungry disease!" Hunger nach Sauerstoff. Psychoanalyse versucht, das Tiefe, das Verborgene, das „Unterbewusste" in der Psyche des Menschen durch Träumen, durch Träume-Erzählen, Assoziieren, Analysieren, durch den Druck, welchen die Abstinenz und das Schweigen des Therapeuten erzeugt, zu erreichen. Reich selbst hatte etliche Jahre analysiert, und er kam zur Einsicht: Durch Träumen, durch Träume-Erzählen, Assoziieren, Analysieren, Schweigen, kann der Patient sich selbst und den Therapeuten belügen, wie viel er will, aber „unser Körper lügt nicht". Noch etwas kann man beobachten – Reich sah das sehr klar und sagte es auch sinngemäß –, nach einigen Jahren der Psychoanalyse weiß der Patient so gut wie alles über seine Neurose, die Veränderungen in ihm sind aber gering. Er kann sogar das Wissen aus der Analyse als Ausrede verwenden, um sich nicht zu ändern. Diese Einsichten standen Pate bei der Geburt der Reich'schen Vegetotherapie.

Sicher kann die Analyse auch bis zu einem gewissen Grad helfen; es liegt mir keinesfalls etwas am „Bekämpfen" der Analyse. Ich musste nach meiner Psychoanalyse, so wie Reich selbst, weiter suchen ...

Ich gehe kurz darauf ein, warum ich in meiner Arbeit wenig rede: Eigentlich ist es mir am liebsten, wenn in der Therapie minimal geredet wird. Oft kommt in uns, hier im Patienten, eine oberflächliche Frage auf, die vom Wesentlichen ablenkt, weil das, worum es tatsächlich geht, unangenehm, schmerzvoll, traurig ist. Die Antworten, die in der Tiefe des eigenen Wesens aufkommen, sind die richtigen. Immer wieder erlebte ich in einer späteren Sitzung den Satz: „Jetzt weiß ich das, was ich damals fragen wollte."

Kaffeetrinken während der Behandlung: Obwohl der Wunsch nach dem Kaffeetrinken während der Therapie in mir sehr bald aufkam – man redet eben nicht viel –, habe ich mir das einige Zeit versagt. Dann erinnerte ich mich an eine Videoaufnahme der Gestaltarbeit von Fritz Perls; da sagte er: „Now I need my cigarette and a cup of coffee", und er arbeitete weiter – trinkend und rauchend. So gab ich auch meinem Wunsch, während der Therapiesitzung Kaffee zu trinken, nach. In der Regel habe ich das dem Patienten am Anfang angekündigt. Ganz sicher, dass es richtig ist, war und bin ich mir nicht.

Das Siezen und das Duzen in der Therapie: Je nach dem Alter und dem Bekanntschaftsgrad habe ich mich mit den Gruppenmitgliedern gesiezt oder geduzt. In der Therapie war das Siezen die Regel. Wie ich in den Antwortbriefen meiner ehemaligen Patienten angesprochen werde, widerspiegelt diese Vielfalt.

Frau Natalie Gröhner war 24 Jahre alt, als sie zu mir kam,

kurz davor fertig mit ihrem Studium.

Sie blieb 2 Jahre und 8 Monate in Therapie

und hatte in dieser Zeitspanne 84 Sitzungen.

„Lieber Herr Bošnjak,

ja, da will ich gerne antworten, ein wenig dazwischenge-schoben und deshalb kurz (Abgabe Buchmanuskript übermor-gen!), aber von Herzen.

Die Therapie bei Ihnen und mit Ihnen hat mir – wie Sie ja vielleicht noch wissen – eine Orgasmusfähigkeit zurückge-schenkt und ich konnte sie kontinuierlich stärken und zudem mit Geist füllen, sodass sie niemals einfach nur so eine Funktion zu sein braucht! Es war wohl alles in allem eine Erfahrung, dass das Wesentliche zwar nicht machbar, aber begünstigbar ist. Ich habe mit Ihnen gelernt, das Wesentliche zu begünstigen!

Ein möglicher Schaden fällt mir bei bestem Willen nicht ein. Das Reden an sich war es nicht, aber auch nicht nur die Übun-gen, sondern mehr die Haltung, die in der Therapie und in Ihrer Art, Therapeut zu sein, lag. Sie sind ein Mensch, der selbst und bekennend ein spürbar Ringender ist, das prägte auch die The-rapie. Man befand sich mit Ihnen immer in essentiellen und existentiellen Sphären, ich glaube, das war mir sehr wichtig, weil es mir – auch als Skorpion – nahe liegt.

Die Arbeit am Kopf habe ich als stets wohlverdiente Beloh-nung empfunden, ich kann mich an einige Empfindungen des In-die-Tiefe-Fallens erinnern, an schöne Trance-artige Momente

auch. Die Belohnung hängt damit zusammen, dass mich körper-
liche Anstrengung sehr viel Überwindung kostet, so auch Ihre
Übungen!

An bestimmte Sätze von Ihnen kann ich mich nicht erinnern.
Ich kann mich überhaupt schlecht erinnern, welche inhaltlichen
Positionen z.B. von Ihnen vertreten wurden oder so. Gleichwohl
kann ich mich wie gesagt an Ihre geistige Haltung zum Leben
erinnern, aber mehr als geistige Gesamtgestalt der existentiellen
Begegnung, z.B. auch mit Abgründen. Niemals habe ich etwas an
Ihnen verletzend empfunden. Man hatte es bei Ihnen immer mit
einem äußerst achtsamen, sorgfältigen Menschen zu tun. Wenn
ich lange nachdenke, erinnere ich mich, dass Sie zuweilen eigene
Zorneswallungen und Engherzigkeiten bei sich andeuteten, weil
Sie mit diesen Seiten in sich zu kämpfen haben. Aber das betraf
ja Sie selbst und Sie haben von Ihrem Innersten zuweilen auch
etwas gezeigt, was ich gut fand.

Tja, ich selbst schreibe gerade an zwei Büchern, das eine, ak-
tuell bis nächste Woche, ist eine Überarbeitung meiner Doku-
mentation über ..., die internationale Lebensgemeinschaft nach ...
in ..., das andere wächst noch heran und hat den Titel „Lebens...".
Da versuche ich einen essayistischen, eher weiblichen, bissigen,
aber auch zärtlich nachsehenden Blick auf den männlich ge-
prägten Kapitalismus. Und natürlich mache ich entsprechende
Kur-Vorschläge. Alles andere Wesentliche über die Liebe und das
Muttersein habe ich Ihnen ja schon freudig am Telefon erzählt.
Ich bin sehr froh und dankbar über meine Lebenschancen!!

Ich grüße Sie sehr, sehr herzlich und wünsche Ihnen für die
nun hoffentlich geruhsamere Lebensphase viel Lebenseros!!

Ihre Nathalie Gröhner"

Nathalie Gröhner ist eine große, kräftige, schwarzhaarige, gutaussehende Frauengestalt. Wo sie hinkommt, beansprucht sie ihren Platz. Sie ist spontan und klar. Sie sucht mich auf, weil sie sexuelle Probleme hat und an Essstörungen leidet. Sie hat über Wilhelm Reich und seine Körperarbeit gehört und gelesen. Diese fällt ihr nicht leicht, aber sie tut, worum ich sie bitte. Im Laufe der Therapie nimmt ihre neurotische Problematik ab. Wir widmen uns immer weniger den Fragen, wegen derer sie ursprünglich zu mir kam. Wir machen aber weiterhin die Reich'sche Körperarbeit. In den Vordergrund treten für sie die Beziehungsfragen und dann mehr und mehr die psychosoziale Lebensseite. Sie hat für sich den Weg des Journalismus eingeschlagen, das wird zu ihrem Berufs- und Lebensweg.

Einige Jahre nach ihrer Therapie ruft sie mich an, um mir zu sagen, dass sie ein Kind erwartet. Einmal sucht mich auch der Kindesvater auf. Es vergehen fast zwei Jahre nach der Geburt der Tochter, als ich erfahre, dass die Beziehung auseinandergegangen ist.

Wiederum vergeht die Zeit, und ich bekomme in der Praxis einen Besuch. Frau Gröhner mit ihrer dreijährigen hübschen blonden Tochter. Das Mädchen erlebe ich als scheu und fein – ich finde im Schrank kleine Süßigkeiten, die sich die Tochter und die Mutter teilen.

Wiederum vergehen etliche Jahre bis zum nächsten Kontakt. Frau Gröhner ruft mich an, als sie meinen Enquête-Brief bekommt. Nach einem guten Dezennium entdecke ich ganz unerwartet ein Buch von ihr und bin angenehm überrascht. Jetzt ist es nicht schwer, jemanden zu suchen, und so finde ich sie bald. Großes Hallo! Was erfahre ich jetzt? Ihre Freude, dass sie bald Großmutter wird.

Die Geschichte, die sich von 1978 bis 2014 zwischen Nathalie Gröhner und mir zugetragen hatte, habe ich etwas genauer beschrieben. So etwas ist nicht die Regel im Leben eines Psychotherapeuten. Das gehört eher zum Leben eines Pfarrers. Aber einige Geschichten dieser Art geschahen in meinem Leben, und sie bereicherten mich bedeutend.

Vegetotherapie

Im Laufe der nächsten Zeit (1979-1980) kamen immer mehr Anfragen für die Therapie. Oft rief auch jemand an und wollte wissen, was das für eine Therapie sei, die ich da mache. So entwarf ich einen Informationstext, den ich vor dem ersten Termin den Patienten oder den Interessierten zuschickte. Diesen Text habe ich im Lauf der Zeit ständig etwas „verbessert"; hier ist seine letzte Fassung:

VLADIMIR BOSNJAK
DIPL·THEOL·DIPL·SOZ·PÄD·(FH)
HEILPRAKTIKER
PSYCHOTHERAPIE·REICHSCHE
VEGETOTHERAPIE·PSYCHOSOMA-
TISCHE GEBURTSVORBEREITUNG

STÜCHT 7
01332 HEILIGENSTADT/O.
TEL·09198/1444
FAX·09198/9987676

BOGENSTRASSE 39
90459 NÜRNBERG
TEL·0911/4568958

SPRECHSTUNDE
N·VEREINBARUNG
e-mail: vl.bosnjak@web.de

Kurze Information über Ziele und Verlauf einer Reich'schen Vegetotherapie

Reich'sche Vegetotherapie versteht sich als eine selbständige Psychotherapie, die eigene psychosomatische Behandlungsweisen entwickelt hat und sie anwendet. Sie betrachtet den Menschen mit allen Folgen als eine unzertrennbare Einheit aus Psyche und Soma und geht davon aus, dass immer der ganze Mensch krank ist.

Reich hat gezeigt, dass die Auflösung bestimmter Blockaden und Verspannungen im Bereich der Muskulatur oft zur spontanen Auflösung bestimmter charakterlicher Hemmungen führt. Diese charakterliche Änderung geht mit vegetativen Symptomen wie Zittern, Muskelzucken, Juckreiz, Gänsehaut, Hitze und Kälteschauern einher. Er stellt fest: „Alle diese somatischen Erscheinungen sind weder die Folge noch die Ursache noch die Begleitung der psychischen Vorgänge, sondern ... sie sind diese Prozesse selbst im somatischen Bereich." (Whitmont: Psyche und Substanz, S. 38)

Als zentrales Problem des Krank-Werdens sah Reich die Unterdrückung und Stauung der Lebensenergie bereits im

Kind, was zu einer „Verpanzerung", zu einer Erstarrung sowohl des physischen Organismus als auch der psychischen Funktionen führt.

Der Maßstab des Gesund-Seins ist die orgastische Fähigkeit des Menschen, d. h. eigene Empfindungen, Gefühle, Gedanken, erotische Impulse erleben zu können und zu dürfen.

Der neurotische, kranke Mensch unterdrückt sowohl seine Freude als auch sein Leid. Er handelt immer aus Angst heraus. Da er aber die Angst entweder nicht fühlt oder sie ständig bekämpft, belügt er sich ununterbrochen.

Ein bewusster oder unbewusster Angstzustand hat immer zur Folge, dass sich unser Atmen verändert. Deshalb ist eine Reich´sche Definition der Neurose „Hunger nach Sauerstoff".

Aus diesen Grundprinzipien heraus setzt die Reich'sche Vegetotherapie die Lebensenergie im Menschen wieder in Bewegung: empfinden und fühlen zu können und geistig präsent zu sein.

Dies geschieht durch eine Sequenz von intensivem, bestimmtem Atmen und von Ruhe. Das intensive Atmen soll nicht in eine Hyperventilation führen. Dazu kommen entsprechende Körperbewegungen, Laute, Augenarbeit. Allerdings muss der Patient die Anweisungen wirklich befolgen.

Bei der Arbeit mit und am Patienten hat der Reich'sche Therapeut in seinem „Hinterkopf" die sogenannte „orgastische Formel", die Reich als Spannung - Aufladung - Entladung - Entspannung beschrieben hat.

Diese Techniken und ihre Kombination ermöglichen es der erstarrten Lebensenergie im Menschen, wieder zu fließen. Das hat zur Folge, dass der Patient, wie oben bereits erwähnt, Verschiedenes erlebt: Er muss weinen, er zittert, er fühlt Angst, Kälte, er empfindet Schmerzen, oder er muss lachen, in ihm strömt es. Es können in ihm Bilder und Erinnerungen auftauchen ... Er fängt an, sich selbst zu fühlen, sich selbst als lebendig wahrzunehmen.

Oft endet eine Therapiesitzung mit der Empfindung, mehr „bei sich selbst" zu sein.

Dabei ist es wichtig, dass der Patient begreift: Das, was er gerade erlebt und erfährt, ist richtig, und er soll nicht etwas anderes erleben wollen. Interpretationen sind auch unnötig. Die therapeutische Arbeit attackiert und löst muskuläre Verspannung und allgemeine Starre, auch im Fühlen und Empfinden des Patienten, und die Lebensenergie bahnt sich langsam im Organismus ihren Weg. Dabei geschehen subtile Veränderungen, die sehr wohltuend sind: Z.B. kann sich in einer Stresssituation ein ruhiger Atemrhythmus einstellen, der Brustkorb fühlt sich frei an, eine Verspannung des Schultergürtels kann sich mit der Aufforderung „Entspannen" melden, beim Lieben kann es zu einem Impuls kommen, „tiefer in die Genitalien zu atmen" … Solche subtilen Veränderungen werden nach und nach durch aufmerksame Selbstbeobachtung wahrgenommen und können nicht erzwungen werden.

Wenn dieser Prozess des freieren Fließens der Lebensenergie so weit fortgeschritten ist, dass dies eine gewisse Beständigkeit erreicht, dann hat sich die notwendigste Umstrukturierung des Patienten vollzogen, und die Therapie kann beendet werden. Ein wichtiges Kriterium an dem Punkt

ist, dass sie/er ein befriedigendes Liebesleben hat. Liebe und Sexualität versteht Reich als Eines.

Welche Zeitspanne und wie viele Sitzungen beansprucht eine Therapie?

Darauf ist keine allgemeine Antwort möglich. Das hängt von den individuellen Voraussetzungen des Patienten ab. Auch von seiner Mitarbeit dabei.

Reich'sche Körpertherapie eignet sich hervorragend als Vorbereitung auf eine natürliche Geburt. Eine entspannte, bewusste und natürliche Entbindung ist die beste Eintrittskarte des Menschen in diese Welt und eine gute Voraussetzung für eine verständnisvolle Beziehung zwischen Mutter und Kind.

Alle psychosomatischen Therapieverfahren, die zurzeit im Westen angeboten werden, fußen auf Reich'schen Konzepten. Wilhelm Reich (1897-1957) war ein Musterschüler von S. Freud, dann einer der umstrittensten Psychotherapeuten unserer Zeit. Ungefähr zehn Jahre nach Reichs Tod erfahren seine Gedanken und seine Arbeiten allgemeine Anerkennung.

Einige seiner Werke:

Charakteranalyse

Massenpsychologie des Faschismus

Die Funktion des Orgasmus

Der Krebs

Christusmord

Jenseits der Psychologie,

Briefe und Tagebücher 1934-1939

Einige empfehlenswerte Bücher über ihn:

Ilse Ollendorff Reich: Wilhelm Reich

Peter Reich, Der Traumvater

Myron Sharaf, Wilhelm Reich

David Boadella, Wilhelm Reich

Nach der Anamnese, am Beginn der therapeutischen Arbeit, habe ich jedem Patienten folgendes Blatt in die Hand gedrückt:

Hinweise für die Durchführung der therapeutischen Arbeit

Nachdem wir, Sie und ich, nun vereinbart haben, dass Sie mit Ihrer Therapie anfangen, ist eine innere Beschäftigung mit Zweifeln jeglicher Art von keinerlei Nutzen. Sinngemäß sagt Don Joan zu seinem Lehrling Carlos: *„Allen Zweifeln und Fragen hast du dich stellen müssen, bevor du hierher fuhrst. Jetzt, nachdem du da bist, gebrauche deine Energie und Aufmerksamkeit dafür, was hier zu tun ist."*

Sie dürfen davon ausgehen, dass Sie sich für diese Therapieart eignen, dass die jetzige Zeit dafür reif und gut ist, dass der Therapeut für diese Arbeit passt. Die zehn nächsten Sitzungen, die Ihnen nun bevorstehen, sind vereinbart, damit Sie das nachprüfen können.

Es ist notwendig, einen festgelegten Termin wahrzunehmen. Eine Absage der festgelegten Sitzung ist nur möglich, wenn Sie aus einem triftigen Grund 24 Stunden vorher geschieht. Wenn Sie aus Bequemlichkeit und momentaner Laune nicht kommen, schaden Sie Ihrem Therapieprozess. Wie abgesprochen bitte ich, dass jede Sitzung an ihrem Ende bezahlt wird. – Eine zu kurzfristig abgesagte Therapie muss auch in Rechnung gestellt werden. Sie erhalten ihre quittierte Rechnung, wie Sie sie nötig haben: monatlich, viertel-, halb-, ganzjährlich.

Vereinbaren Sie keine wichtigen Termine unmittelbar nach der Therapiesitzung. Nehmen Sie sich danach zwei bis drei Stunden Zeit, um bei sich selbst zu bleiben. Achten Sie darauf, dass Sie nach der Therapie nirgendwo hin müssen.

Eine seltene Ausnahme ist es, dass jemand, der mit einer Psychotherapie beginnt, mit Beziehungen, mit Zeit und mit Geld keine Probleme hat. Während der Behandlung soll sich das ändern. Dennoch sollten Sie bereits am Anfang eine fundierte Vorstellung über die Finanzierung ihrer Therapie haben.

Herbert Fritsche (1911-1960), ein Münchner Naturheilkundiger, meinte, dass Angst und Lüge die eigentlichen Krankheitsherde in unserem Inneren sind. Ich pflichte ihm bei. Es gibt nichts auf dieser Welt, was Sie in der Therapie nicht sagen dürfen, sollen, können. Gleichzeitig können Sie sicher sein, dass nichts davon aus dem Therapieraum hinaus entweicht. Das gilt auch, wenn beide Eheleute bei mir Therapie machen, was oft der Fall ist.

Es empfiehlt sich, über den Therapieverlauf draußen nichts zu erzählen. Der therapeutische Prozess ist mit dem Entstehen der Energie in einem Dampfkessel vergleichbar.

Das Öffnen des Kessels führt zu Energieverlust. Grundsätzlich ist das Tragen des eigenen Leides auf den Jahrmarkt für uns selbst schädlich.

Heutzutage gibt es unzählige Möglichkeiten, „Selbsterfahrungen" jeglicher Art zu machen: Wochenendseminare und nochmals Wochenendseminare ...

Es ist nicht ratsam, während der Therapie verschiedene Wochenendseminare zu besuchen. Ein alter Weisheitssatz sagt: „Non multa, sed multum." Nicht viele Dinge, sondern ein Ding gründlich.

Eine Psychotherapie, die richtig läuft, ist dieses eine Ding.

Nachdem Sie mit der Behandlung begonnen haben, besprechen Sie alle Krankheiten und Beschwerden, bevor Sie einen anderen Behandler aufsuchen, mit mir. Wenn es sich dabei herausstellt, dass eine spezielle Behandlung gut wäre, sollen Sie sie selbstverständlich machen. Viele unserer Beschwerden können durch die Aktivierung der eigenen Heilungskräfte vergehen. Manchmal treten auch Beschwerden als Heilungsreaktionen auf, die auf Ihre Therapie zurückzuführen sind.

Ein Ansinnen, Planen, Vorhaben von größeren Veränderungen in Ihrem jetzigen Lebenslauf soll grundsätzlich in der Therapie erörtert werden, z.B. Trennung, Umzug, Arbeitsplatzwechsel ...

In vielerlei Hinsicht verändert sich während des therapeutischen Prozesses Ihre Einstellung, und Sie gewinnen neue Einsichten. Deshalb ist es besser, mit großen Veränderungen abzuwarten.

Eine Unterbrechung oder eine Beendigung der Therapie darf nicht telefonisch oder schriftlich vorgenommen werden. Das wäre immer ein Zeichen, dass etwas in der therapeutischen Beziehung zwischen Ihnen und mir faul und auf Angst oder Ärger zurückzuführen ist. Solche Dinge müssen und können in der Therapie gelöst werden. Sie kommen gerade in die Psychotherapie, um ihre Gefühle kennen- und mit ihnen umgehen zu lernen. Ein ungeklärter Abbruch oder eine ungeklärte Therapiebeendigung hieße, dass die Behandlung umsonst war.

Und nun lassen Sie uns mit Gottes Hilfe darangehen.

„Sehr geehrter, lieber Herr Bošnjak,

als ich Ihren Brief erhielt, war ich sehr erfreut. Da Sie und meine Zeit bei Ihnen mir öfters im Kopf herumgehen, wollte ich schon lange mal wieder Kontakt zu Ihnen aufnehmen. Nun ein willkommener Anlass dazu!

Andrea und beiden Kindern (jetzt 10 und 13 Jahre) geht es gut. Das äußere Leben ist sehr zufriedenstellend.

Ich selber bin seit 1997 als selbstständiger Anästhesist niedergelassen und mache mittlerweile 4 Vormittage in der hiesigen Klinik Narkosen. Dann habe ich noch eine kleine Praxis, in der ich meine Naturheilkunde praktiziere. Insgesamt sehr abwechslungsreich und recht gut bezahlt.

Nun zu Ihren Fragen, die ich Ihnen sehr gerne beantworte:

- Ihre Therapie war für mein Leben von sehr großem Nutzen, da es einen Wendepunkt in meinem Leben darstellte, die Hinwendung zu mir selber, ein Weg, den ich seither mehr oder weniger konsequent gehe.

- Schaden habe ich in keinster Weise davongetragen.

- Kann ich nicht sagen, beides war und ist sehr wichtig, das Reden/Verstehen der Prozesse und die Körperarbeit.

- *Äußerst entspannend und wohltuend, Gefühl des Aufgehobenseins, nach der oft sehr anstrengenden Atemarbeit war das eine richtige Belohnung/Glückseligkeit!*

- *Manche Sätze konnte ich erst Jahre danach verstehen, wenn meine innere Entwicklung etwas nachgekommen war.*

- *Ein Satz, der zentrale Bedeutung für mich bekommen hat, war: „Es ist nie zu spät, eine glückliche Kindheit gehabt zu haben."*

- *Lange Zeit war zentrales Thema für mich die Auseinandersetzung mit meinem Vater, der vor einigen Jahren gestorben ist und ich mit ihm weitgehendst meinen Frieden finden konnte.*

- *Die Schwierigkeiten mit Ihnen waren in der Regel in meiner unbewussten Ablehnung der Therapie begründet, bei der Fahrt zu Ihnen der Gedanke, gleich wieder umzukehren oder nach der Sitzung der Gedanke: „Was hat er mir denn da wieder für einen Mist erzählt!", weil ich es noch nicht verstehen wollte/konnte. Gelernt habe ich in all diesen Jahren, zuerst mal bei mir selber zu schauen, warum, weshalb, wie, und dann erst auf die andere Person.*

Insgesamt erlebte ich die Zeit bei Ihnen als Neubeginn, als Zeit des Erwachens, als Beginn eines Weges, auf dem ich noch immer bin, und ich bin Ihnen und der Arbeit mit Ihnen zutiefst dankbar!

Andrea und ich würden Sie sehr gerne wiedersehen, es wäre schön, wenn das klappen könnte.

Mit herzlichsten Grüßen,

Ihr B. Förster"

Die Therapie mit Herrn Förster war für mich angenehm, er suchte mich auf in einem depressiven Zustand, nachdem ihn seine damalige Freundin verlassen hatte. Dann kam die ganze Problematik der Ursprungsfamilie. Seine zwei Jahre ältere Schwester war vor ihm auch bei mir in der Therapie. Alle vier Geschwister und die Mutter waren depressoid. Der dominante Vater mochte die schwere Familienatmosphäre nicht und suchte „draußen" seinen Ausgleich. Das wiederum belastete die Familie noch mehr. Bernhard schlug sich da tapfer durch.

„Nachträglich glückliche Kindheit zu haben" heißt, dass ich mich mit meiner Kindheit und meinen Eltern versöhne. Das ist eine ernste innere Arbeit, die einige Zeit beansprucht. Sie beginnt mit der Einsicht, dass meine Eltern keine besonderen Menschen waren, sondern mit allen anderen vergleichbar sind. Sie sind auch in der Regel nicht schlechter als die anderen.

Nachdem ich eine Zeit in dieser Einsicht verweilt habe, lasse ich die Bilder aus meiner Kindheit aufkommen und sehe, dass sie mit mir und meinen Geschwistern so umgegangen sind, wie sie waren und konnten. Und ich vergegenwärtige mir, dass das alles schon lange, lange zurückliegt und ich jetzt unabhängig von ihnen bin und mein eigenes Leben lebe. Dieses habe ich jedoch von ihnen bekommen. Dafür bin ich ihnen dankbar. Dieser ganze Prozess ist abgeschlossen, wenn sich diese Dinge in meinem Denken, in meinem Fühlen und in meinem Körper vollzogen haben. Ich fühle mich dann im Frieden. Diese Versöhnung kann ich erleben, auch wenn meine Eltern schon gestorben sind.

Bernhards Lebensgefährtin Andrea machte bei mir die Geburtsvorbereitungen. Sogar ihre Mutter kam circa ein Jahr lang in die Therapie. Bernhard und ich blieben bis jetzt in einer freundschaftlichen Beziehung.

Als ich bei einem späteren Durchlesen dieses Textes nachdachte, fragte ich mich, ob es *grundsätzlich* möglich ist, mich mit meiner Kindheit und meinen Eltern zu versöhnen. Es gibt so grausame Kindheiten, verursacht durch die Eltern, dass ich mir dessen nicht sicher bin. Dann ist wohl eine grundsätzliche Versöhnung mit meinem Schicksal vonnöten. Die psychologischen Schritte dafür müssen individuell erarbeitet werden.

Bei der inneren Beschäftigung mit diesen Fragen kam mir Gianna Jessen in den Sinn. Sie ist am 6. April 1977 in den USA, in Los Angeles auf die Welt gekommen. Ihre Geburt geschah, während ihre 17-jährige Mutter in der 30. Schwangerschaftswoche, Anfang des achten Monats, eine Abtreibung unternahm. Das war damals in den USA legal. Wie es jetzt ist, weiß ich nicht. In so einem Fall wird in die Plazenta eine Salzsäurelösung eingespritzt. Das Kind überlebte den Eingriff und kam lebend, aber sehr beschädigt auf die Welt. In dieser Zeit studierte ich in Los Angeles und bekam „den Fall" mit. Er beschäftigte mich selbstverständlich nicht wenig. Schon damals fragte ich mich, wie ich als Therapeut mit einem Menschen, der so belastet ist, umgehen würde.

Das liegt jetzt fast 40 Jahre zurück. Ab und zu dachte ich daran. Dann vergaß ich es. Jetzt kam mir das Schicksal von Gianna wieder in den Sinn. Über sie findet man im Internet Informationen.

„Freunde, das Leben ist so kurz, rücken wir näher zusammen."

Johann Wolfgang von Goethe

Frau Monika Pechthold war 36 Jahre alt,
als sie in die Therapie kam.
Sie blieb 3 Jahre dabei und hatte 95 Sitzungen.
In der Gurdjieff'schen Gruppe war sie 6 Jahre.

„Lieber Vladimir!

Bei den Überlegungen zur Beantwortung Ihres Briefes geht vieles im Kopf durcheinander. Ich werde Ihnen so schreiben, wie es mir nacheinander einfällt. Ich war zuerst bei Ihnen in der Therapie, dann eine kurze Zeit in der Therapie und an den Wochenenden gleichzeitig, und dann nur noch im Sommer und an den Wochenenden bis zum Februar 1997, als sich mein Mann das Leben nahm.

Ich war und bin es auch noch, aber in einem für mich erträglicherem Ausmaß – durcheinander; ich wusste nicht, was wichtig ist im alltäglichen Leben und was nicht. Dieses Durcheinander, die innere Verzweiflung ob dieser Tatsache, dieses ständige Überlegen, etwas falsch oder richtig zu machen, aber auch die Wahrung des Scheins nach außen (Eltern, Freunde), dass alles in „guter Ordnung" sei, hat mich in starkem Maße ausgemacht. Ich habe mich versucht zu konstruieren; ich habe mich zusammengebaut, aus dem, was angesagt war; da das aber nicht ich war, hat das natürlich nicht geklappt. Aus dieser Diskrepanz zwischen hohen Ansprüchen einerseits und keinen adäquaten Handlungen andererseits entstand dann Verzweiflung. Im Bereich der Kindererziehung und im Umgang mit Rainer hatte es die nachhaltigsten Auswirkungen. Als Beispiel zu der Aussage ,Ich habe mich konstruiert': An meiner ersten Stelle in ... war ich begeistert von einer Kollegin und hab mir dann vorgenommen, so zu sein oder so zu tun wie sie. Jedenfalls hab ich immer außerhalb von mir gesucht, letztendlich war und bin ich noch ein Fähnchen im Wind.

In diesem inneren Chaos hab ich bei Ihnen mit der Therapie begonnen. Einer Bekannten habe ich vor Beginn sinngemäß gesagt: ‚Er wird mich gerade richten, wird mir meine Dummheiten austreiben.' Ich kannte Sie ja schon von einigen VHS-Kursen.

Zur Therapie selbst kann ich eigentlich nicht sehr viel sagen. Mir war das Sprechen lieber als das Atmen; die Behandlung am Kopf war schön, weil ich die Augen schließen konnte. Die geöffneten Augen beim Atmen haben mich gestört. Ansonsten hab ich wenig ‚gelernt'; ich bin, glaube ich, nicht sehr lernfähig bzw. es dauert sehr lange, bis ich etwas lerne und umsetzte. Wirkliche Änderungen haben sich ergeben durch das Mitleben in Stücht während der Wochenenden und der Sommerseminare, durch Rainers Tod und auch durch eine medikamentöse Behandlung zum Ausgleich des Serotoninhaushaltes (nehme ich immer noch, ohne geht's nicht). Außerdem haben mir die Gespräche mit Ursula nach Rainers Tod sehr geholfen. Auch Andi, der schwierige Mittlere, hat mich letztlich durch sein Verhalten (Kinder- und Jugendpsychiatrie in der Klinik, dann ein Jahr Heimaufenthalt) gezwungen, doch manches zu lernen.

Was mir in den letzten Tagen wieder gekommen ist, dass ich ein Mensch bin, der das Leben nicht lebt, sondern das Leben spielt (ich glaube, so etwas in der Art haben Sie zu mir auch schon gesagt). So geht es mir immer wieder – dass mir in bestimmten Situationen Sätze aus Stücht einfallen, die mich vieles oder manches in ein klareres Bild rücken lassen. Einmal habe ich Ihnen am Ende eines Wochenendes beim Aufräumen noch Fragen gestellt, für die vorher der richtige Zeitpunkt gewesen *wäre. Das haben Sie mir dann auch erklärt. Daran muss ich öfters denken, wenn ich in eine ähnliche Situation komme.*

Manchmal träume ich auch von der Zeit und den Leuten in Stücht.

Liebe Grüße,

Monika."

In der konkreten Therapie war es nicht leicht, mit Monika zu arbeiten. – Das Gleiche galt auch für andere Patienten, deren Struktur ähnlich war. Ich erlebte sie als unfassbar. Jemand steht vor dir und streckt die Hand aus. Du willst sie anfassen, streckst auch deine Hand entgegen. Aber seine ausgestreckte Hand ist durchlässig. Du greifst in die Luft, in die Leere. Und so ist es mit etlichen Dingen, welche von einem solchen Menschen dir entgegenkommen. Sie reden viel, oder sie schweigen; sie erklären alles, oder sie sagen, dass bei ihnen das sowieso nicht geht. Sie fangen mit dem intensiven Atmen an, hören auf und müssen noch etwas sagen; oder sie hören auf und sind einfach abwesend. Diese Arbeit war anstrengend. Solche Patienten musste ich nach den ersten sechs, sieben Atemzügen um jeden weiteren bitten, sie überlisten, damit sie weiter intensiv atmen. Monika sagt auch, dass sie zur Therapie nicht viel sagen kann ... Sie erlebte auch wenig, weil sie darin wenig investieren konnte.

Damit ich mit den Menschen, deren Struktur und Schicksal so unfassbar für mich waren – nicht im intellektuellen, sondern im konkreten, fast physischen Sinne –, arbeiten konnte, musste ich sie lieben können. Monika habe ich einfach gemocht. Dieses warme Gefühl für sie erlebte ich bereits, als sie in meinen Kursen war.

Wenn dem nicht so war, war eine Therapie mit einem solchen Patienten für mich nicht möglich. Viermal habe ich das in meiner Therapeutenkarriere erlebt. Solche Erlebnisse sind schwerwiegend und schmerzvoll. Einen von diesen vier Fällen will ich kurz zu schildern versuchen, um den Unterschied zwischen Monika Pechthold und Manfred Uhlmann aufzuzeigen: Manfred kommt zu mir auf Empfehlung einer Psychologin. Er sagt, dass es ihm körperlich gut geht, psychisch ist er sehr angeschlagen. Er hat vor einem halben Jahr seine Arbeit kündigen müssen, weil er das schlechte Klima im Betrieb nicht aushalten konnte. Es handelt sich um ein großes Bauunternehmen, wo er im Verkauf tätig war. Ich fragte nach dem schlechten Betriebsklima, was er als so schlecht erlebt hat ... Er kann mir da keine Einzelheiten erzählen, alles war unerträglich ...

Er ist danach in die Therapie gegangen und war auch drei Monate in einer psychosomatischen Klinik. Der Klinikaufenthalt hat wenig gebracht. Die Gruppentherapie und der Therapeut waren nicht gut. Ich fragte, was nicht gut war. Er fühlte sich in der Gruppe ungerecht behandelt und missverstanden.

Beim Atmen geht es recht zäh zu. Nachdem uns einmal gelungen ist, dass er gut und ausdauernd atmet, gelangt er in seinen Schmerz und in seine Angst hinein. Sein Körper zittert, er schluchzt. Nach der Ruhepause fängt er an, für mich unerwartet, recht sentimental über seinen Vater zu erzählen. Ich bin überrascht und höre einfach zu.

Er zeichnet ein sehr negatives Bild von dem Vater. Er ist ein unangenehmer und brutaler Mensch. Die ganze Familie hat Angst vor ihm. Manfred schweigt. Dann setzt er, wieder plötzlich, das Erzählen fort und sagt, dass er sich für seinen Vater verantwortlich fühlt ...

Bei Manfreds Erzählen werden sowohl mein Geist als auch mein Körper müde. Ich fühle mich bleiern schwer, ich folgte seinem Erzählen nicht mehr, möchte, dass alles zu Ende kommt.

Auch wenn ich mich augenblicklich hilflos fühle und zum Schluss kommen will, irgendwo in mir weiß ich, eigentlich sollte ich ihn mögen.

Diese Erfahrung ist schwerwiegend und schmerzvoll.

Was empfinde ich bei beiden als ähnlich und was als unterschiedlich? Sowohl Monika als auch Manfred kann ich nicht richtig fassen. Beide leiden in und unter ihrem Zustand. Das eine unterscheidet sie, wohlgemerkt für mich. Monika ist echt, was sie sagt und wie sie es sagt, ist glaubwürdig. Auch ihr Brief ist äußerst aufrichtig.

Manfred erlebe ich als unecht; seine Aussagen und seine Sätze reizen mich, ich muss mich ernst zusammen nehmen, um mit ihm nicht ärgerlich zu werden.

Meine innere Reaktion auf seine Aussagen: Gerne möchte ich ihn beschämen, so an die Wand treiben, dass er da wirklich stehen bleiben muss und anfängt zu weinen. Ich konnte keine Instanz in mir aktivieren, die mir hilft, Manfred nicht zu verurteilen.

Und wenn ich mir ernst Mühe gebe, mit ihm durchzugehen und durchzuhalten, gelingt es ihm immer auszuweichen. Das macht mich wiederum hilflos und verzweifelt. Durch häufige Terminabsagen und lange Pausen lief seine

Therapie automatisch aus. Von Manfred bekam ich auch keinen Brief.

Als ich von Los Angeles zurückkam, besuchte mich ein Kollege und Freund aus der Zeit der Drogenberatung. Er wollte wissen, wie es war und was ich erfahren habe ... Nach dem Gespräch sagte er, es wäre gut, wenn ich die Arbeit und die Gedankenwelt von Thorwald Dettlefsen[2] kennenlernen würde. Es gäbe in dem, was ich ihm erzählte und dem, was Dettlefsen sagt, etliche Berührungspunkte. Dettlefsen nennt sich „esoterischer Psychologe" oder ähnlich.

Ich ging dann eine Weile zu Dettlefsens Vorträgen. Einen Gedanken aus dieser Zeit fand ich interessant, und er ist mir in Erinnerung geblieben. Dettlefsen meinte, dass die Therapie in der Anamnese-Sitzung abgelaufen sei. In diesem ersten Gespräch entscheidet sich, ob und wie die Energien des zukünftigen Patienten und des Therapeuten sich als kompatibel erleben, das heißt zusammenpassend, miteinander vereinbar, oder eben nicht kompatibel ... Das geschehe in der Tiefe der beiden Menschen, ohne dass ihnen das unmittelbar klar wäre.

Heutzutage spricht man von zwei Biochemien, die zusammenpassen oder nicht zusammenpassen. Aufgrund meiner Beobachtung und Selbstbeobachtung im Laufe der Jahrzehnte neige ich dazu, das auch so zu sehen. Immer wieder war ich versucht, einen inkompatiblen Fall zu beenden. Einmal tat ich

---

[2] Thorwald Dettlefsen 1946-2010, Psychologe, Astrologe, Esoteriker. Er entwickelte Reinkarnationtherapie und schrieb etliche Bücher. Bekannt wurde sein Buch „Schicksal als Chance".

es auch. Es blieb für lange Zeit danach in mir ein sehr fader Beigeschmack. Eigentlich war ich mit diesem „Problem" bereits in Los Angeles konfrontiert. Wir – Studierende – haben während der Ausbildung in kleinem Rahmen auch praktiziert. Damals hatte ich eine solche Patientin. Ich sprach das auch an. Dr. Curcuruto gab uns folgenden Rat: „Solange ein Patient kommen will, auch wenn er immer wieder anruft und die Sitzung absagt oder es Ihnen vorkommt , dass die Therapie ihm nichts bringt, hören nicht S i e auf. Wenn er aber von sich selbst aus gehen will, zeigen Sie ihm Ihr Wohlwollen und lassen Sie ihn gehen." Es war sehr hilfreich, mich an diesen Rat zu erinnern.

Von Monika Pechthold habe ich die letzten fünf Jahre nichts mehr gehört. Rainer Pechthold – drei Jahre, bevor er starb – kam auch zu mir. Er blieb zwei Monate und hatte acht Sitzungen.

„Wir glauben Erfahrungen zu machen, aber die Erfahrungen machen uns."

Eugène Ionesco

Herr Jonas Krause kam 33-jährig zu mir;

er blieb 3 Jahre in der Therapie.

Den Brief schrieb er in der Mitte der therapeutischen Arbeit.

In diesen 3 Jahren hatte er 104 Sitzungen.

„Einen schönen guten Tag, Herr Bošnjak,

die Morgenkrankheit ist wohl bei mir schon chronisch. Wir sollten nach einem neuen Medikament suchen...

Aber gibt es nicht auch einen Satz, den ich zu meiner Verteidigung heranziehen kann?

„Gut Ding will Weile haben" oder so ähnlich.

Ich komme Ihrer Bitte sehr gerne nach (wenn auch etwas spät), denn nicht nur Sie werden einen Nutzen von den Antworten haben, nein, ich glaube, auch ich.

Ihr Wunsch nach Antworten führt mich zu einer intensiven Beschäftigung mit der Therapie, die ich im Alltag sehr oft beiseiteschiebe oder einfach vergesse. Ab und zu sickert ein Spruch von Ihnen durch, mal ernüchternd, mal verwirrend, aber mehr dazu später.

Fangen wir mit dem Nutzen an, was haben die Besuche bei Ihnen in mir bewirkt?

Ich habe Ihnen damals als Gründe für mein Kommen die Beziehungskrise mit Melanie und eine Sinnkrise angegeben.

Die Verbindung mit Melanie habe ich kurz darauf beendet, ob gut oder schlecht, beantworte ich noch jetzt je nach Gemütslage immer verschieden. Ich wünschte mir zu dieser Zeit deutli-

chere Hinweise von Ihnen, was zu tun sei. Ich weiß noch folgende Antwort von Ihnen auf mein Jammern hin, dass ich überhaupt nicht weiß, was ich tun soll. Sie: „Was macht man denn, wenn einiges dafür und einiges dagegen spricht?"

Eine Frage als Antwort, damals keine Hilfe. Ich hätte nochmal nachfragen können/sollen, aber ich muss es damals wie heute erst lernen, Fragen zu stellen.

Habe ich Fortschritte in der Sinnkrise gemacht? Oberflächlich – nein. Meistens fühle ich mich unendlich weit entfernt von dem Ziel, meinem Leben einen Sinn zu geben. Oft ist dieses Ziel einfach „weg", verschwunden, zu schwammig. Ich lasse mich dann allzu gerne vom Alltag in Beschlag nehmen oder lese esoterische Bücher und stelle mir vor, wie es sein könnte, ein bewusstes Leben mit Sinn und Verstand zu führen. Lesen ...

Aber tun? Es leben? Ich sehe Sie lächeln, wenn es so einfach wäre.

Wie sagen Sie so schön? „Das Leben ist ein ständiger Kampf gegen die eigene Faulheit."

Und ich bin faul. Zuerst habe ich es mit dem Verstand begriffen. So langsam fühle ich es auch, es schmerzt immer mehr. Noch nicht so viel, dass ich wesentliche Dinge geändert habe, aber im Kleinen. Trotzdem bleibt das Gefühl, dass ich das Leben vergeude.

Es ist wie bei Castaneda, als Don Joan zu ihm sagt: „Dein Fehler ist, dass Du meinst, Du hättest Zeit."

So lebe ich. Wären wir wieder bei der Morgenkrankheit. Auch hierzu hat sich wieder ein Spruch von Ihnen in mein Gedächtnis gebrannt: „... Wenn nicht jetzt, wann dann? Wenn nicht hier, wo dann?"

Aber was? Ich hab ja nicht mal ein klares Ziel vor Augen! Mal dies, mal das.

Allerdings gibt es ein Ziel, welches mich schon lange beschäftigt, ein kleines Therapiezentrum für Übergewichtige. Das hatte ich schon während des Studiums und jetzt wieder verstärkt. Und auch hier kommt mir immer wieder ein Spruch von Ihnen zu Hilfe: „Du lehrst am besten, was Du selbst am dringendsten zu lernen hast."

Er kommt immer dann, wenn ich von Zweifeln überrollt werde, ob ich das könnte oder nicht. Indem ich den Übergewichtigen das vermittle, was ihnen weiterhilft, helfe ich auch mir. Ohne etwas Druck von außen geht bei mir nur sehr selten etwas.

Zumindest stelle ich mir das so vor, für andere bin ich da oft zu naiv.

Vielleicht ist es auch nur angenehm, davon zu träumen. Ich stelle mir grad vor, was wäre, wenn ich auf einmal dieses Zentrum hätte ... Ich hätte Angst vor der eigenen Courage.

Noch ein Problem. Ich höre zu sehr auf die Meinung anderer. Und mir fehlt die Fähigkeit, Entscheidungen zu treffen und die Verantwortung dafür zu übernehmen. Aber ich glaube, auch hier habe ich etwas dazugelernt. Es wird besser. Langsam.

Geduld ist dabei eine weitere Lernaufgabe für mich. Dass meine Fortschritte in der Therapie mit Ihnen aus meiner Sicht nur langsam sind, ändert nichts an ihrer Bedeutung. Es ist ja mein Problem, dass ich gerne alles über Nacht hätte, ohne Arbeit.

So quasi im Schlaf. Aber ein kleiner stetig wachsender Teil in mir hat die Geduld und die Einsicht, dass es Zeit bedarf und be-

wusste Anstrengung. Hier muss ich noch lernen und umsetzen – einfach tun.

Ob ich Schaden getragen habe, kann ich Ihnen schlecht beantworten, wir müssten da wohl die Personen in meinem Umfeld fragen. Ich bin leiser, ruhiger, nicht mehr so jähzornig geworden. Das ist aus meiner Sicht kein Schaden, für meine Eltern bin ich zu ruhig geworden, so gänzlich ohne heftige Gefühlsausbrüche. Unnormal. Das macht ihnen Sorgen.

Wieder ein Spruch, der mir gerade in den Sinn kommt, diesmal aus der Bibel:

Du siehst den Splitter im Auge des anderen, aber nicht den Balken in deinem eigenen.

Warum der mir jetzt in den Sinn kommt? Vermutlich, weil ich mich weniger an Diskussionen über Politiker oder Nachbarn ... beteilige. Ich sehe zu oft die gleichen Eigenschaften bei mir, über die geredet wird, und bin dann lieber leise. Am Anfang habe ich das bei Diskussionen noch angesprochen, wenn ich Parallelen im eigenen Leben gesehen habe, aber mittlerweile unterlasse ich das, denn bei den anderen ist das ja immer etwas anderes, nicht vergleichbar mit sich selbst.

Hätten Sie mich früher gefragt, was wichtiger ist, das Reden oder das Atmen, hätte ich sicherlich sofort das Reden genannt. Ich wollte ja handfeste, hilfreiche Tipps für mein Leben, Entscheidungshilfen. Und wenn ich ehrlich bin, manchmal schon eher konkrete Empfehlungen, wie etwas zu machen sei. So wird's gemacht. Und nicht so.

Aber da hab ich vergeblich gewartet. Was mir ja mittlerweile irgendwie klar ist, ich muss die Lösungen meiner Probleme selbst finden und die Entscheidungen treffen. Und dafür einstehen. Aber mein Wesen ist wie ein Aal, ich winde mich gerne und drücke mich vor Entscheidungen. Aber wie gesagt, so langsam wird das besser ...

Langsam. Auch beim Atmen, bei dem ich lange Zeit nicht bewusst dabei sein konnte. Meine Gedanken zogen mich ständig vom Atmen weg, und ich hatte den Eindruck, dass ich dabei irgendwie gemogelt habe, dass die Reaktionen nicht echt waren. Als ob ich die Arme und Beine immer noch kontrolliert bewege.

Mittlerweile kann ich auch beim Atmen besser loslassen und die Gedanken ein wenig zügeln. Manchmal denke ich mir das Vaterunser oder das Herzensgebet. „Bete" schreibe ich nicht. Dabei fühle ich mich irgendwie unwohl, zu unsicher. Mir geht es da wie Henri Nouwen, wenn der Vergleich erlaubt ist. Ich weiß nicht mal, zu wem ich bete. Ob ich, der sich mit Religion so wenig beschäftigt hat, auf einmal beten kann und darf. Da bin ich mir sehr unsicher.

Nun gut, zurück zum Atmen oder der Frage, was hilfreicher war oder ist. Das Reden. Es ist konkreter, ich habe etwas in der Hand. Zwar nicht sofort, denn schon auf der Heimfahrt fallen mir Ihre Sätze oft nicht mehr ein, aber sie kommen wieder. Wie dieser hier: „Wenn man etwas wirklich will, erreicht man es."

Schön.

Habe im Urlaub „Stein und Flöte" gelesen. Ein Märchen einer Selbstfindung. Darin unterrichtet ein weiser Mann einen Schüler im Bogenschießen. Er demonstriert sein Können mit einem perfekten Bogenschuss, der Schüler ist sprachlos. Dann sagt der Alte, dass er das auch mit geschlossenen Augen könnte, der Schüler lächelt. Der Alte schießt blind – weit vorbei. Der Schüler ist belustigt. Der Alte ist wohl doch nicht so gut, wie er sagt.

Der Alte erwidert: Das ist Deine erste Lektion. Um ein Ziel zu treffen, musst Du es sehen.

Mir war beim Lesen, als ob Sie neben mir stehen und Ihren Satz sagen.

Ziel sehen.

Das Schwierigste in meinem Leben. Kein Ziel.

„Ziele muss man sich erarbeiten", haben Sie gesagt.

Für irgendetwas bin ich da, ich habe eine Aufgabe. Das fühle ich zumindest manchmal. Vielleicht nur ein naives Gefühl aus dem Wunsch heraus, etwas Besonderes zu sein.

Eine Art Selbsttäuschung, damit alles irgendeinen Sinn ergibt?

Helfen möchte ich. Naiv? Diese Welt ein bisschen besser machen. Etwas Wärme und Liebe in dieses hektische Treiben bringen. Dabei kann ich das ja selbst nicht.

Ich wünsche mir mehr Miteinander in dieser anonymen Welt, ich, der kaum soziale Kontakt hat, noch welche pflegen kann. Der auf Seminaren immer alleine sitzt.

Dafür muss ich wohl bei mir anfangen. Bei mir selbst.

Dabei steht mir mein Ich im Wege. Ich will, ich möchte, soviel Stolz und Eitelkeit und Hochmut und trotzdem ein mangelndes Selbstwertgefühl. Keine Demut, ich bin es immer, der etwas erreichen möchte. Ich möchte meinen Patienten helfen, ich will gelobt werden, ich will und will und will ...

Ich habe noch einen ganz schönen Weg vor mir. Sie sagten mal, dass es keine Abkürzung gäbe. Aber, um im Bild zu bleiben, ich tappe völlig im Dunkeln herum. Ich finde ja nicht mal einen Weg, geschweige denn eine Abkürzung.

Die Arbeit am Kopf ist schwer zu beschreiben, ich kann auch hier oft nicht dabei sein, meine Gedanken ziehen los und entfernen mich vom Ort des Geschehens. Wie beim Atmen versuche ich, mich mit dem Vaterunser oder dem Herzensgebet an Ort und Stelle zu halten, mit unterschiedlichem Erfolg. Mein prägnantestes Gefühl war: Ich bin alles. Ich fühlte meinen Körper mehr, nur ein „ich bin", außer mir war nichts.

Kommen wir zu den Schwierigkeiten mit Ihnen. Keine. Ich stelle nur zu wenig Fragen, bin zu passiv. Aber auch das wird noch ...

Ansonsten ist alles beim Alten, ich bin immer noch in der gleichen Lage wie beim letzten Besuch. Ich bin zurzeit bei Andrea in Weinheim und versuche, ein Ziel zu finden. Dabei lenke ich mich mit Lesen ganz schön ab, ich glaube, dass das Lesen fast schon eine Art Flucht ist, nur nicht nachdenken ...

Als Ablenkung dienen Henri Nouwen's Tagebuch aus dem Trappistenkloster und die geistlichen Übungen von Ignatius Loyola. Ich bin mir nicht mal sicher, was ich da finden will, was ich überhaupt suche ... Der Verstand versteht vieles ..., nur: die Umsetzung?

Ein wenig Hoffnung macht mir die Tatsache, dass andere die gleichen Probleme haben, oft noch älter als ich. Da habe ich ja noch Zeit – wobei ich schon wieder bei der Morgenkrankheit wäre. Mein Problem. Faul.

So einfach. Ich drehe mich nur im Kreis.

Morgen, morgen, nur nicht heute, sagen alle faulen Leute.

Hat meine Mutter schon früher zu mir gesagt.

Ich hoffe, Sie können mit diesen Zeilen etwas anfangen, mir geben sie jedenfalls wieder zu denken.

Herzliche Grüße und bis bald,

Jonas Krause.

Herr Krause schrieb diesen Brief in der Mitte seiner Therapie.

Es ist in der therapeutischen Arbeit sehr wichtig, dass der Patient den Mechanismus des Beschimpfens seiner selbst durchschaut und damit aufhört. Was geschieht in uns, wenn wir uns als Ganzes oder einen Aspekt von uns ablehnen und beschimpfen? Wir sagen zu uns: Eigentlich bin ich besser, aber dieses Besser-Sein kommt irgendwie nicht durch, verflixt nochmal! Wenn wir auf dieser Ebene bleiben, haben wir keine Chance, uns zu ändern. Wenn ich meine Faulheit wahrhaftig sehe, ohne einen Kommentar, erzeugt diese Einsicht einen Schmerz, der mir ermöglicht, bei der nächsten Gelegenheit zeitig mindestens etwas von der Faulheit zu überwinden.

Noch etwas ist in seinem Brief sichtbar: Einerseits klagt er, dass er sehr beeinflussbar sei, andererseits wünscht er sich von mir mehr handfeste Hinweise, ja, Ratschläge, wie was zu machen sei. Wenn wir dann wirklich sogar kluge Ratschläge bekommen, halten wir uns nicht an sie, weil wir sie sehr oft gar nicht befolgen können. Ratschläge stumpfen den Ratschlag-Empfänger ab. Wenn die Eltern das wüssten und das nicht vergessen würden, wäre die Beziehung zu ihren Kindern wesentlich besser.

Herr Jonas Krause gehört zu den ca. zwölf Männern, die in der Zwischenzeit im Alter von 38 Jahren bis 54 sind, liiert oder verheiratet, einige von ihnen Väter, mit denen ich mich nach ihrer Therapie oder nach der Arbeit in der Gurdjieff'schen Gruppe angefreundet habe. Ich habe sie ausgesprochen gerne, und sie sind ein wichtiger Bestandteil meines Lebens. Ich hoffe und wünsche, ihnen etwas davon weitergeben zu können, was mir Dr. Klees damals in meiner Not gegeben hatte.

Mit einigen von ihnen treffe ich mich – trotz unserer Freundschaft – selten.

„Was verbindet uns?", frage ich mich manchmal. Ich glaube, ein subtiles Wissen um unsere inneren Welten, in die wir leicht, wann immer wir zusammenkommen, eintauchen können. Das ist etwas sehr Schönes, und es bereichert wesentlich unsere Leben.

Einige Zeit nachdem ich bereits mit dem Kommentar zum Brief von Jonas Krause fertig war, ist mir etwas Wichtiges eingefallen. Er schreibt, dass er beim Atmen nicht dabei sein kann, und als Hilfe denkt er Vaterunser oder Herzensgebet. Diese Übung, beim Einatmen zum Beispiel das Gebetswort „Herr" in sich hinein zu sagen und „erbarme dich" beim Ausatmen, ist sehr alt. Sie hat sich beim Einüben der Aufmerksamkeit und Anwesenheit als ausgesprochen hilfreich erwiesen.

Ich bemühe mich, dass der Patient in der Therapie eine grundlegende Anwesenheit in seinem Leben lernt. Wenn jemand auf der Couch intensiv atmet, kann ich sehen, ob er dabei ist oder in seinen Gedanken anderswo, ganz abwesend.

Ich versuche, ihn in den Augenblick zu bringen, indem ich zu ihm sage: "Lenken Sie Ihre Aufmerksamkeit darauf, dass sich Ihr Brustkorb beim Einatmen ausdehnt und beim Ausatmen zusammenschrumpft. Oft begleite ich sein Atmen mit den Worten: „Ausdehnen – Zusammenschrumpfen, Ausdehnen – Zusammenschrumpfen ..."

Diese Dinge habe ich nicht gelernt, sondern entwickelte sie während der therapeutischen Arbeit.

„Wirklich gute Freunde sind Menschen,
die uns ganz genau kennen und
trotzdem zu uns halten."
Maria von Ebner Eschenbach

Hallo, Herr Bošnjak,

bitte entschuldigen Sie, dass ich erst so spät schreibe.

Ich werde Ihre Fragen so gut ich kann gerne beantworten.

Ich weiß, dass ich, als ich vor einem Jahr zu Ihnen kam, völlig verzweifelt war. Ich dachte, dass mein ganzes Leben falsch ist, dass ich falsch bin. Ich wusste mir nicht mehr zu helfen. Ich steckte in einem Loch.

Ich bin jetzt ruhiger, was auch Freundinnen aufgefallen ist. Die Verzweiflung ist nicht mehr da. Sicherlich komme ich noch in Situationen, in denen ich zuerst nicht weiß, wie ich damit umgehen soll, aber es kommt immer irgendwann und irgendwo Hilfe her.

Ich denke, ich bin etwas selbstsicherer geworden. Ich kann inzwischen auch meinen Körper besser annehmen.

Ich habe wieder angefangen, mit Gott zu reden, was ich lange Zeit nicht getan habe.

Wir sind in eine andere Wohnung umgezogen, in der ich mich sehr wohl fühle.

Nein, Schaden habe ich keinen davongetragen.

Was wirklich hilfreicher war, kann ich nicht sagen. Das „Reden" hilft mir sehr und ist auch einfacher für mich als das „Atmen". Manchmal denke ich: „Ich will heute nicht atmen", weil ich es als recht anstrengend empfinde. Aber die Bewegungen des Körpers nach dem Atmen sind ein schöner Ausgleich dazu. Auf jeden Fall bin ich nach der Sitzung völlig entspannt und fühle mich einfach wohl.

Die Arbeit am Kopf habe ich als sehr wohltuend und angenehm erlebt.

Mir selber immer die Frage stellen: „Wer bin ich?"

Dass irgendwelche Mönche (ich weiß nicht, welche) um nicht zu viel Anhaftung und nicht zu viel Abneigung beten.

Dass ich mich zu sehr mit Martin identifiziere und dass es weder ihm noch mir etwas hilft, wenn ich das tue.

Dass die Menschen leiden wollen, weil sie immer in einem anderen Zustand sein wollen, als in dem, in dem sie sind.

Ich habe keine Schwierigkeiten mit ihnen.

Ich kann mich erinnern, dass ich einmal sehr gekränkt war, aber ich weiß nicht mehr, warum.

Es hat wehgetan, was Sie gesagt haben.

Es geht mir zurzeit gut. Die Kinder haben Ferien, d.h. es gibt zurzeit keinen Lärm- u. Hausaufgabenstress. In der neuen Wohnung fühle ich mich sehr gut. Wir haben einen schönen großen Balkon, der ein absoluter Traum für mich ist. In letzter Zeit habe ich die extremen Gefühlsschwankungen meinem Mann gegenüber nicht mehr so stark, was eine große Last von mir nimmt. Ich fühle mich einfach ausgeglichener.

Sorgen machen mir einfach meine Ängste, weil ich damit eingeschränkt bin und sie mich und meine Familie belasten. Auch die ewigen Magen-Darm-Probleme von Martin beschäftigen mich.

Ich hoffe, ich konnte Ihnen helfen. Viele liebe Grüße,

Ihre Anneliese Heller.

Frau Heller schrieb den Brief, als sie gerade ein Jahr in der Therapie war. Ihr Leben war nicht einfach. Als sie zu mir kam, war sie zweieinhalb Jahre in der dritten Ehe verheiratet; und sie denkt – fast zwanghaft – an eine Scheidung.

Aus jeder der vorherigen Ehen hat sie einen Sohn: Kevin ist 14, Martin 10. Eine schwere Symbiose versklavt die Mutter und den jüngeren Buben. Dadurch fühlt sich der Ältere ungeliebt. Frau Heller bringt manchmal Träume mit, die diese Symbiose widerspiegeln, wie beispielsweise dieser:

„Ich entdecke an meiner Hand und im Gesicht ein Ekzem. Da wusste ich, ich hatte die tödliche Epidemie, die auf der Erde herumging. Mir war klar, dass ich bald sterben muss. Ich hatte Angst davor. Ich dachte an Martin, weil er ja noch so verschmust und anhänglich ist und meine Nähe braucht. Ich überlegte, was wohl für ihn besser wäre. Wenn ich mich gleich umbringe, sodass wir beide es hinter uns haben, oder wäre es für Martin besser, wenn ich noch etwas lebe, ich zwar für ihn da sein kann, aber er mich nicht anlangen, umarmen und Bussis geben kann. Ich wusste nicht, was schlimmer für ihn ist. Ich entschied mich, erst einmal abzuwarten, um zu sehen, wie er damit zurechtkommt. Ich dachte mir, dass ich mich immer noch umbringen kann, wenn er nicht damit zurechtkommt. Nach einer Weile bemerkte ich, dass sich die Krankheit nicht weiter ausbreitete. Ich war dann nicht mehr sicher, ob ich den Virus überhaupt noch habe. Ich wusste nicht, ob das überhaupt möglich ist, dass der Virus wieder verschwinden kann. Ich dachte, solange ich nicht weiß, ob ich den Virus noch habe oder nicht

und ob ich bald sterben muss, muss ich ewig mit Martin auf Distanz leben."

Oder dieser:

„Martin und ich hatten irgendetwas (keine Ahnung, was) im Kopf, was in nächster Zukunft unseren Kopf sprengen würde. Das machte mir Angst. Martin wusste aber nichts davon. Ich wartete darauf, dass es passieren würde. Dann hörte ich Kampfflieger draußen (wir waren in irgendeiner Wohnung), da wusste ich, dass wir im Krieg sind, dass entweder unser Kopf zerspringt oder dass wir bombardiert werden und so dann sterben. Ich wusste, dass es also keinen Weg mehr heraus gibt."

Ein Psychoanalytiker wird über solche Träume frohlocken. In meiner Arbeit standen Träume – wenn überhaupt, dann – am Rande. Das Träumen hat in meinem Verständnis seine Wichtigkeit in dem Prozess des Träumens selbst. Das Träumen selbst ist die Heilung und nicht die Traumanalyse.

Beide Träume deuten bereits auf eine Heilung der Symbiose, die im Fortgang der Therapie ihre Schwere verloren hat.

Eine Frage, die Frau Heller in der Anamnese wiederholt: „Ich weiß nicht, wer ich bin ...? Ich muss herausfinden, wer ich bin ...", war maßgebend für den Verlauf ihrer Therapie. So bewusst und so intensiv wird diese Frage am Therapieanfang sehr selten gestellt.

Ihr dritter Mann, der sie wirklich liebte, war eine große Stütze für die Stabilisierung des Lebens von ihr und ihrer Kinder. Er war einmal bei mir, und ich war von seiner Sicht ihrer gemeinsamen Lebenssituation angetan.

Als sie 15 Monate später die Therapie beendet, kommt sie mit sich und dem Familienleben sehr gut zurecht. Die Scheidungsgedanken plagen sie nicht mehr.

Seit sechs, sieben Jahren habe ich keinen Kontakt mehr zu ihr.

„Man kommt in der Freundschaft nicht weit,

wenn man nicht bereit ist, kleine Fehler zu verzeihen"

Jean de La Bruyère

Es gab in den fast vier Jahrzehnten meiner therapeutischen Arbeit ein gutes halbes Dutzend Leute, die jahrelang ziemlich regelmäßig in die Therapie kamen. Das wurde besprochen, und wenn jemand eindeutig kommen wollte, habe ich ihm nicht mit Gewalt meine Tür verschlossen.

In den USA hatte ich eine liebe Freundin, die zwischen den Weltkriegen eine Schülerin von C. G. Jung war und, weil jüdischer Abstammung, auswandern musste. Sie vertrat die Meinung, dass man den Patienten entscheiden lassen soll, wann er mit dem Kommen aufhört. Sie hätte Leute gehabt, die über zwanzig Jahre zu ihr kamen. Allerdings soll das immer wieder besprochen werden.

Sie starb um die Jahrtausendwende 100-jährig. In den 90er Jahren kam sie auf ein sanftes Drängen von meiner damaligen Frau und mir zum ersten Mal nach dem Krieg nach Deutschland, besuchte das Grab ihrer Eltern in Offenbach, wollte aber kein Deutsch sprechen. Sie brachte mir einen Satz bei, den ich sehr beherzige. *„Vladimir"*, sagte Dr. E. W., *„Ich bin ein großer Freund von Fragen, glaube aber nicht an die Antworten."*

Nun der Brief von Andreas:

Lieber Herr Bošnjak!

Sie haben mich gelehrt, die Dinge möglichst immer einfach zu benennen. Wenn ich innehalte und tief in mich hineinspüre, dann ist meine Empfindung Ihnen gegenüber – Dankbarkeit. Dankbarkeit, die mich (besonders in den letzten Monaten) ermahnt und erinnert: „Was würde Hr. Bošnjak jetzt sagen?"

„Schauen Sie tiefer, noch tiefer ... was ist es wirklich? Wie fühlt es sich an? Was wollen Sie wirklich? Was ist wirklich wichtig?

Jeder Mensch ist ein Mysterium – aber er muss es leben. Theologie kann man nicht essen. Mystica kann man essen! Ich bin kein guter Mensch (sagten Sie etliche Male von sich), vergessen Sie niemals – das, was Sie glauben und denken, wer Sie seien, sind Sie nicht!"

Sie haben in mir die Sehnsucht nach Gott geweckt; Sie sind mir auf die Füße getreten, haben mein aufgeblasenes Ich wie eine Seifenblase zerplatzen lassen – manchmal so, dass ich sehr wütend auf Sie war, meistens so, dass ich eine große Erleichterung spürte.

„Wer bin ich? Immer an Gott denken! Nicht schlecht übers Wetter reden!"

Sie haben einmal gesagt, Sie seien wie eine Insel in stürmischen Ozeanen – ich sei ein Schiffbrüchiger, der hier Material findet, um sein eigenes Schiff zu bauen, loszusegeln und vielleicht selbst eine Insel in Besitz zu nehmen. (Ganz so haben Sie es nicht gesagt, aber so ähnlich.) Wird das Baumaterial ausreichen?

Ich denke so oft in dieser Zeit daran; mein Leben steht an einem Wendepunkt – den Ruf, in ein Kloster zu gehen, prüfe ich so ernsthaft ich vermag. Ich weiß nun, wie schwierig es ist, irgendetwas in meinem Leben zu ändern, wie unmöglich es ist „zu tun". Sie haben mir das Wünschen und die Sehnsucht wiedergegeben – in Bewegung setzen muss ich mich selbst.

Eine Stunde in Stücht kam mir manchmal zeitlos vor – ich lag auf der Matratze und atmete, Sie standen am Fenster und blickten hinaus in das Werden und Vergehen dieser Welt –, ich lag auf der Matratze und redete und redete, Sie schauten mich nur an, und plötzlich wusste ich, ich rede Bullshit!

„Lassen Sie nicht zu, dass ich, V. B., Sie besser kenne, als Sie sich selbst. Eines Tages sollten Sie sich besser kennen ..."

Ich lag auf der Matratze, wohlige Wärme nach dem Atmen, Beine ausgestreckt; Ihre warmen Hände bearbeiteten meinen Kopf; ich könnte in tiefem Frieden einschlafen, und dann kam das Sommerseminar ...

Erst heute ahne ich, was mir damals geschah: Ich arbeitete, um der Arbeit aus dem Weg zu gehen; Sie kamen mir vor wie ein „kleiner" Mr. Gurdjieff (Sorry!).

Ich wartete nur noch darauf, diese blöde Mauer wieder einzureißen (heute finde ich sie wunderschön).

Manchmal machten Sie mir Angst, ich nannte es „Grausamkeit" auf dem Plakat, ich wollte mich manchmal verstecken, ich flüchtete aufs Klo, mit dem Ergebnis, das Klingeln der Meditationsglocke zu überhören: „Sorry, ich hab mich verspätet!" (ich) – „Wer hat Sie gefragt?" (Sie)

Einer meiner intensivsten Träume war folgender: Ich bin in meiner Klinik, und dieser Ort saugt das Leben aus mir heraus. Ich sterbe. Panik erfüllt mich, hier will ich nicht sterben. Ärzte wollen mich beatmen, auf die Intensivstation bringen, ich will hier weg. Nach Stücht. Ich will zu Hr. Bošnjak. Ich will dort sterben und meinen Kopf in den Händen von Hr. Bošnjak bergen.

Viele Menschen sagen: „Och, wie fleißig Hr. Bošnjak ist, wie viel Arbeit er bewältigt, wie einfach es ihm von der Hand geht!"

„Mein ganzes bewusstes Leben ist ein einziger Kampf gegen meine Faulheit und Bequemlichkeit!", sagen Sie.

Ich ahne nun, dass auch ich einen solchen Kampf bestreiten muss. Ich weiß, dass ich es nicht alleine schaffe. Ein Mensch alleine kann nichts tun.

Ora et labora – ein Benediktinerkloster, ein hervorragender Ort für „meine" Arbeit?!

Im Herbst bin ich wieder ein paar Tage im Kloster, im Kloster …, werde ich den Novizenmeister kennenlernen und dann Anfang nächsten Jahres ca. fünf Wochen dort verbringen, mitleben, mitarbeiten, mitbeten.

Ich werde prüfen und mich prüfen lassen, ob ich dort eintreten kann und soll.

Noch vor zwei Jahren wäre ich in schallendes Gelächter ausgebrochen. Heute weiß ich, dass ich eine Entscheidung treffen muss und einen Weg beschreiten soll.

Ich hoffe von ganzem Herzen, dass Sie wieder gesund werden und wir im Herbst wieder zusammen arbeiten können!

Wenn ich die Jahre, die ich bei Ihnen bin, bedenke und zusammenfassen sollte, würde ich Sie als meinen Geburtshelfer beschreiben, ohne den ich entweder tot wäre oder im völligen Tiefschlaf dahinvegetieren würde.

Ich empfinde größte Dankbarkeit für Sie. Ich grüße Sie mit einem Wort des Propheten Jesaja „Deine Sonne wird nicht mehr untergehen und Dein Mond nicht schwinden, denn der Herr wird Dein ewiges Licht sein und die Tage Deiner Trauer haben ein Ende." (Jesaja. JES 60,20)

Herzlichst,

Ihr Andreas Stocker

Dieser Brief macht mich scheu, so, als ob ich mein Gesicht in meine Hände legen und still bleiben soll. Andreas war ein innerlich frommer, depressiver Junge. Oft verbrachte er Nachmittage in seinem verdunkelten Zimmer. Er war als Kind und als Pubertierender sich selbst überlassen. Seine Eltern konnten sich ihm weder von ihren inneren Möglichkeiten noch von ihrer Zeitplanung her widmen. Nach dem Abitur kurzes Schnuppern im Theologiestudium an der Uni. Es ist auffällig, dass ihn das Religiöse interessiert, obwohl die Familie der Religion fernsteht.

Die Theologie ist es nicht! Er machte die Ausbildung zum Krankenpfleger. Arbeit, Fortbildungen, Stationschef des Pflegedienstes. Eine Uniklinik ist, wie so viele andere große Einrichtungen, eine „geschlossene Gesellschaft". Irgendwann brauchte er Hilfe und suchte mich auf. Von seinem Vater, der bei mir einige Jahre vorher in der Therapie war, wusste er über meine Arbeit.

Er berichtet über sein Arbeitsleben: eigentlich eine ständige Überforderung, chaotische Zustände, erotische Gier, viele junge Menschen beiden Geschlechts in Interaktion, Angst vor den Göttern in Weiß oder mutiger Widerstand ihnen gegenüber, viel Neid und Tratsch und alles im Dienste des menschlichen Leidens. Und dann kommt selbstverständlich immer wieder der Tod.

Dann Schmerzen in seinem linken Arm, den er nicht bewegen kann. Anscheinend ist das auch nicht das! Er erzählt mir, dass er eine Sammlung – es sind sechs oder sieben Bändchen – christlicher Mystiker hat. Das Lesen dieser Texte tut ihm gut, verhilft ihm zum Atmen und zu sich selbst zu kommen. Die Bücher kenne ich auch und blättere gerne in ihnen. Er weiß von der Gurdjieff'schen Arbeit in Stücht und nimmt an einem Sommerseminar teil. Vor diesem Hintergrund kommt in ihm der Gedanke hoch, in ein Kloster einzutreten. Nachdem es möglich ist, jetzt alles im Internet zu finden, surft er nach Klöstern. Er ist evangelisch, stößt aber auf die Benediktiner und ihre Klöster und nimmt Kontakt auf.

Er erwähnt im Brief seine Erfahrung im Seminar.

Die Gurdjieff'sche Arbeitsmethode ist immer konkret, das heißt praktisch. Konkrete Arbeitsprojekte werden angefangen und in drei Tagen fertig gemacht. Wenn es nötig ist, wird auch in der Nacht gearbeitet. Die Arbeit ist mit verschiedenen Aufmerksamkeitsübungen bestückt; unerwartete Wendung, plötzliches Unterbrechen, Schweigezeiten ... Auf einem Plakat kann – soll – man anonym oder mit dem Namen aufschreiben, was in einem dabei vor sich geht ... Er schreibt „Grausamkeit". Wir haben eine uralte Mauer, welche das Erdrutschen verhindern sollte, abgerissen und eine neue gebaut. Da ihn die Arbeit geärgert hatte, war seine Vorstellung, dass er die neue Mauer, wenn sie fertig wäre, sofort wieder einreißen würde ...

Es sind schon zehn Jahre, dass er ein Mönch ist mit einem sehr schönen alttestamentlichen Namen. Wenn ich kann, besuche ich ihn – inzwischen ein lieber Freund – sehr gerne.

„Freundschaft ist nicht nur ein kostbares
Geschenk,
sondern auch eine dauernde Aufgabe."
Ernst Zacharias

Frau Madlaine Fischer-Braucher kam 34-jährig

in die Therapie,

sie blieb 2 Jahre und 9 Monate und hatte 92 Sitzungen.

Ihr späterer Mann, Andreas Fischer,

kam 43-jährig auch in die Therapie,

blieb 1 Jahr und 3 Monate und hatte 45 Sitzungen.

Lieber Herr Bošnjak,

Sie werden auch überrascht sein, dass nicht Andreas Fischer, sondern Madlaine Fischer-Braucher auf Ihr Schreiben an ihn antwortet. Sie haben Frau Braucher gesucht. Hier ist sie: Frau Fischer-Braucher!

Gerade aus dem Urlaub zurückgekommen, haben wir gestern über Ihr Schreiben und Ihr Anliegen gesprochen. Mein Mann wird nicht auf Ihre Bitte eingehen, es ist seine Sache und ich respektiere sie. Ich jedoch möchte gerne darauf antworten. 1989 zogen Andreas und ich zusammen. 1996 haben wir dann geheiratet, und es geht uns sehr gut zusammen. Beruflich sind wir beide sehr angespannt: Andreas ist seit 5 Jahren Leiter einer Fachoberschule, und ich habe außer meiner Arbeit (25 Std.) in derselben Kanzlei wie damals noch einen sehr umfangreichen freiberuflichen Übersetzerjob. Ich mache den gerne, solange meine Kraft dazu reicht. Manchmal lässt sie nach, und der Stress hat die Oberhand, und ich muss dann oft an Sie denken, um mich nicht aus den Augen zu verlieren.

Wir haben noch engen Kontakt zu Kramers und zu Hannelore Weiß. Und nicht selten wird in diesem Kreis Ihr Name genannt. Sie haben uns alle geprägt. Meine Mutter starb 1999 90-jährig, sie war zum Schluss sehr schwierig und hat das Verhältnis unter den Geschwistern sehr aufgemischt. Es waren böse „Erbschaftszeiten", und die Beziehung zu meinen Schwestern war äußerst schmerzhaft und irgendwie psychotisch. Und ich denke immer daran zurück, dass Sie für mich eine erhebliche Hilfe mit ganz einfachen Mitteln gegeben haben. Ich habe gelernt, alles daranzusetzen, bei mir zu bleiben, auch wenn mich die Panik ergreift und ich drohe, mich zu verlieren (immer wieder habe ich solche Panikanfälle, besonders auf dem Wasser, wo wir gerne unsere Urlaube verbringen!!). Ich habe gelernt, mich selbst anzuschauen und mit mir und den anderen aufrichtig zu sein, nicht die Schuld für mein Unglück bei den anderen zu suchen.

Sie wollen ehrliche Antworten, also versuche ich es:

Ja, Ihre Therapie war für mich von Nutzen. Ich kann mit jeder Situation umgehen, oft zwar erst nach einer großen Verzweiflung, die mich überkommt, aber wenn die Woge zurückgegangen ist, schaue ich mir alles genau an und gehe keiner Aufarbeitung aus dem Weg. Dies, ob in der Familie, im Beruf oder im Umgang mit Freunden in heiklen Situationen. Ich glaube, dass dies mir auch im Umgang mit meinem ersten Mann gelungen ist und auch mit unserem Sohn.

Nein, ich habe absolut keinen Schaden davongetragen.

Beides war mir wichtig. Das Reden, da ich immer artikulieren muss, was ich empfinde, und das intensive Fühlen, das die Sperren aufbrechen konnte. Ich fühle mich zunächst als ein sehr emotionaler, absolut neurovegetativer Mensch, der erst mal „Durchfall und Herzrasen" bekommt, der aber die „Seelenarbeit" nur gemeinsam mit Körper und Sprache machen kann. Wahrscheinlich hat deshalb Ihre Arbeit so gut zu mir gepasst.

Die Kopfarbeit war der wunderbare Abschluss jeder Sitzung, mit der alles wieder ins Lot kam.

Ja: Der Hinweis, mich immer an mich zu erinnern (ganz wesentlich). Sie sagten, Sie seien nichts anderes als ein Mittel, mich an mich zu erinnern und wahrhaftig zu sein. Ihr Vergleich mit einem Feuerwerk in einer Kiste, das in die Luft schießt und verpufft, wenn man sie aufmacht, statt die Energie für mich selbst zu behalten. Und das Versöhnliche nach jeder Stunde. Es waren die prägsamsten Hinweise für mein ganzes Leben.

Ich habe von Ihnen gelernt, mich im Abstand von mir selbst anzuschauen und alles anzunehmen, jedoch nicht im Jammern stehen zu bleiben.

Gestört oder geärgert haben Sie mich immer wieder, wenn Sie eben die Punkte festgehalten haben, um die ich gerne weit herumgegangen wäre (also nur im „positiven" Sinn). Ich habe mich nicht für Ihre geistigen und philosophischen Auffassungen erwärmen können, aber ich habe zugehört und sie als Ihre respektiert (z.B. bei Ihren Vorträgen, aber nicht in der Einzelsitzung). Ich glaube, dass es mit der zeitlichen Distanz nicht mehr leicht ist zu erinnern, was ärgerlich gewesen wäre, da das Leben auch wie ein Filter wirkt.

Es kann sein, dass ich im Moment beschönige, aber ich glaube nicht. Ich weiß nur, dass es mir in schwierigen Momenten in meinem Leben nur gelungen ist, mit der Gegenwart fertigzuwerden, wenn ich mich an die „Bošnjak-Hilfsmittel" erinnerte. Ich denke inzwischen, dass das „Aufrichtigsein", das „Erinnern", das „Mit-Distanz-Anschauen", das sich nach abgeflauter Verzweiflung in mir einstellt, ein Teil von mir geworden ist. Und dafür bin ich Ihnen dankbar.

Mir geht es gut, solange die Arbeit mich nicht beherrscht und physisch stresst. Ich muss immer ein Gleichgewicht zwischen Ja- und Nein-Sagen finden. Ich lerne immer wieder, mich aus familiären (schwesterlichen) Verstrickungen durch freundliche Distanz zu lösen, indem ich sehe, dass ich ICH bin und die Vorwürfe der Schwester nur ihr Problem sind und nicht meins. Ich versuche, so oft es mir gelingt, die „psychologischen" Probleme nicht psychologisch zu betrachten, sondern nach der Wahrhaftigkeit, die ich dabei empfinde. Ich habe z.B. Freundschaften, die mir wichtig waren, auch nur durch absolute Wahrhaftigkeit und nicht durch Rechtfertigungen aus Schieflagen retten können. Ich glaube, dass es für mich immer der richtige Weg ist.

Zum Schluss ein wenig zur jetzigen Familie Fischer:

Wir haben durch Andreas Sohn einen Enkel (18 Monate) in unmittelbarer Nachbarschaft. Wir genießen es sehr. Seitdem hat sich auch das jahrelang sehr gestörte Verhältnis zu seiner ersten Frau, die inzwischen auch wieder geheiratet hat, normalisiert, und wir können jetzt sehr gut miteinander umgehen. Andreas geht nächsten Sommer in Rente, ich werde wohl noch ein paar Jährchen arbeiten, es sei denn, unser gemeinsames Leben leidet darunter, dies können wir aber nur kurzfristig sehen.

Mein Sohn Emil (26) hat nach einer abgeschlossenen Kochlehre angefangen, Geschichte und Politik zu studieren. Es geht ihm dabei sehr gut. Er verbindet souverän das praktische Arbeitsleben und die Freuden des Intellekts.

Auch wenn nur Sie an der „Antwort des Patienten" interessiert sind, hat es mir hier gutgetan, eine Stunde meines stressigen Lebens dafür zu verwenden, eine kleine Bilanz zu ziehen und einige sehr wichtige Jahre meines Lebens in Erinnerung zu rufen. Danke dafür.

Meine besten Wünsche für Sie.

Herzlich

Madlaine Fischer-Braucher.

Frau Fischer-Braucher schrieb einen sehr schönen und interessanten Brief. Sie betont, dass sie in der Therapie gelernt hat, bei sich selbst zu bleiben. Wenn uns etwas trifft, „rutschen" wir normalerweise aus uns raus und denken, reden, streiten in der Du-Form: *„Du hast gesagt, du hast mich beleidigt ..., du bist so und so ..."*

Da es meinem Gegenüber auch so geht, bringt in der Regel eine solche Auseinandersetzung weder eine Klärung noch eine Versöhnung. Diese „Uneinsicht" zieht sich durch kleine und durch große Auseinandersetzungen überall durch. Es ist etwas sehr Wichtiges, was Madlaine gesehen und von innen her verstanden hat, bei sich selbst zu bleiben! Das kann man nicht genug betonen.

Anfang der 80er Jahre kamen aus einem Münchener gutbürgerlichen, eher vermögenden Milieu etliche befreundete Leute zu mir in die Therapie. Sie hätten damals wahrscheinlich das Adjektiv „gutbürgerlich" nicht gerne hören wollen. Sie haben sich eher als „alternativ" verstanden. Angefangen hatte es mit einer Gymnasiallehrerin, der ich von ihrer Schwester empfohlen wurde. Unter ihnen waren Ehepaare, Lebensgefährten, Freunde. Ich habe keine Paar-Therapie praktiziert, sondern behandelte jeden einzeln. Das erwähnte ich schon. Frau Fischer-Braucher war aus diesem Kreis, und sie spielt in ihrem Brief auf ihn an. Die Leute waren überwiegend Akademiker. Auf Anhieb erinnere ich mich an acht, neun Patienten aus diesem Kreis. Nur Frau Fischer-Braucher antwortete auf meinen Enquetebrief. Ihr Brief hat mich sehr gefreut.

Noch drei Leute aus diesem Kreis riefen mich an, um über ihre Therapiezeit mit mir zu sprechen.

Die Muttersprache von Madlaine ist Französisch. Sie arbeitet auch als Übersetzerin.

„Sage nicht alles, was du weißt,
aber wisse immer, was du sagst."
Matthias Claudius

Lieber Herr Bošnjak!

Ich hoffe, dass Ihnen meine Antworten auf Ihren Brief weiterhelfen.

War Ihre Therapie mit mir für Ihr Leben von Nutzen? Wie? Zuerst brachten mich die Verzweiflung und die Ängste, die ich hatte, zu Ihnen. Während der Therapie mit Ihnen (durch Gespräche, Überlegungen, Lesen Ihrer ausgeliehenen Bücher) versuche ich immer mehr, mein Leben zu meinem bisherigen zu verändern (ich hoffe zum Positiven), weil man immer wieder in den alten Trott fällt. Dafür danke ich Ihnen!

Haben Sie in irgendeiner Art und Weise davon Schaden getragen, wie? Persönlichen Schaden habe ich keinen getragen, außer meinem Geldbeutel.

Was war für Sie hilfreicher: das Reden oder das „Andere", intensive Atemsequenzen, Bewegungen, Laute, mit den Augen dem Lämpchen nachzugehen, Stöhnen, Zittern, Kälteschauer, Kribbeln...? Hilfreich war für mich beides, aber Sie wollen ja wissen, was für mich hilfreicher war von beidem. Ich muss Ihnen ganz ehrlich sagen, dass es mal das Atmen war und mal das Reden.

Wie haben Sie meine Arbeit an Ihrem Kopf am Ende der Sitzung erlebt? Als eine sehr gute Entspannung, nach den manchmal anstrengenden Atemübungen.

Hat es Sätze, Hinweise gegeben, die für Sie besondere Bedeutung hatten und die sich Ihnen so eingeprägt haben, dass Sie sie nicht mehr vergessen haben? Ja, und zwar, dass man von seinem Partner (Gattin) oder seinen Mitmenschen was erwartet, was sie gar nicht wissen können (und dann noch beleidigt sein). Dass man sich nicht vom Alltagstrott auffressen lässt, sondern seine Gattin, Menschen, die man gerne hat, auch mal umarmt, drückt oder Ihnen auch etwas Schönes sagt.

Was erleben Sie jetzt, wenn Sie diese Zeit in sich aufkommen lassen? Dass ich es nicht bereue, bei Ihnen diese Therapie angefangen zu haben, trotzdem ich manchmal verzweifelt war und auch wegen des vielen Geldes, das ich aus meiner eigenen Tasche bezahlen musste. Dafür danke ich auch Ottilie, dass sie nie deswegen was gesagt hat. Ich freue mich auch, dass ich Sie und Ihre Familie kennenlernen durfte.

Was hat Sie an mir und meiner Arbeit gestört, verärgert, verletzt? Da kann ich nichts dazu sagen, weil die Frage bei mir nicht zutrifft.

Schreiben Sie mir einfach, wie es Ihnen geht, was Sie machen, was Sie innerlich beschäftigt? Da ich ja noch bei Ihnen in Therapie bin, wissen Sie ja, wie es mir geht und was ich mache. Innerlich beschäftigt mich zurzeit, warum es uns Menschen (schon so lange) gibt? Was ist der Sinn, dass wir auf der Erde sind und dort leben? Ich hoffe, dass ich noch den richtigen Weg, den ich gehen muss, finde.

Es grüßt Sie ganz herzlich, und dass Sie wieder gesund werden

Martin Dickert.

Herr Dickert wurde von einem anderen Therapeuten an mich verwiesen, „um Atmen zu lernen". Sein Schicksal ist schwer. Er war das jüngste von drei Geschwistern; ihre Mutter verließ die Familie, als er drei Jahre alt war. Alle drei sind im Kinderheim aufgewachsen. Erhebliche psychosomatische Störungen trug er davon. Er kann nicht atmen, redet schwer an der Grenze zum Stottern, er ist scheu, und selbstverständlich plagen ihn verschiedene Ängste.

Martin hat seine Mutter später nie mehr gesehen, obwohl er wusste, dass und wo sie lebte. Durch dieses Schicksal und seine Art damit umzugehen, fühlte ich mich ihm warm verbunden. Allerdings – durch meine Begegnung mit Bert Hellinger und die Einsichten aus der Familienaufstellung – würde ich heute einiges in einem solchen Fall anders angehen, weil ich es anders sehe und verstehe. Herr Dickert ist einfach, unmittelbar, intelligent und handwerklich sehr begabt. Er ist Geselle in zwei handwerklichen Berufen. Er liebt die Natur. Seine Frau und er halten Pferde und sind beide gute Reiter.

Was Herr Dickert im Absatz über meine Frage: „Hat es Sätze, Hinweise gegeben ..." schreibt, bezieht sich auf den wiederholten Wink, dass er nicht erwarten soll, dass die anderen seine Wünsche und Vorstellungen schon kennen. Er muss sie ihnen sagen. Normalerweise meinen wir, die anderen sollen es merken. Das geht manchmal noch weiter: Wir sind beleidigt, wenn jemand unseren Wunsch nicht erfüllt, obwohl er diesen gar nicht kennen kann. Diese Sicht der Dinge in unserem alltäglichen Leben war für Herrn Dickert wichtig und neu. Deshalb ist das, was Martin darüber schreibt, auch wichtig. Nach der Beendigung der Therapie hörte unser Kontakt auf.

> „Niemand ist nutzlos in dieser Welt,
> der einem anderen die Bürde leichter macht."
>
> Charles Dickens

Lieber Herr Bošnjak,

auch ich habe die verderbliche Morgenkrankheit und schiebe seit Wochen die Antwort auf Ihren Brief auf, da ich immer auf einen ruhigen und auch schönen Moment mit Muße warte, aber natürlich muss ich mir das selbst gestalten. Ich habe mich über ihren Brief sehr gefreut, sie waren mir gleich wieder so vertraut. Ich bin jetzt seit fast 6 Jahren in Österreich, und ihr Brief war der schönste, den ich bekommen habe. Sollte ihre Pensionskasse nicht ausreichen, probieren Sie es doch mit Schreiben. Ihre Memoiren sind sicher sehr interessant. Es ist jetzt der richtige Zeitpunkt für meine Antwort. Ich bin mit meinem Sohn Jan, meiner Mutter und Schwiegermutter (in Spe) für eine Woche ans ligurische Meer gefahren. Die Temperaturen sind noch angenehm, und das Septemberlicht ist besonders schön. Ich sitze jetzt in der Mittagsruhe auf der Terrasse, sehe aufs Meer und darf Ihnen diesen Brief schreiben.

Sie wissen, wie oft ich gefroren habe und wie ich die Wärme genieße. Ich brauche auch sehr viel Licht.

Ich beantworte Ihnen sehr gerne Ihre Fragen, und es ist keine Mühe, sondern so bin ich auch sehr viel bei mir selbst, beschäftige mich wieder mit mir selbst.

Erst jetzt beim Nachdenken merke ich, wie gut diese Zeit bei Ihnen für mich war. Den Begriff „Wahrheit eines Wortes, Gefühles" habe ich erst bei Ihnen kennen gelernt. Sie haben mit sehr verständlichen Worten mir Zusammenhänge erzählt, Dinge gesagt, wo ich in dem Moment genau wusste, ja, ohne Schnör-kel, das ist der Kern, nicht immer gleich miterlebt habe ich es, und Ihre Worte haben oft noch Tage, Wochen nachgewirkt, wo ich wusste, nein besser erlebte, das meinte Hr. Bošnjak. Schein-bar schwierige Zusammenhänge sind bei Ihnen verständlich und klar. Durch Ihre Therapie bin ich mehr zu mir gekommen und auch auf einen Lebensweg, den ich jetzt gehe, wo ich mich sehr wohl fühle. Ich weiß, dass mein Sohn Jan mit Ihrer Unter-stützung und Ihrem Beistand jetzt bei uns ist. Er ist jetzt 2 Jahre alt und ein ganz lieber Junge, redet wie ein Buch, ich genieße das Muttersein und bin sehr stolz auf ihn. Ich habe überhaupt nicht das Bedürfnis wieder zu arbeiten. Das 1. Lebensjahr war sehr anstrengend (ungewohnt), ich habe sehr gerne bis zum 7. Monat voll gestillt, aber Jan wollte nachts immer die Brust und ist bis zum 9. Monat alle 2 Stunden nachts aufgewacht. Jetzt schläft er sehr gut.

Lucas ist sehr stolz auf Jan und ein sehr liebevoller Vater.

So beantworte ich auch eine Frage von Ihnen. Sie haben mir gesagt, auch wenn er jetzt keine Kinder möchte, wenn das Kind da ist, ist das anders. Dieser Satz war für mich sehr hilfreich. Sie sagten: Das regelt nicht der Kopf, sondern es gibt andere Di-mensionen (nicht wörtlich-sinngemäß), wenn man Va-ter/Mutter wird. Dadurch wurde ich sehr positiv, es nahm mir vollkommen die Angst, meinen Weg und Wunsch zu gehen. Von ganzem Herzen vielen Dank.

Es gab noch einen Satz, der mir in Erinnerung ist (es gibt noch mehr), den ich auch jetzt oft erlebe. Sie sagten, ich sei noch nicht erwachsen geworden, und das Muttersein wird mir dabei helfen. Ich merke jetzt, dass ich oft noch von kindlichen Mustern gesteuert werde, reagiere, wo ich später frage, was hat mich da geritten, und nicht weiß, wer ich da bin.

Nach den Sitzungen bei Ihnen hatte ich öfters ein sehr schönes klares Gefühl in mir, ich habe mich manchmal richtig „ich" gefühlt. Das wird mir jetzt erst bewusst, wie sehr mir ihre Sitzungen fehlen. Sie haben mich angestoßen, geholfen, zu mir, zur Christiane zu kommen, diese Hilfe, Unterstützung, die Anregungen fehlen mir jetzt etwas. Für mich waren Ihre Sätze besonders von Bedeutung, die davon handelten, wer wir sind, wohin wir gehen, wie wenig es wir eigentlich brauchen.

Sicher war für mich sehr wichtig, mit Ihnen zu sprechen, andere Perspektiven-Wahrheiten zu hören und zu erfahren, und ich denke, auch das Atmen hat viel dazu beigetragen, dass ich mich oft nachher klar, zufrieden fühlte und sich bei mir auch vieles verändert hat.

Manchmal waren die Gespräche aufwühlend, anstrengend, und beim Atmen habe ich immer sehr gefroren, desto schöner war immer die Arbeit zum Schluss am Kopf – ein Genuss! Ihre Hände am Kopf und die kleinen Bewegungen waren wohltuend und befriedigend. Es gab für mich nichts, was mich verletzt oder gestört hätte (vielleicht die Kälte – aber das war ich selbst).

Ich habe keinen Schaden davongetragen, trotz mancher Anstrengung und Unruhe nach manchen Sitzungen, ich habe von Ihnen nur Nutzen bekommen.

Wenn ich jetzt an diese Zeit denke, bleiben mir Ihre väterliche Art in Erinnerung, Ihre Ehrlichkeit, Ihre Besorgnis und – was sich für mich bei mir getan hat. Ich hätte Sie sehr gerne mehr in meiner Nähe, vielleicht zieht es Sie in der Pension in den Süden.

Zu Beginn der Sitzungen konnte ich mir ja nicht vorstellen, wöchentlich 1 Std. in eine Richtung zu Ihnen zu fahren, dann bin ich gerne 3 Std. in eine Richtung gefahren. Vielen Dank für alles, was Sie für mich getan haben.

Jetzt berichte ich Ihnen noch kurz von unserem Alltag. Ich bin noch zu Hause und genieße es, Lucas arbeitet noch sehr gerne im Energieinstitut. Lucas und mir geht es zusammen gut und besonders auch mit Jan. Wir haben noch unsere Reibereien ab und zu, aber es geht mir gut. Ich weiß nicht, ob ich wieder im alten Bankbereich arbeiten möchte, ich möchte beraten, aber nicht verkaufen. Ich würde gerne Ihr Geschenk für 1 Std. bei Ihnen annehmen und berichte Ihnen wiederum dann genauer.

Mir ist noch ein Satz von Ihnen in Erinnerung: „Was ich arbeite, ist für mich eine Berufung." (sinngemäß) Falls sie aufhören, werde ich (und sicher andere) sie vermissen. Ich wünsche Ihnen von Herzen alles erdenklich Gute,

Ihre Christiane Lindenmaier

Frau Lindenmaier war in einer festen Beziehung, als sie zu mir kam. Sie wollte Kinder haben, der Freund, bereits über 40 Jahre, wollte keine. Einige Zeit war es zwischen ihnen sehr spannungsreich, und es sah nach einer Trennung aus.

Ich wagte da etwas zu sagen, was von mir selbst Mut verlangte, und ich konnte die ganze Tragweite von diesem Hinweis nicht überschauen. Es kommt bei Gurdjieff irgendwo vor, dass jemand sinngemäß sagt: „Es ist das Einfachste auf der ganzen Welt, Sie müssen nur das Risiko auf sich nehmen ..." Ich meine, es ist das Schwierigste auf der ganzen Welt, das Risiko auf sich zu nehmen. Das ist ein Gebiet, auf dem der Mensch alleine bleiben muss. Er muss sich auf seine Intuition, sein Urteilsvermögen, auf das Wissen in seinem Körper, auf sein Vertrauen verlassen und tun. Also sagte ich zu Frau Lindenmaier: *„Für eine erwachsene Frau dürfte es nicht unmöglich sein, wenn sie einen festen Freund hat und sich ein Kind mit* *ihm wünscht, schwanger zu werden.*" Das war ein sehr kleines Risiko meinerseits.

Die Bedeutung von „Risiko-auf-mich-Nehmen" habe ich in der Beschäftigung mit Gurdjieff verstanden. Wir nehmen oft – fast im Vorbeigehen – kleine Risiken auf uns. Wir können im Lebensfluss gar nicht anders. Aber bereits der Satz, den ich Frau Lindenmaier sagte, hat mich ernst beansprucht. Schon da war das Risiko mit Angst besetzt: Darf ich ihr das sagen? Ist es richtig, das zu sagen? Und je größer und bedeutungsvoller das Risiko ist, desto schwerer ist der Schritt, es zu tun. Ein übernommenes Risiko kann den Menschen das Leben kosten. Ein Beispiel dafür ist die Tat von Claus von Stauffenberg. Es ist sehr gut für den Reifungsprozess eines Menschen, sich mit der „Risikofrage" zu beschäftigen. Viele wichtige Veränderungen in der Menschheitsgeschichte waren Risiko-Taten.

Frau Lindenmaier ließ sich versetzen, um näher bei ihrem Freund zu sein. Wann immer sie konnte, kam sie zu einer Sitzung, und diese Fahrt dauerte in eine Richtung drei Stunden. Nach ihrer Versetzung wurde sie schwanger.

Das Frieren während der Sitzung: Wenige haben, vor allem am Therapieanfang, keine Kälte empfunden. Diese angestaute Kälte in unserem Körper entsteht, wie die Reich'sche Schule es versteht, folgendermaßen: Das Neugeborene hat ein existentielles Bedürfnis nach Wärme und körperlicher Nähe. Äußerst selten bekommt es wirklich genug davon. Dieses ursprüngliche Manko akkumuliert sich tief in unserem Körper als Kälte und wird bei der therapeutischen Arbeit dieser Art bereits am Anfang an die Oberfläche gebracht. Diesem Prozess kann man durch hohe Zimmertemperatur nicht abhelfen.

Frau Lindenmaier erwähnt in ihrem Brief etwas, was kurzer Erläuterung bedarf: Dass ich meinen Beruf als eine Berufung empfinde, damit wollte und will ich sagen: Mein Leben und meine berufliche Tätigkeit waren ein Paar Stiefel. Ich habe nicht am Abend und am Wochenende gelebt und die übrige Zeit gearbeitet. Das Arbeiten und das Leben waren dasselbe; das ist vergleichbar mit dem bäuerlichen Leben. Es bedeutet auch, dass ich meine berufliche Arbeit äußerst selten nicht gemocht habe und dass ich so gut wie nie keine Zeit hatte. Jemanden, der in Not war, konnte ich immer in meinen Terminkalender einschieben, und ich fürchtete mich nicht vor den therapeutischen „Unregelmäßigkeiten".

„Die meisten Menschen denken

hauptsächlich darüber nach,

was die anderen Menschen

über sie denken."

Sean Connery

Lieber Herr Bošnjak,

vielen Dank für Ihre Zeilen. Es ist tatsächlich so, wie Sie in Ihren Briefen andeuten. Ich war sehr überrascht, von Ihnen Post zu erhalten. Mit Aufmerksamkeit und Interesse habe ich alles gelesen und bin sehr berührt.

Während des Lesens war die Zeit, die ich bei Ihnen auf der Matratze verbracht habe, mit einem Mal wieder sehr präsent. Abgesehen davon begleiten mich bestimmte Sequenzen aus meiner Therapie damals mit Ihnen seither. Die Erinnerungen sind sehr tief und begleiten mein Leben. Im Laufe der Zeit kann ich sagen, habe ich meine Erfahrungen und Erlebnisse mehr und mehr integriert. Habe aufgehört zu kämpfen, und meine innere und zunehmend äußere Haltung ist „Ja".

Ja, Ingrid und ich haben uns getrennt und sind geschieden. Nach etwa 19 Jahren haben wir nun fast seit zwei Jahren wieder Kontakt und stehen in intensivem Austausch. Die Trennung konnte nicht verhindern, dass wir lange Zeit, ohne dass wir es wussten, viele Wege gemeinsam gegangen sind und viele Entwicklungen zwar äußerlich getrennt, doch immer tief verbunden zusammen gemacht haben.

Nun zur Beantwortung Ihres Fragenkataloges:

Die Therapie, die ich bei Ihnen gemacht habe, war für mich so etwas wie der Anfang einer lang andauernden Phase, in der ich viele Therapien gemacht habe, viele Workshops besucht habe. Seit etwa 1½ Jahren habe ich damit aufgehört. In dieser Zeit habe ich viele Impulse bekommen, auch von Ihnen, die ich mittlerweile mehr und mehr in mein Leben integriere. Der Prozess dauert noch an. Es ist mir nicht möglich, eine Unterscheidung zu treffen, da alle Prozesse und Erfahrungen ineinander übergehen. Die entscheidende Wende kam für mich erst vor vier Jahren. Damals habe ich einen Klinikaufenthalt in einer psychosomatischen Einrichtung verbracht und bin anschließend nach Thailand gereist, wo ich etwa dreieinhalb Wochen in einem buddhistischen Kloster geblieben bin.

Danach habe ich 3 Familienaufstellungen mitgemacht. Seit dieser Zeit fühle ich den tiefen inneren Frieden und die Gewissheit, geliebt zu sein. Die Erfahrung prägt mich, und deshalb kann ich sagen, dass ich nach langer Zeit wirklich von meiner tiefen Depression geheilt bin. So dunkel, wie mein Leben war, so hell erscheint es mir inzwischen.

In der Reflexion stelle ich fest, dass ich in keiner Art und Weise Schaden davongetragen habe.

Wie gesagt, die Körpertherapie stand am Anfang meines Öffnungsprozesses. Mir fiel damals alles gleich schwer. Es kostete mich viel Kraft und Überwindung, das Atmen und die Übungen zu machen. Meine Energie war im Kopf; deshalb habe ich kaum körperliche Reaktionen wahrgenommen.

Ihre Arbeit im Kopfbereich habe ich als das Angenehmste erlebt, hat mich entspannt, zumal es ja auch das Ende der Therapiestunde bedeutete.

Ja, es gibt Sätze, die mir immer wieder in den Sinn kommen. Wie Sie wissen, war damals Homosexualität für mich ein Thema. Sie wollten mir vermitteln, dass es so etwas nicht gibt. Bis heute bin ich anderer Meinung. Es gibt Schwulsein, und es *kann eine Form zu leben sein. Für mich ist es inzwischen kein Thema mehr.*

Einmal war ich in großer innerer Bedrängnis. Ich hatte Angst zu sterben, ohne die Gelegenheit zum Gebet in der Kirche genutzt zu haben. Sie rieten mir, nach der Therapie, in die nächste Kirche zu gehen und dort zu beten. Die Kirche war verschlossen. Ich fühlte mich ausgesperrt vom Leben. Heute weiß ich, dass dies alles nur meine Projektionen sind. Möglicherweise habe ich bei diesem Ereignis angefangen zu verstehen.

Wie gesagt, heute weiß ich, dass alles, was mich an Ihnen gestört, geärgert oder verletzt hat, ein Spiegel dessen war, wie ich mich erlebt und wie ich mit mir umgegangen bin. Alles, was ich von Ihnen wollte und im tiefen Inneren jeder will, der in Therapie oder Kontakt zu seinen Mitmenschen geht, ist, geliebt zu werden. Ich habe mich selbst nicht geliebt, und meine Gefühle und meine Sichtweise haben mich daran gehindert, diese Liebe wahrzunehmen.

Jetzt habe ich meinen inneren Frieden gefunden.

Damals habe ich nur sehr wenig verstanden und alles durch die „Brille" gesehen, dass ich nicht geliebt bin. Ich habe erkannt, das Wesentliche ist, wie ich auf die Dinge oder in die Welt schaue. Es gibt für mich nichts zu beschönigen.

Wie bereits zum Anfang des Briefes erwähnt, geht es mir gut. Entscheidend dafür war auch die Begegnung mit Laszlo Nemeth. Er und seine Frau haben mir eine weitere Dimension eröffnet. Im Sommer 2000 habe ich bei ihnen einen sog. „Intelligenz-Test" gemacht. Das Ergebnis war ein überdurchschnittliches geistiges Potenzial.

Nach Anraten von meiner Schwester und Freunden habe ich mich an der Berufsoberschule angemeldet und letztes Jahr mein Abitur im Alter von 46 Jahren nachgeholt. Diese Zeit war eine wichtige Erfahrung für mich. Es hat mir sehr viel Spaß gemacht, zu lernen und eine gute Erfahrung in der Klassengemeinschaft zu machen. Um die Schule besuchen zu können, habe ich schon vorher aufgehört zu arbeiten. Ich habe als Erzieher in Kindergärten gearbeitet, was mir sehr viel Freude gemacht hat, auch und besonders die sog. Elternarbeit. Meine Zeit war abgelaufen. Ich wollte mich aber nicht trennen. Deshalb hat eine schwere Mobbingerfahrung mich dazu geführt, aufzuhören. Ich wurde wieder einmal aus meinem Gleichgewicht gebracht und ging wieder in die gleiche Klinik. Diese Klinik – für mich war es ein heiliger heilsamer Ort.

Nach dem Abitur habe ich angefangen mit privater Kinderbetreuung. Außerdem engagiere ich mich in einen kleinen Laden in meiner Straße, der von zwei indischen Schwestern geführt wird. Wenn es meine Zeit erlaubt und die beiden Bedarf haben, helfe ich dort gern aus.

Seit dieser Zeit beschäftige ich mich mit Ayurveda, und seit mittlerweile einem Jahr habe ich mich auf ayurvedische Ernährung umgestellt. Seit fast zwölf Jahren ernähre ich mich ausschließlich vegetarisch.

Ich habe mich keiner Lehre und keiner Schule angeschlossen. Ich weiß mich geführt und geliebt, und das ist für mich das Entscheidende.

Lieber Herr Bošnjak, Ihr „Projekt" war für mich ein guter Anlass, mich noch einmal und immer wieder mit meinem Lebensweg auseinanderzusetzen und zu reflektieren.

Ich wünsche Ihnen alles Gute und grüße Sie herzlich.
Ihr Wilhelm Daumberger.

Herr Daumberger machte bei mir seine Therapie Anfang der 80er Jahre. Er war gerade mit seiner Ausbildung in einem pädagogischen Beruf fertig. Drei Monate später suchte mich seine Frau auf. Sie war noch in der Ausbildung. Diese jungen Leute, welche durch ihr angenehmes Aussehen auffielen, strahlten eine feine hilflose Noblesse aus. Sie waren bei mir das jüngste Ehepaar in der Therapie. In mir selbst weckten sie Neugierde.

Im Laufe der ersten Stunden erfuhr ich, dass sie einer alten Glaubensgemeinschaft aus den Anfängen der Reformation angehörten. Sie beide waren Mennoniten. Die Mennoniten sind Täufer, das heißt, dass sie Kindertaufe ablehnen und erst im Erwachsenenalter getauft werden, wenn sie selbst so erwachsen sind, dass sie die Taufe wünschen und danach verlangen. In der Reformationszeit wurde theologisch und politisch viel darüber gesprochen, geschrieben, gestritten. Die Täuferbewegung, beziehungsweise die Gläubigen, welche Täufer wurden, bekamen später den Namen „Mennoniten", weil der holländische Theologe und Täufer Menno Simonides (ca. 1496-1561) viele grundlegende Schriften über die Täuferbewegung verfasste. Sie lebten und leben in der Nachahmung der christlichen Urgemeinde. Die Entstehung der Urgemeinde ist in den ersten Kapiteln der Apostelgeschichte beschrieben, besonders im vierten Kapitel. Die Täufer wurden sowohl von der evangelischen als auch der katholischen Seite und auch von der politischen Macht verfolgt – bis hin zur Ermordung. Diese Verfolgungen, zum Beispiel in Russland, dauerten bis ins 19. Jahrhundert.

Aus der Täuferbewegung entstanden auch andere Gruppierungen: In Tirol wurden sie Hutterer – nach Jakob Hutterer – genannt. Und eine Gruppe, die sich von den Menoniten trennte, heißt Amische.

Die Mennoniten gibt es in unserer Zeit fast überall in der Welt. Man geht davon aus, dass sie weltweit 1,6 Mio. sind und in Deutschland 40.000 in 190 Gemeinden. Die Zugehörigkeit zu einer Gruppe, welche so reiche und starke Traditionen hat, bringt von selbst für ihre jungen Leute besondere Probleme. So sagte mir Frau Daumberger am Anfang ihrer Therapie, dass sie aus vielen Gründen diese Therapie machen will, die ihr alle gar nicht klar sind. Neben den sexuellen Schwierigkeiten weiß sie nicht mit sich selbst umzugehen. Sie muss und will ihre eigenen Normen und Werte entwickeln.

Herr Daumberger erwähnt meine damalige Einstellung zur Homosexualität, ja, diese habe ich in den letzten drei Jahrzehnten grundlegend verändert. Die Homosexualität kam mir damals in mir selbst fremd, abstoßend, absurd vor. Ich beobachtete gleichzeitig, dass mir die lesbische Liebe weniger abstoßend schien. Übrigens, Wilhelm Reich lehnte die Homosexualität grundsätzlich ab und wollte mit dieser „Schweinerei" nichts zu tun haben.

In den letzten 35 Jahren begegnete mir immer wieder die gleichgeschlechtliche Liebe, sowohl in der Praxis als auch in den Familien der Bekannten und der Freunde. Ich bin mir im Klaren, dass eine solche Liebe bei uns Menschen sowohl eine körperliche als auch eine gemütsmäßige Wirklichkeit sein kann und immer wieder ist. Meinen neueren Informationen nach kommt eine gleichgeschlechtliche Paarbildung auch in der Tierwelt vor. In der Zoologie wird das schon länger beobachtet und erforscht. Für mich war diese Information neu, und sie machte mich auf das Phänomen der gleichgeschlechtlichen Liebe sehr neugierig. Ich dachte auch, dass ich viel ernster meine und unsere Vorurteile beobachten und studieren werde.

Nun wieder das Ehepaar Daumberger: Nach der Beendigung ihrer Ausbildung bekam Frau Daumberger anderswo Arbeit, und sie zog fort. Damit endete die Ehe des Paares. Sie lief einfach aus. Den Brief von Herrn Daumberger bekam ich zwei Jahrzehnte nach seiner Therapie. Er hat mich überrascht, gefreut und dankbar gemacht.

„Es gibt keine Wunder für den,

der sich nicht wundern kann."

Maria von Ebner-Eschenbach

Frau Susanne-Birgit Elzholz kam, als sie 27 Jahre war,

in die Therapie,

und sie blieb 3 Jahre. Sie hatte 119 Sitzungen.

Sie ist die jüngere Schwester von Frau Magdalena Schreiber.

Lieber Herr Bošnjak,

vielen Dank für Ihren Brief, ich habe mich sehr gefreut darüber und beantworte Ihre Fragen sehr gerne und bestimmt ganz ehrlich.

Frage 1) Diese Frage kann ich mit einem klaren „Ja" beantworten, um genau zu sein, für mich war die Therapie „lebenswichtig". Durch Sie bzw. die Therapie konnte ich mich immer mehr von meiner Angst befreien, und mein Leben wurde wieder „lebenswert". Ich erkannte, wie unnütz oft meine Ängste und Sorgen waren und wie sehr ich oft in Selbstmitleid „ertrunken" bin. Diese drei Jahre Therapie waren für mich wie eine Ausbildung, die ich mit Leib und Seele gemacht habe – auch wenn es nicht immer leicht war. Ich weiß auch, dass die Arbeit an mir selbst mein Leben lang andauern wird …!

Ich denke so gut wie jeden Tag an diese Zeit – an das Atmen und an die Worte, die mir heute noch sehr oft helfen. Vor allem weiß ich mittlerweile, dass es an mir liegt, was ich aus meinem Leben mache und wie ich auf die Menschen zugehen will.

Ich warte auch nicht mehr auf einen Anruf von Freundinnen – wenn ich das Bedürfnis habe, melde ich mich. Es sind so viele Dinge, die sich durch die Therapie geändert haben – bei mir nur zum Positiven.

Frage 2) Nein, nicht im Geringsten! Für mich war das Reden und das Atmen sehr hilfreich, das andere gehörte dazu. Was ich erst sehr spät begriffen habe, war, wie wichtig das bewusste Atmen überhaupt ist.

Doch lieber spät als nie.

Frage 4) Die Arbeit am Kopf am Ende der Sitzung war auf ihre Art angenehm. Am Ende fühlte ich mich meistens entspannt und irgendwie „angekommen". Was ich als sehr wohltuend empfand, war das Berühren am Kopf, wenn ich viel weinen musste und sie mich dadurch getröstet haben.

Frage 5) „Sich seiner selbst gewahr werden." Oder Sätze wie: „... warum andere so sein sollten, wie ich es mir wünsche oder erwarte."

- Dass ich ein Recht auf ein Kind habe.

- Dass es nichts nützt, zu ergründen, warum ich diese Angst habe, sondern dass ich mit mir jetzt zurechtkommen muss.

- Ob ich meine Schwester Magdalena mag?

- Alle Gedanken und Ängste – loslassen.

Frage 6) Schwierigkeiten waren es nicht, nur manchmal wollte ich die Wahrheit oder das, was richtig ist, nicht hören.

Manchmal hätte ich auch gerne länger geredet als geatmet.

Frage 7) Die direkte Art, wie Sie was sagten, war oft hart (aber letztlich sehr wirksam). Umgegangen bin ich damit so: Ich habe darüber meistens nachgedacht (und es war gut so).

So richtig geärgert – oder ähnliches –, kann ich aus meiner Sicht nicht sagen.

Frage 8) Ich für mich kann nur sagen, dass ich mich trotz aller Höhen und Tiefen gerne an diese Zeit zurückerinnere, weil sie mich da hin gebracht hat, wo ich jetzt bin.

Ich bin sehr glücklich mit Elmar und lerne und arbeite täglich, dass es so bleibt. Wir sind einige Schritte vorwärtsgekommen, und für mich ist Elmar die Liebe, mit der ich mir vorstellen kann, alt zu werden.

Dass es einmal so werden wird. Und ich vor allem das Glück habe, einen solchen Menschen kennen zu lernen, hätte ich nie gedacht. Ich fühle mich sehr wohl in meiner Haut, und ich finde, das habe ich verdient. Mit Elmars Lisa läuft es auch prima, ich habe sie sehr lieb, und die Eifersucht ist schon lange gewichen.

Beruflich ist (leider) alles beim alten, aber wer weiß, vielleicht klappt das auch noch irgendwann. Bei meiner Familie (Magdalena, Barbara) herrscht immer noch leichtes Chaos, aber ich wohne zu weit weg, um ständig alles mitzubekommen.

Trotzdem kommen wir alle super miteinander aus, und ich liebe sie auf meine Weise.

Ich grüble immer noch, und ein bisschen Angst vor Verlusten ist auch da, aber ich geh anders damit um.

Ich danke Gott jeden Tag dafür, dass ich gesund bin und dass ich Elmar habe und mit ihm leben darf.

Ich wünsche Ihnen von Herzen alles Liebe und Gute, vor allem Gesundheit und Gottes Segen!

Hoffentlich können Sie noch vielen Menschen so helfen, wie Sie mir geholfen haben!

Mit liebem Gruß,

Ihre Birgit Elzholz

Frau Elzholz suchte mich auf, weil sie, wie sie sagte, endlich ihre Ängste loswerden muss. Zu viele Dinge bereiten ihr Angst: Freundschaften, dass sie für ihre Freundinnen nicht wichtig ist, deshalb rufen sie sie nicht an, die Einsamkeit, Sorge, dass sie keinen Mann findet, dass sie krank werden kann, was sie dann wiederum traurig macht. Sie möchte endlich von Herzen lachen ... Wie sie in ihrem Brief schreibt, hat ihr die Therapie dabei geholfen. Wenn diese Veränderungen nach und nach sichtbar werden, entsteht in mir auch Freude und Dankbarkeit.

Frau Elzholz hat während der Therapie Elmar kennengelernt, der geschieden war und eine Tochter hatte. Sie haben später geheiratet und gemeinsam einen Sohn bekommen. Ab und zu schrieb sie mir eine Karte. Ihre Nachrichten waren erfreulich. In den letzten Jahren haben wir uns aus den Augen verloren.

„Man kann nicht allen helfen,

sagt der Engherzige

und hilft keinem."

Maria von Ebner Eschenbach

Frau Marianne Brädemann kam 23-jährig in die Therapie
und blieb 4½ Jahre.
Nachdem sie von der Uni Würzburg zur Kieler Universität
gewechselt hatte, kam sie zu mir, wenn sie ihre Familie
besuchte oder in den Ferien in Franken war.
Sie hatte 84 Sitzungen.

Lieber Herr Bošnjak,

Sie schreiben in den ersten Zeilen Ihres Briefes von der Angst vor schlechten Nachrichten. Dass es vielleicht Unbehagen auslöst, von Ihnen einen so langen Brief zu bekommen.

So kam auch bei mir, nachdem ich mich zunächst sehr freute, von Ihnen Post zu bekommen, Unbehagen auf, als ich die Länge des Briefes und die allgemeine Anrede des Briefes sah.

Ich fürchtete, Sie teilen allen Menschen, mit denen Sie arbeiten, mit, dass Sie aus privaten oder gesundheitlichen Gründen mit Ihrer Arbeit aufhören müssen oder wollen.

So scheint mir Ihre erste Frage nach dem Nutzen von Ihrer Therapie im Leben auch schon beantwortet. Mir hat die Arbeit mit Ihnen enorm genützt. Fast fühlt es sich so an, als wäre ich erst da aufgewacht oder neu geboren, seitdem ich bei Ihnen anfing, eine andere Sicht der Dinge zu lernen. Dieser Lernprozess ist noch nicht zu Ende bzw. glaube ich, von Ihnen noch so viel lernen zu können, dass ich es sehr bedauern würde, wenn es Ihnen gesundheitlich oder privat nicht gut gehen würde und Sie nicht mehr mit Menschen arbeiten wollen würden.

Schaden genommen habe ich in keiner Weise von Ihrer Arbeit mit mir. Manchmal geht es mir nach den Therapiestunden nicht gut, was aber später immer eine größere Klarheit oder Verständnis der Dinge nach sich zieht. So kann ich also in keinem Fall von Schaden sprechen. Mehr von einer Hilfe zur Konfrontation von Tatsachen oder Gefühlen, die nun mal schmerzhaft sind.

Ich empfinde die Kombination von Reden und Atmen zusammen als genau das Richtige. Nur Reden alleine hilft, zumindest mir, nicht. Wobei das Atmen auch ohne vorheriges Reden einen großen Nutzen hat. Es stellt sich eine innere Ruhe ein. So empfinde ich mich empfänglicher für Erkenntnisse.

In meinem Fall, da wir uns relativ selten sehen, scheint mir das Reden aber auch sehr wichtig. Würde ich in Erlangen leben und würden wir uns öfter sehen, hätte ich, glaube ich, manchmal gar nicht das Bedürfnis zu reden, aber zu atmen.

Auch Ihre Arbeit an meinem Kopf empfinde ich als sehr „heilsam". Für mich gehört das Atmen und Ihre Arbeit am Kopf zusammen. Es würde sich für mich unvollständig anfühlen, würde es fehlen.

Zuerst war es seltsam, fast nackt vor einem fremden Menschen zu atmen und sich am Kopf anfassen zu lassen. Aber für mich hat beides das Gefühl gefördert, nichts zu wollen, nichts zu sollen und nichts zu müssen. Dass es O.K. ist, wie ich aussehe, wie ich mich fühle und wie ich mich verhalte.

Es gab viele Sätze von Ihnen, die eine große Bedeutung hatten und haben. Immer mal wieder fallen mir welche ein, dann vergaß ich sie wieder, und dann kommen sie irgendwann wieder, wenn mich eine Situation beschäftigt, mit der Sie zu tun haben. Manchmal habe ich einen Satz von Ihnen lange im Kopf oder er kommt mir nach Monaten in den Sinn, und erst dann versteh ich ihn plötzlich!

Sehr oft denke ich daran, dass Sie mir sagten, der Körper sei unser erstes Zuhause auf dieser Welt, aber dass wir nicht unser Körper sind. Oft kommt mir in den Sinn, nichts wollen, nichts sollen, nichts müssen und auch nichts können. Auch der Satz, dass es in Ordnung ist, traurig zu sein.

Wie gesagt, oft kommt eine Situation oder ein Gespräch mit Freunden, und dann kommt mir ein Satz in den Sinn. Da ich den Brief nochmal lese, fällt mir ein: Es war für mich sehr wichtig zu verstehen, dass viele meiner Sorgen mit dem Abschied von der Kindheit zusammenhängen. Schwierigkeiten mit Ihnen und Ihrer Art habe ich keine. Ich fühlte mich nie verletzt. Ich war, glaube ich, auch nie verärgert über Sie.

Eine Sache wundert mich selbst manchmal, aber ich bin immer unsicher, wenn ich Sie anrufen möchte, wann ich das am besten mache. Ich habe dann immer Sorge, ich störe Sie beim Arbeiten oder mit Ihrer Familie in Ihrer Privatsphäre. Mehr kann ich allerdings dazu nicht sagen.

Wenn ich über die Zeit nachdenke, in der ich nun schon bei Ihnen zur Therapie komme, kommen bei mir die unterschiedlichsten Gefühle auf, aber bzgl. der Therapie an sich nur gute.

Ich bin sehr froh darüber, dass ich bei Ihnen langsam lerne, die Dinge anders zu betrachten und immer mehr lerne, zu mir selbst zu stehen bzw. ich selbst zu werden. Nur so scheint es mir möglich, irgendwann ein Leben zu leben, das mir entspricht und in dem ich glücklich bin.

Wenn ich an manche Phasen der Therapie denke, bin ich froh, dass ich im Moment nicht so fühle bzw. nicht mehr so fühle, wie zu jener Phase, z.B. als ich noch stark an Tristan hing.

Das konnte ich nochmals ein Stück mehr lassen, und das fühlt sich gut an.

Mich beschäftigen im Moment hauptsächlich drei Dinge.

Mein Anteil an der komplizierten Art meiner Beziehung zu meinem jetzigen Freund Daniel und was eben nicht mein Anteil ist.

Meine Sexualität.

Und ich finde, dass meine Art und Weise, Beziehung zu führen, mir zu viel Lebensenergie raubt.

Zum ersten Punkt muss ich sagen, dass Daniel und ich in den letzten Wochen eigentlich keine Beziehung geführt haben. Nachdem wir uns ziemlich lange Zeit gestritten hatten, sagte er, er würde, wenn wir nicht zusammen wohnen würden, eine Beziehungspause vorschlagen. Da ich mich auch nicht mehr wohl gefühlt habe in meiner Rolle als ständig meckernde Freundin und dachte, mir würde Abstand auch guttun, willigte ich ein, es mit einer Beziehungspause zu versuchen, obwohl wir zusammen wohnen. Ich habe total unterschätzt, wie sehr mich das verletzen würde. Es war dann also so, dass er mir nicht mehr sagte, was er machte und mich nie anrief und wir uns in der Wohnung aus dem Weg gingen. Für mich war es furchtbar. Nach sechs Wochen war ich bei einer Freundin in Frankreich und fühlte in mich hinein. Es ging mir schlecht mit der Situation. So schlecht, dass ich, zu Hause angekommen, zu Daniel sagte: Ich würde keinen Tag länger eine Beziehungspause mitmachen. Für mich war es eine einzige große Grenzüberschreitung, diese Pause in einer gemeinsamen Wohnung. Von ihm, aber auch von mir. Von mir insofern, dass ich manchmal wieder gesehen habe, wie sehr ich es zulasse, verletzt zu werden bzw. Angst habe, meine Grenzen aufzuzeigen aus Verlustangst.

Als ich ihm sagte, dass für mich Schluss ist mit der Pause und ich geh, falls er sich mir nicht wieder annähert, ergab sich ein sehr gutes Gespräch über die Ursache unserer ständigen Streiterei. Er hatte das Gefühl, ich würde wollen, dass er sich zwischen mir und Jonas entscheiden müsse (Anmerkung: Jonas ist Daniels kleiner Sohn), und dann müsste er sich natürlich von mir abwenden. Bei mir hatte es aber während unserer Beziehungspause ein Schlüsselerlebnis gegeben, da habe ich dann verstanden, was Sie mir einmal sagten, dass die Quelle der Liebe für eine Frau eine andere ist als die für ein Kind. Ich merkte, dass der Kleine mir nichts wegnimmt und dass, wenn ich wütend bin, weil ich emotional zu kurz komme, nicht seine Schuld ist, sondern ein Problem zwischen seinem Vater und mir. Nach dem Gespräch sind Daniel und ich uns wieder nähergekommen.

Zum Thema Sexualität ...

Sie wissen, dass ich finde, dass mein Freund und ich zu wenig miteinander schlafen. Mittlerweile weiß ich auch, woran das liegt. Für ihn gibt es zwei Gründe, warum er mich oft nicht erotisch findet. Er findet einerseits, dass ich mich in meiner Rolle als Frau noch nicht richtig gefunden habe und andererseits, meiner Meinung nach der Hauptgrund, stört es ihn, dass ich nicht zum Orgasmus komme. Ich habe viel über das Thema nachgedacht. Er hat schon irgendwie Recht, dass ich oft Schwierigkeiten habe mit dem „Ich–selbst-Sein". Aber andererseits ist es doch sein Problem, wenn es ihn stört, dass ich nicht komme. Mich stört es im Moment nicht. Ich hab das Gefühl, ich habe sexuell noch so viel mehr zu erfahren als einen Orgasmus, und irgendwann wird es schon kommen. Aber bestimmt nicht, wenn mein Freund nicht mit mir schläft, ich sehe das erst seit ein paar Tagen so, dass es auch an ihm liegt, diese Angst zu überwinden, dass es nicht schlimm ist, wenn ich keinen Orgas-

mus habe. Vorher dachte ich – mal wieder alles ist meine Schuld. Ich bin alleine schuld, dass ich nicht komme, und vielleicht noch die ganze Geschichte mit Tristan, weil ich mich seitdem so schlecht in meinem Körper fühlte, aber jetzt sehe ich das anders. Eine gute Sexualität ist eine Sache, die zwei Menschen betrifft und nicht nur einen. Ich bin sehr gespannt, was er sagt, wenn ich ihm das sage. Ich glaube nämlich mittlerweile nicht mehr, dass er sexuell gelassen ist, wie er immer tut. Ich warte noch auf den richtigen Zeitpunkt.

Zum dritten Thema gibt es nicht viel zu sagen. Es ist im Moment mehr eine Feststellung. In meinem Leben geht sehr viel Energie für Beziehung drauf.

Lieber Herr Bošnjak, ich hoffe ich kann einen Beitrag dazu leisten, was auch immer Sie für sich selbst vorhaben mit den Briefen Ihrer Patienten. Für mich war es großes Glück, Sie zu treffen. Ich wünsche Ihnen zunächst alles Gute, auch für Ihre Familie. Bis bald in Nürnberg oder Stücht.

Ihre Marianne Brädemann.

Frau Brädemann kam zu mir, weil sie durch ihren Freund Tristan von meiner Arbeit wusste. Er war bereits dabei. Beide jungen Leute studierten in Würzburg Medizin. Es war überhaupt eine Zeit, wo etliche Studenten bei mir Therapie machten. Sie ist eine intelligente, neugierige, schöne junge Frau, beladen mit komplizierten, nicht alltäglichen Umständen in der Ursprungsfamilie. Es ist eine Familie der Hochintellektuellen, in der das Gemütsleben zu kurz kommt, und gleichzeitig sind die Gefühle, die gezeigt werden, schwer zu verstehen.

Ich schätzte Frau Brädemann wie auch ihren Freund Tristan. Allerdings erlebe ich sie als realer und lebendiger. Tristans neurotische Last macht die Beziehung unmöglich, obwohl sie sich mögen. So trennen sie sich während der Therapie. Trennungen zu begleiten, auch wenn sie notwendig und befreiend sind, ist immer traurig. An ihrer Entwicklung teilnehmen zu können, ist andererseits sehr schön gewesen. Sie arbeitet inzwischen als Ärztin in einer Uniklinik und ist Mutter von zwei Mädchen. Wir haben uns seit dem Ende ihrer Therapie nicht mehr gesehen.

Bei den Geburten der Kinder bekam ich die Geburtsmitteilung mit schönen Babybildern. Solche Post ist immer beglückend.

„Wenn Liebe in Freundschaft übergeht,

kann sie nicht sehr groß gewesen sein."

Katharina Hepburn

Lieber Vladimir,

es hat mich sehr gefreut, mit Dir zu telefonieren. Nun werde ich versuchen, Deine Fragen zu beantworten, obwohl ich das lieber in einem Gespräch machen würde.

War Ihre Therapie mit mir für Ihr Leben von Nutzen, wie?

Die Arbeit mit Dir war für mich von großem Nutzen. Wenn ich auf mein bisheriges Leben zurückblicke, muss ich sagen, dass Du mich mit vielen eigenen Gefühlen und auch Problemen in Kontakt gebracht hast. Die Arbeit hat mir sehr geholfen, wenigstens eine Ahnung davon zu bekommen, was es heißt, Verantwortung für sich zu übernehmen. Im Japanischen gibt es den Begriff „Wagamama“. Der wird oft mit „Eigensinn“, „Eigennutz“ oder „Selbstsucht“ übersetzt. Er beinhaltet aber auch die Frage: Wie wirken sich meine Handlungen auf andere aus? Wenn ich mir diese Frage stelle, bevor ich handle, muss ich erst einmal innehalten und genau hinschauen, warum ich so und so handeln will und was meine Beweggründe sein mögen. Das ist eine Form von Bewusstheit im Handeln, die ich mir allerdings immer wieder neu erarbeiten muss. Ein kleines bisschen Wachheit, glaube ich. Und Du bist der Erste, der immer wieder vom Aufwachen geredet hat. „Alle Menschen schlafen!“ war ein häufiger Satz von Dir. Der hat sich mir eingebrannt. Ich versuche immer noch, aufzuwachen. Manchmal gibt es kurze Momente der Wachheit, so empfinde ich es wenigstens. Als ich meine erste Zen-Therapy-Ausbildung in Chicago gemacht hatte, gefolgt von einem Sesshin, war ich mit meiner damaligen Frau Cornelia in Kalifornien. Wir haben eine kleine Reise gemacht und waren dann in einem Nationalpark in einem Restaurant. Da hat sich plötzlich meine Wahrnehmung verändert, und ich habe alle Leute und die ganz Umgebung gesehen, ohne zu bewerten. Alles war „richtig", so wie es war. Ich kann es nicht besser beschreiben. „Richtig" ist ja auch eine Wertung. Ich war Teil des Ganzen, war das Ganze. Aber leider nur für vielleicht 15 Minuten. Dann hat mein Ich wieder übernommen. Ich durfte mal dran schnuppern. Seitdem sind acht Jahre vergangen. Ohne Deine Therapie hätte ich sicher nicht schnuppern können.

Du hast mir auch das Gesetzt der Drei, Vater, Sohn und Heiliger Geist, nahegebracht. Vielleicht kann man auch sagen: These, Antithese und Synthese.

Es gäbe so vieles zu sagen, aber ich bin kein guter Tipper am Computer, und das würde ewig dauern. Aber vielleicht noch eins, im Aikido oder auch im Zen gibt es den Begriff „Shin ki ryoku no ichi", das ist die Gleichzeitigkeit von Wahrnehmen, Entscheiden und Handeln. Du sprachst am Telefon vom Dienen, ohne zu wissen, dass man dient. Tun, was zu tun ist. Das scheint mir da auch drin zu sein.

Haben Sie in irgendeiner Art und Weise davon Schaden getragen, wie? Nein.

Was war für Sie hilfreicher: ...

Beides war hilfreich bzw. notwendig.

Wie haben Sie meine Arbeit an Ihrem Kopf ...

Die Arbeit am Kopf fand ich immer sehr entspannend, oder vielleicht kann ich sagen, versöhnlich, wenn es den Begriff gibt.

Ihre Schwierigkeiten mit mir ...

*Ich hatte dann „Schwierigkeiten" mit Dir, wenn Du mir un-
angenehme Wahrheiten gesagt hast, die ich in meinem Stolz
nicht hören wollte. Das ist aber mein Problem.*

Was hat Sie an mir und an meiner Arbeit gestört ...

*Nach den Sitzungen habe ich mir in der Regel etwas Zeit ge-
lassen. Dann ist der evtl. vorhandene Ärger schnell verflogen,
und ich habe ihn als mein Problem gesehen. Das hat nichts mit
Deiner Art der Therapie zu tun. Ich war Dir eigentlich eher
dankbar.*

*Über die letzten Fragen haben wir schon am Telefon gespro-
chen. Ich freue mich oft am Abend schon darauf, was der nächste Tag wohl bringen wird, bin also ein mehr oder weniger positiver Mensch. „Dein Wille geschehe" kommt mir da öfter in den
Sinn. Hast Du mir damals auch nahegebracht. So, das war es
fürs Erste. Ich hoffe, ich höre von Dir. Du sollst auch bald nach
München kommen.*

Dein Sebastian.

Herr Sebastian Kestler und ich waren bereits miteinander
bekannt, als er in die Therapie kam. Während seiner Therapie
entwickelte sich unsere Bekanntschaft mehr und mehr zu
einer Freundschaft. Eine frühere Freundin von ihm und die
damals „aktuelle" kamen auch zu mir in die Therapie. Sein
Interesse für Aikido und für die japanische Geisteskultur
führte ihn nach Japan. Kurz bevor er aus Japan zurückkam,
hatten wir miteinander Zwistigkeiten. Es gab eine Zeitspanne,
in der unser Kontakt deshalb einschlief. Ich erinnere mich
genau, dass er mir dann plötzlich sehr intensiv in den Sinn

kam und ich ihn anrief. Es war ein sehr befreiendes Telefonat, nachdem ich ihm unmittelbar den „Patientenbrief" sandte.

Seitdem erfreuen wir uns unserer Freundschaft, und wenn wir uns besuchen, ist es immer voll und schön. Gibt es überhaupt etwas Wichtigeres in unserem Leben, als unsere Familie und unsere Freunde? Dass uns unsere Gier immer wieder während unserer Lebensgeschichte so überrumpelt, dass wir glauben müssen, dass das Haben, das Geld, das Ziel des Lebens sei, ändert nichts an der Bedeutung der Familie und der Freundschaft.

„Kein Weg ist lang

mit einem Freund an der Seite."

Japanische Weisheit

Ruth Huber war zwischen 1979 und 2005
viermal bei mir in der Therapie.
Das erste Mal mit 20, dann mit 34,
dann mit 40 und mit 44 Jahren.
Ihre längste Therapiephase war, als sie 34 Jahre alt war:
2 Jahre und 4 Monate.
In allen diesen Zeiten hatte sie 126 Sitzungen.
Während der 2 Jahre und 4 Monate hatte sie 108 Sitzungen.
Andere Therapien waren in ihren akuten Krisenzeiten kurze Interventionen.
Zwei ihrer Familienmitglieder waren bereits bei mir in der Therapie.

Hallo, Herr Bošnjak,

ja, Ihre Therapie war für mein Leben von Nutzen. Ganz selten bin ich bis jetzt Menschen begegnet, die mir etwas entgegengehalten haben. Sie sind einer der wenigen. Nachdem ich bei Ihnen gelernt habe, mein Selbstmitleid zu überwinden und meine Schmerzen zu akzeptieren, haben wir uns getrennt.

Schaden habe ich nicht davongetragen, aber Sie sollten ganz für mich da sein, und am liebsten hätte ich Sie für mich gekauft, damit Sie für mich da sein und mich aushalten hätten müssen, aber heute weiß ich, dass Sie das auch für Geld nicht gemacht hätten.

Sie haben mir sehr oft ganz deutlich und ehrlich die Meinung gesagt, und ich habe sie gehört, was mir nicht oft passiert. Es ist mir nämlich ganz oft ganz egal, was andere zu mir sagen, weil sie mir nichts bedeuten und weil ich immer denke, dass ich ihnen nichts bedeute.

Wenn ich von Ihren Sitzungen gegangen bin, hatte ich mich besser gefühlt, und ich hatte immer etwas Richtiges zum Denken. Wichtig war für mich, dass Sie mir gesagt haben, dass es meine Sache ist, wenn ich mich umbringen will, und niemand könne mich davon abhalten. Ich habe damals täglich meinen Selbstmord verschoben, und ich lebe heute vielleicht bewusster denn je. Und ... „Selbstmitleid führt zu nichts!", hörte ich oft von Ihnen. Sie haben mich auch dazu gebracht, endlich meine Mutter zu verlassen. Ich dachte, sie würde mich bedingungslos lieben, aber das war falsch. Sie hat mich eben nur so sehr geliebt, wie sie konnte, und wir haben uns gegenseitig daran gehindert, unser eigenes Leben zu leben.

Na ja, es war ein bisschen schade, dass ich doch sehr radikal mit ihr gebrochen habe, und als wir uns wieder vertragen haben und besser verstanden haben, ist sie dann gestorben, der Abschied war schwer, aber wir haben uns alles gesagt, was zu sagen war.

Ich habe meinen nun Exmann durch Sie kennengelernt, denn hätte ich nicht angefangen, bei Ihnen eine Therapie zu machen, hätte ich niemals die Erfahrung einer langen Beziehung/Ehe gemacht. Ich bin seit einem Jahr geschieden. Heute weiß ich, dieser Mann wollte einfach nicht mehr machen, was ich gesagt habe. Ich habe es gar nicht begriffen, warum er gegangen ist, ich glaube, ich weiß jetzt warum, ich habe ihn viel mehr geliebt als mich selbst. Er war mir viel wichtiger, als ich mir, aber ich habe von ihm auch erwartet, dass es für ihn nichts Wichtigeres als mich gibt. Alles Quatsch! „Liebe Deinen Nächsten wie Dich selbst!"

Jetzt bin ich wieder ganz auf mich zurückgeworfen. Ich bin jetzt 44 Jahre alt, geschieden und nicht besonders attraktiv, was heißt fett, aber ich habe sehr viele positive Eigenschaften, und ich habe das Gefühl, Sie haben sie damals schon gesehen. Ich habe ein sehr großes Herz und sehr viel Charme, und ich kann mich jetzt auch gut zurücklehnen und die Dinge mit Abstand betrachten. Mit Ihnen hatte ich kein Problem, ich will Nähe, und ich habe vor nichts mehr Angst als vor Nähe, und Sie sind mir nahe-, aber nicht zu nahe gekommen. Sie haben mich nicht verletzt.

Ich habe mich mit der Meditation/Kontemplation beschäftigt, und ich habe gute Erfahrungen damit gemacht, das ist das, was mir wirklich etwas gibt. Ich glaube, jetzt bewege ich mich auf einem spirituellen Weg, wenn ich solche Bücher lese, oder auch in Yoga fühle ich mich wirklich frei und erleichtert. Wissen Sie, was mich eigentlich stört? Es ist mein Körper, aber ohne geht es nicht auf dieser Welt, wie sie oft sagten. Es freut mich, dass es Ihnen gut geht, davon gehe ich aus, nachdem ich Ihren Brief gelesen habe, und es ist gut, dass ich Ihnen nochmal schreiben kann. Für Sie muss es schon manchmal ganz schön schwer gewesen sein, sich mich vom Hals zu halten, was auf meinen Hang zum Drama zurückzuführen ist. Ich spiele oft immer noch das Spiel; um mich zu sehen, muss man genau hinschauen, durch Sie habe ich selbst meine sehr vielen verschiedenen Seiten gesehen.

Ich bedaure, dass ich immer so lange brauche, bis ich verstehe, und dass ich niemals eine Familie haben werde. Ich lerne und übe täglich, mein Schicksal anzunehmen, und ich vergleiche mich nicht mit dem Schicksal von anderen Menschen. Etwas Gutes hat immer auch etwas Schlechtes und umgekehrt. Es gibt nichts Falsches und nichts Richtiges. Ihre Arbeit ist und war gut, und ich hoffe doch, dass Sie noch vielen Menschen auf dem Sprung ins Leben helfen.

Mit freundlichen Grüßen,

Ruth Huber

Frau Huber, wie man aus ihrem Brief ahnen kann, hatte ein anstrengendes Leben. Dass sie nicht einen Psychiater aufsuchte und keine Menge Psychopharmaka schluckte, ist wunderbar. Das Wort „wunderbar" meine ich wörtlich.

Ihren Mann hat sie, damit kein Missverständnis entsteht, nicht durch mich kennengelernt, sondern sie blieb in der Beziehung etliche Jahre, weil sie die Therapie machte. Auf jeden Fall sieht sie es selbst so. Sie trennte sich von ihm in der Zeit nach der Therapie.

Es ist auffällig, wie ihr die therapeutische Arbeit nach und nach zu den Einsichten verhilft. Von dem „spirituellen Weg" erfahre ich auch erst aus ihrem Brief. Die Arbeit mit Frau Huber und mit den anderen Mitgliedern aus ihrer Familie zwang mich zum Nachdenken, zum Beobachten, zum Vergleichen. Wir alle sind in unserer Ursprungsfamilie beheimatet und erhalten da unsere Gaben und unsere Aufgaben, unsere Schwierigkeiten und unsere Chancen. Es gibt aber Familien, in denen Verwirrung, Verstrickung und Verwachsung unerträglich werden. Ihre Familie war eine solche.

Das, was ich gerade niederschrieb, ist bekannt. Es ist oft das Thema und das Material in der Literatur. Ich erfuhr es unter meinen Fingern. Ruth Huber hadert mit ihrem Körper, sie hasst ihr Fett. Ich erinnere mich, dass ich, als sie so gegen sich selbst loszog, ihre schönen großen dunklen Augen sah. Es gab anstrengende Sitzungen in ihrer Therapie, so war ich Gott dankbar, dass ich sie ganz einfach annehmen konnte.

Ihre und ähnliche Therapien bestanden für mich zu einem wichtigen Teil in Geduld, in dem Mitgehen und in dem Abstandhalten. Sie durfte mich in ihren besonders schweren Phasen auch nachts anrufen. Sie beanspruchte das manchmal, nutzte es aber nicht aus. Eigentlich lernte man in der Therapieausbildung, dass man die Anrufe unterbinden soll. Ich machte da Ausnahmen, zwar selten, aber manchmal sagte ich sogar: *„Wenn Sie das Gefühl haben, sie halten die Nacht nicht aus, können Sie mich anrufen."* Ich habe das nie bereut.

Seit acht Jahren habe ich keinen Kontakt mehr mit Frau Huber.

„Die Freundschaft ist eine Kunst der Distanz,
so wie die Liebe eine Kunst der Nähe ist."
Siegmund Graff

War die Therapie für mein Leben von Nutzen?

Als ich im Winter 1991 zu Ihnen zur Therapie kam, war ich in einem Zustand des Durcheinanderseins und der Verwirrtheit, wie ich es seitdem nicht mehr erlebt habe. Ich hatte Angst vor Ihnen, das hat uns aber geholfen, die Wahrheit zu sagen und auch zu suchen und das ernst zu nehmen, was Sie zu mir sagten.

Im Sommer 1992, im Anschluss dann an das Sommerseminar in Stücht, habe ich mich sehr klar gefühlt (irgendwie die Ahnung, worum es im Leben geht). Dieser Zustand ging wieder verloren.

In der Zeit der Therapie, und danach auch bei den Seminaren in Stücht, ist in mir immer wieder die Sehnsucht und der Wunsch entstanden, mehr an mir zu arbeiten – und ich habe Sehnsucht und Wunsch immer wieder auch verloren.

In ein solches Durcheinander wie 1991 bin ich nicht wieder gekommen. Auch z.Zt. nicht – denke, es gibt auch jetzt immer noch eine Möglichkeit weiterzugehen.

2) Durch die Therapie habe ich keinerlei Schaden erlitten.

3) Was hilfreich war, kann ich nicht sagen, das hing oft von mir ab.

Manchmal hatte ich zu reden, zu fragen, oder Sie hatten Fragen an mich oder mir etwas zu sagen – dann war Reden hilfreicher.

Beides, Reden und Atmen, hat mir geholfen.

4) Die Arbeit am Kopf gegen Ende der Sitzung habe ich als sehr entspannend und wohltuend erlebt – darüber bin ich dann fast immer eingeschlafen.

5) Sätze aus der Therapie, an die ich auch heute noch denke:

„Ich bin keine Einheit." „Ich bin nicht mein Gefühl." „Ich bin nicht mein Körper." „Ich bin nicht mein Denken." „Die Wahrheit wird euch/auch(?) frei machen." „Alles fängt mit der Entspannung an."

6) Wenn ich an die Zeit der Therapie zurückdenke, dann erinnere ich mich, dass ich am Anfang durch Ihre Art, mich zu konfrontieren, erschrocken bin. Das hat mich zwar in meiner (???) Art gestört – mich aber nicht wirklich verletzt oder stark geärgert –, sonst wäre ich danach sicherlich weggegangen.

Heute im Rückblick hat es mir sehr geholfen – ich bekam damals eine Ahnung davon, wie stark mein Wunsch, „gefallen zu wollen", mein Handeln bestimmt. Und er tut es bis heute, und ich merke es fast nie. Von meiner Angst habe ich schon geschrieben.

7) Was ich jetzt erlebe, wenn ich an die Zeit zurückdenke:

Dankbarkeit, auch damals schon und danach auch damals das Gefühl, etwas sehr Wichtiges für mich gefunden zu haben. Damals war die Stunde Therapie oftmals die wichtigste Stunde in der Woche für mich.

8) Ich denke, es war 1997 oder 1998, habe ich die Therapie dann nicht mehr in Anspruch genommen, auch weil wir durch meine Teilnahme an den Seminaren in Stücht in Verbindung standen und ich über die Seminare viel erfahren konnte.

9) Wie es mir momentan geht, darüber haben wir vergangene Woche gesprochen. Seit Montag bin ich nun bis Ende Oktober hier zur Verwaltungsausbildung. Im November sind dann Prüfungen. Der Unterricht geht im schnellen Tempo voran, und es ist viel Stoff, hoffe aber, dass ich irgendwie durchkomme. Meld mich einfach mal telefonisch.

Viele Grüße, Marcus.

Marcus habe ich bald, nachdem er zu mir kam, als einen tiefen, ernsten, aufrichtigen Menschen mit großem Potenzial empfunden, wie man jetzt „modern" sagt „. Ich habe ihn gemocht. Er kam, weil er in einem schweren „Durcheinander" war, wie er seinen Zustand beschrieb. Seine ganze Aufmerksamkeit war darauf gerichtet, „richtig zu machen", „immer und überall gefallen zu müssen", „sich selbst schlechtzumachen und zu beschimpfen", mit der Erwartung, dass man ihm widerspricht. Er fühlte sich dabei unwohl und konnte trotz seiner Einsichten nicht heraus. Dieses „Durcheinander in mir" ist ein häufiges Phänomen im Inneren des Menschen. Für mich selbst nannte ich es „innere Verdrehtheit".

Auf das Kind, vor allem auf das erste, wenn es dazu wach und neugierig ist, werden sehr früh große Erwartungen aufgeladen. Es versteht nicht, was von ihm eigentlich erwartet wird und weiß auch nicht, wie die Erwartungen zu erfüllen sind. Es beginnt, sich dabei schlecht zu fühlen und Angst zu entwickeln: *„Was wollen sie von mir? Ich verstehe es nicht!"*

Und das Kind beschimpft sich in seinem Inneren selbst in der Hoffnung, dass es von außen nicht geschimpft wird. In dem Reich'schen Verständnis ist das bereits die Verpanzerung. Diese Verdrehung wird auch eine somatische Wirklichkeit. Der Reich'sche Therapeut kann von Glück sprechen, dass er diesen Zustand durch Körperarbeit angehen kann.

Nachdem er eineinhalb Jahre in der Therapie gewesen war, lud ich ihn zum großen Gurdjieff-Seminar ein. Ich ging davon aus, dass ihm das hilfreich sein könnte. Er blieb elf Jahre dabei. Seit fünf Jahren haben wir keinen Kontakt mehr. (Diesen letzten Satz muss ich jetzt ändern. Kurz bevor ich mit dem Manuskript fertig war, stand Markus unerwartet vor meiner Tür. Er lachte, als ob er sagen würde: *„Und was sagen Sie jetzt?"* Wir haben uns nach fünf Stunden verabschiedet. Es war nach Mitternacht.)

„Es gibt Menschen,

von denen eine einmalige Berührung mit uns

für immer den Stachel in uns zurücklässt,

ihrer Achtung und Freundschaft wert zu bleiben."

Christian Morgenstern

Lieber Herr Bošnjak,

ich bedanke mich sehr herzlich für Ihren schönen, offenen, aufschlussreichen Brief. Bei Adam und Eva anzufangen, gefällt mir. Ihr Leben hat mich an die Bücher von Sandor Marai, des Ungarn, erinnert, die ich sehr schätze.

Ich beantworte gern Ihre Fragen, verstehe ich doch genau Ihr Motiv. Auch für mich ist es gut, die Bedeutung dieser Zeit bei Ihnen wahrzunehmen.

Meine Therapie hat mich in schwierigen Jahren beruhigt, mir Vertrauen ins Leben gegeben.

Nicht das Reden, die Körperarbeit war wesentlich.

Ihre Arbeit an meinem Kopf war die Krönung. Dabei vergaß ich alles Vorige und schaute nach vorn, aß, las, arbeitete.

Gestört, um dies hinter mich zu bringen, hat mich Ihre ab und zu zu erkennende Neigung, zu reden, wenn ich meinen kurzen Bericht abgeschlossen hatte, zu reden über Alltägliches, das ich als fruchtlos empfand. (Ich bin eine Schweigerin und wollte Körpertherapie, keine Vorstellungen und Selbstbetrug.)

Dennoch war Reden auch bedeutsam für mich, denn Sie haben Wendungen, Sätze gesagt, Geschichten erzählt, die mich bis heute beeindrucken.

Nichts wollen, sollen, müssen.

Lösung der Angst: Akzeptieren, was ist – Leben. Es ist, wie es ist. Wie es auch ist (es ist egal wie), ich bin im Urvertrauen zu Gott geborgen. „Und doch ist einer, welcher dieses Fallen unendlich sanft in seinen Händen hält." Nicht Angst abwehren, sondern akzeptieren, dann geschieht es nicht. In der Summe sind alle gleich, also kein Hochmut, da ich mich bemühe, ist angebracht. Eher Zöllner als Pharisäer sein wollen.

Die eigene Lügenhaftigkeit zu sehen, ist eine Gnade, diese Wirklichkeit aushalten als eine Stufe im langen Prozess vom Tier zum Engel.

Normal ist, dass Menschen Objekte der inneren Triebe und der äußeren Einflüsse sind. Zum Herrn werden, selbst bestimmen durch Innehalten vor der Auslebung des aggressiven Impulses, durch Bitte um Vergebung, durch Gebet.

Wenn wir einen Stab an einem Ende halten, haben wir auch das andere Ende: Wer das Liebesglück will, muss das Ungemach aushalten.

Zwei Ansichten, die sich nicht ausschließen:

Alles ist sinnvoll.

Alles ist zufällig. (Buddha: Jede Sinngebung ist unsere Vorstellung.)

Gott schaut. Mystiker schauen, was ist, sonst nichts.

Alles, was geschieht, anschauen ohne Wertung.

Es ist ein Wunder, dass es mich gibt. Und: Es geht zu Ende. Beides verbindet ein Bogen.

Ich habe in jeder Situation, wenn ich wach, bewusst bin, die Wahl, kann entscheiden und dazu stehen. Also wach sein! Oft denken wir, wir entscheiden bewusst, aber wir denken es nur. Geschichte von Hunglang aus der Zen-Tradition über Wertungen: „Woher wisst ihr, dass es ein Unglück ist?"

Chinesische Geschichte über eine eingebildete Schande:

„Das ganze Reich schaut mich." Sehr wenige sehen sie und bewerten sie so.

Wir verbringen ¾ unserer Zeit damit, uns zu fragen, ob wir geliebt sind. Das ist zu viel! Wirklich Großes tun, von was sie überzeugt sind, ohne sich um die andere Meinung zu kümmern.

Gute Sätze!

Lieber Herr Bosniak, ich wünsche Ihnen alles Gute und grüße Sie herzlich,

Ihre Isabella Meininger.

Frau Meininger ist eine Intellektuelle, sie weiß viel und unterrichtet sicher gut. Sie sagt es, und ich erlebe es, dass sie „viel im Kopf lebt". Drei Therapien hatte sie gemacht, bevor sie an mich verwiesen wurde. Immer wieder erlebe ich, dass sich Reich'sche Therapie für bestimmte Menschenstrukturen besonders gut eignet. Für sie dürfte das beispielhaft zutreffen.

Wir alle, ob wir es glauben oder nicht, sehen selektiv. Es überrascht mich immer wieder, wie leicht es ist, das zu vergessen. Die selektive Wahrnehmung meiner Sätze hat mir oft einen tieferen Einblick in die innere Welt des Menschen, mit dem ich arbeitete, ermöglicht. Zum Beispiel ist

„Wer das Liebesglück will, muss das Ungemach aushalten"
kein Satz von mir.

Oft machte ich in der therapeutischen Arbeit auf das Gesetz, dass ein Stock zwei Enden hat, aufmerksam. Wenn ich ein Stockende in die Hand nehme, nehme ich das andere Ende mit, auch wenn ich das unmittelbar nicht merke. Frau Meininger liebt Freiheit, Alleinsein, Arbeiten in der Nacht, ihre Tagesordnung frei zu gestalten ... Sie hat ein Stockende in die Hand genommen, und sie wird feststellen müssen, dass das andere Stockende immer auch dabei ist ... Es wird manchmal beißende Abende geben, in denen das Alleinsein schlimm ist; es wird etwas Wesentliches fehlen ... Das besagt das Gesetz der zwei Stockenden. Es ist eine tiefe Wahrheit mit großen Konsequenzen. Mit Frau Meininger zu arbeiten, war für mich schön. Sie nahm ihre Therapie ernst und atmete, machte Bewegungen, Laute richtig mit ...

Es kam immer wieder vor, besonders am Therapieanfang, dass ich ständig den Patienten ermuntern musste: „... noch einen Atemzug ..., tiefer einatmen ..., noch nicht nachlassen ..., wir müssen etwas weiter gehen!" Dr. Curcuruto lehrte uns das von Anfang an. Nach der Therapie verlor ich mit Frau Meininger jeglichen Kontakt. Sie wurde versetzt und bekam den Posten der Seminarleiterin für Referendare.

> „Gott denkt in den Genies,
>
> träumt in den Dichtern
>
> und schläft in den übrigen Menschen."
>
> Peter Altenberg

*Lieber Herr Bošnjak (fast hätte ich schon Onkel Boschi ge-
schrieben),*

*gerne beantworte ich Ihren Brief, wo ich doch fast täglich an
Sie denke und bei meinen Gebeten für Sie immer einen Tropfen
„Samt und Rosen" – ätherisches Öl – auf meine Duftrose tropfe.
Der andere Tropfen ist für meine Schwester Cornelia. Gebet und
Duft sind für mich Bitte- und Dankritual geworden.*

Und jetzt zu Ihren Fragen:

*Ich habe Ihnen schon einmal gesagt, dass ich Sie als meinen
geistigen Vater ansehe, und daher habe ich auch sehr viel von
Ihnen gelernt. Sie haben einmal zu mir gesagt, ich wäre früher
ein Hypochonder gewesen, und jetzt wäre ich im „normal-
neurotischen" Bereich. Darauf bin ich wirklich stolz, denn in
meiner Empfindung kann ich es heute gar nicht mehr fassen,
wie gestört ich war, und jetzt kann ich doch einiges überbli-
cken.*

*In der Zeit bei Ihnen hatte ich ein paar wirkliche Einsichten
(eine Einsicht ist für mich etwas, was mir schlagartig klar
wird), z.B. die, dass ich mich ständig selber bemitleide. Oder
die, dass man jeden Menschen so nehmen muss, wie er ist. Für
mich waren das vorher totale Worthülsen. Ich weiß jetzt, dass*

Klaus ist, wie er ist, wenn ich auch mit manchem noch Probleme habe oder insgesamt damit, zu mir und anderen toleranter zu sein. Außerdem habe ich meine Ehe gerettet, dafür danke ich Ihnen aufrichtig, ich hätte sie ohne Sie wahrscheinlich weggeschmissen, wo doch eines meiner Lebensziele „miteinander in Würde alt werden" ist und ich mich diesbezüglich als totaler Versager gefühlt hätte.

Das Verhältnis zwischen Rede und Atmen sehe ich so: <u>Man muss immer atmen</u>, dadurch entwickeln sich Prozesse und blättern sich Dinge auf. Ohne das Atmen würde alles auf der Oberfläche bleiben. Aber bei aktuellen Problemen ist für mich auch das Gespräch sehr wichtig, möglicherweise, weil ich sehr kognitiv orientiert bin. Aber bestimmte Worte oder Sätze von Ihnen bleiben für einige Zeit haften und „arbeiten". Es gab früher einmal eine Sitzung, wo ich mich über penetrante Autofahrer auf der Autobahn beschwert habe und Sie dann zu mir gesagt haben, dass ich auch nicht besser fahre als die. Zuerst war ich etwas entrüstet („ich bin doch nicht so"), dann hat dieser Satz gearbeitet und mir ist klar geworden, dass es verdammt arrogant ist, sich „als besser" darzustellen (wahrscheinlich ist das ein Minderwertigkeitsproblem), denn jeder ist in manchen Bereichen besser als andere und in anderen dafür schlechter. Mir ist noch ein anderer Satz hängen geblieben, den Sie zu mir wegen Klaus gesagt haben. Meine Äußerung war: „Ich kann doch erwarten, dass er ..." „Nichts können sie erwarten!", war Ihre Antwort. Und mir wurde klar, dass das der falsche Ansatz für's Leben ist. Es geht überhaupt nicht darum, etwas zu erwarten, sondern die Dinge und Menschen so zu sehen, wie sie sind. Wobei mir das immer noch sehr schwer fällt, ich <u>erwarte</u> z.B. immer noch von den Menschen, dass sie sich um sich kümmern, dass sie sich über ihre Stärken und Schwächen im Klaren sind und daran arbeiten. Ich <u>verurteile</u> sie, wenn sie es nicht tun.

Zweimal in den 6½ Jahren habe ich „Schwierigkeiten" mit Ihnen gehabt, die aber in der nächsten Sitzung behoben werden konnten. Ganz zu Beginn meiner Therapie haben Sie einmal zu mir gesagt, ich hätte ein „mechanisches Weltbild". Das hat mich sehr verletzt, wir haben das aber geklärt. Ein zweites Mal (ich glaube, das war letztes Jahr) haben sie für meine Begriffe sehr überreagiert, ich hatte aber das Gefühl, sie waren schon gereizt, als sie zu mir hereinkamen und haben sich eigentlich über jemand anderen geärgert. Da mir das oft passiert, habe ich das einfach „von der Liste gestrichen". Ich habe es mir auch nicht gemerkt und kann nichts mehr dazu sagen.

Die Kopfarbeit habe ich immer als etwas sehr Liebenswertes empfunden, so wie: „Ich halte dich." Auch wenn ich meine Therapiejahre aufkommen lasse, habe ich immer das Gefühl gehabt: „Solange ich beim Boschi bin, kann mir nichts passieren, der sagt mir schon, wenn ich schiefliege". Ich vertraue Ihnen sehr, und mir wäre mulmig, wenn ich alles selbst regulieren, verantworten etc. müsste oder keinen Rat und keine Korrektur mehr holen könnte.

Trotz alldem habe ich das Gefühl (sie haben geschrieben, wir sollen ehrlich sein), sie sollten lieber aufhören zu therapieren (oder wenn Sie das nicht können, wenigstens stark reduzieren). Sie brauchen Ihre Kraft für sich. Ich glaube kaum, dass es jemandem in ihrem Patientenkreis schlechter geht als Ihnen selbst. Sie sehen wirklich aus, wie wenn Sie nichts mehr zu verschenken hätten, ich meine das nicht negativ, eben so, wie wenn Sie alles für sich bräuchten. Ich meine wirklich, sie sollten Ihre Kraft in der nächsten Zeit für sich sammeln – und für Anna.

Ich denke an Sie.

Karin Liebich

Mit Frau Liebich zu arbeiten, war angenehm. Während ihrer Therapiezeit heiratete sie, war zweimal schwanger und brachte zwei schöne Kinder zur Welt; sie sind in der Zwischenzeit 15 und 12 Jahre. Sie und ihre Schwester Cornelia sind zweieiige Zwillinge. Vier Patientinnen – im Laufe der Jahre – waren bei mir, die ein Zwillingsgeschwister hatten; eines davon war eineiig. Ich bin froh, auch über diese biologisch-psychologische Erscheinung manches erfahren zu haben. Die Beziehung zu Frau Liebich war für mich eine bedeutende Erfahrung: Ich habe sie gemocht, um ihretwillen, ohne irgendetwas dabei für mich, wenn auch nur ganz „dünn" und heimlich, zu wollen. Das habe ich etliche Male erlebt, bei ihr war es besonders ausgeprägt. Ihre Spritzigkeit und Schlagfertigkeit, ihre Ernsthaftigkeit und ihre Beobachtungsgabe haben mich immer wieder erfreut.

Was sie über meinen Zustand schreibt, entsprach der Wirklichkeit. In der Zeit war ich krank. Anna ist meine jüngste Tochter. Eigentlich ist die Beziehung zwischen Patient und Therapeut – so wie ich das erlebt hatte – ein großes Beobachtungs- und Selbstbeobachtungsfeld: Zwei Menschen kommen sich in einem therapeutischen Prozess sehr nahe, und gleichzeitig muss zwischen ihnen eine große Distanz eingeschoben werden. Dafür soll der Therapeut Sorge tragen. Ohne diese Voraussetzung läuft die Therapie schief.

Ihr Mann war auch fast zwei Jahre in Therapie und hatte 62 Sitzungen. Nach ihrer Therapie sah ich Frau Liebich acht Jahre nicht. Dann trafen wir uns wieder. Ein solches Wiedersehen ist aufregend. Der Gesprächsstoff ist unerschöpflich. Ich bot ihr das Duzen an, was sie gerne annahm.

„Jeder schließt von sich auf die Anderen
und vergisst,
dass es auch anständige Menschen gibt."
Heinrich Zille

Lieber Vladi,

nach einigen leichten Anfällen der Morgenkrankheit, zusammen mit unserem Urlaub und dem schönen Wetter, schreibe ich Dir jetzt und werde versuchen, im Rückblick meine Entwicklung und, soweit es nach all den Jahren in meiner Erinnerung noch geht, die Verbindung zu der Therapie bei Dir zu erkennen. Dabei halte ich mich am besten an die von Dir gestellten Fragen, damit die Antworten klar und deutlich ausfallen; das hilft, denke ich, sowohl Dir als auch mir.

Nutzen: Nach so langer Zeit ist es schwer, den Nutzen der Zeit bei Dir klar und isoliert zu benennen. Auf jeden Fall war es der Anstieg in und die Öffnung für eine Arbeit, die über die „normale" Ingenieurswelt hinausgeht. Insofern bin ich überzeugt, dass die Therapie mir genutzt hat, wenn Du mich auch nicht als „geheilt" entlassen hast, sondern es eher zäh bis kaum in Deinem Sinne „vorwärts" ging, nachdem ich regelmäßig weggedämmert bin und nicht zu erreichen war. Nach jeder Stunde habe ich mich jedenfalls sehr energiereich und gelöst gefühlt (besonders entspannte Augen), also auch einen unmittelbaren Nutzen gehabt.

Schaden: Irgendwelche Schäden kann ich nicht erkennen.

Hilfreichste Methode: Obwohl die Atemsequenzen mich in eine Starre oder einen Dämmerzustand versetzt haben und dadurch meistens kein direktes Erleben angeregt wurde, denke ich doch, dass diese Methode am hilfreichsten war. Sie hat mir gezeigt, wie ich mit meiner Traurigkeit umgegangen bin und wo dadurch alle anderen Gefühle geblieben sind: Ich war lieber gar nicht da, sodass ich nichts spüren konnte. Die Augenarbeit (Lämpchen, Kopf hin und her drehen) mit der Wärmelampe habe ich auch gern gemacht; es war sehr entspannend. Kopfarbeit: Die Kopfarbeit am Ende der Stunde war sicherlich der angenehmste Teil einer Sitzung.

Sätze oder Hinweise von Bedeutung: Wie geht es Dir in Deinem lebendigen Leben? Einfach eine schöne Frage. Dann: Wir danken den Wesen, die gestorben sind, damit wir essen können. Sage ich heute noch manchmal vor dem Essen und denke es oft. Um diesem Dank Ausdruck zu geben, sage ich oft das japanische Wort für „guten Appetit": Itadakimasu und lege kurz die Hände zusammen. Passt irgendwie.

Schwierigkeiten mit Dir: Natürlich war die Therapie eine angstbesetzte Herausforderung und keine einfache Zeit. An Schwierigkeiten mit Dir kann ich mich jedoch nicht erinnern.

Störung, Ärger, Verletzung, Umgang damit: Die einzige Irritation, an die ich mich erinnere, war Deine irgendwie abfällige Bemerkung zu einem Textteil des Weihnachtsoratoriums von Bach (großer Herr und starker König), der zusammen mit der Musik gerade bei mir einen großen Eindruck hinterlassen hatte. Umgang damit war eher verhaltenes Schulterzucken: Man muss nicht zu jeder Musik den gleichen Zugang haben. Damit war's erledigt.

Jetzt-Erleben, wenn die Erinnerung kommt: Im Rückblick alle Bemühungen um Klarheit, Emotionalität und die dafür gesuchte und erhaltene Begleitung und Hilfe Revue passieren zu lassen, ist schon berührend und erzeugt ein Gefühl von Wehmut über die vergangene Zeit, Freude über das inzwischen Erreichte und auch Dankbarkeit, dass mein Leben bisher so gut gewesen ist. Schließlich ist es auch gut und erleichternd, die vergangene Zeit als Ressource zu erkennen.

Gurdjieff und Co.: Eingängiger als Gurdjieff war für mich John G. Bennett. Von ihm habe ich einiges gelesen (manches zumindest beim Lesen verstanden), und sein Hauptwerk „The Dramatic Universe" ist (soweit präsent) für mich der Hintergrund, auf dem ich die Welt sehe.

Nachdem Du mit Deinem Brief an Deine Klienten eine Art Resümee Deiner Arbeit ziehst, heißt das, dass Du Dich verändern möchtest? Rente? Kann ich mir für Dich gar nicht vorstellen. Eine andere Art der Arbeit? Wenn es große Veränderungen gibt, lass es mich bitte wissen.

Viele liebe Grüße,

Winfried

Herr Mühleisen schreibt, dass er in der Sitzung regelmäßig wegdämmerte. Bei noch zwei Patienten, einer Frau und einem Mann, erlebte ich die gleiche Erscheinung. Es handelt sich dabei, das sei betont, um keine Hyperventilation.

Die „orgastische Formel"

Wie schon erwähnt, wenn ich mit dem Patienten arbeitete, hatte ich in meinem Hinterkopf die „orgastische Formel".

Reich hat sie „mechanische Spannung – bioenergetische Aufladung – bioenergetische Entladung – mechanische Entspannung" genannt und so gezeichnet:

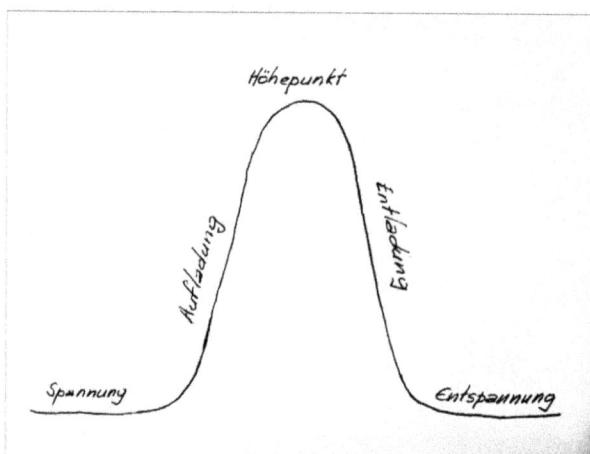

Dieser Vorgang geschieht im Orgasmus. Auf dem Höhepunkt, wo die Aufladung in die Entladung umkippt, geschieht der Orgasmus. Deshalb nannte Reich diese Lebensbewegung die „orgastische Formel". Er beschränkt sie aber keinesfalls nur auf den genitalen Liebesakt. Alle Lebensvorgänge vollziehen sich in diesem Vierertakt – war seine grundlegende Einsicht.

Während der therapeutischen Arbeit versuche ich, dass sich der ganze Organismus des Patienten, das heißt diese Einheit von Soma und Psyche, auflädt, entlädt und bis zu einem bestimmten Grad entspannt. Das erreicht der Patient, indem er tut, was ihm gesagt wird: Tief in den Bauch zu atmen, in die Brust, dazu die Hüfte hochzuheben und fallen zu lassen, bestimmte Laute zu machen, dem Fallen der Hüfte einen Ton zu geben, zu stöhnen ..., sind nur einige Hinweise. Die Palette des Repertoires dieser Bewegungen ist offen. Je nach der Fähigkeit des Therapeuten, die Verspannung im Körper zu sehen und sie zu attackieren, wählt und probiert er die Bewegungen des Körpers aus. Reich sprach von der „Kunst der Therapie". Durch diese „Arbeit" geschieht die Aufladung. Damit ich diesen Prozess beobachten kann, ist es notwendig, dass der Körper des Patienten entkleidet ist. Wenn ich sehe, dass der Organismus des Patienten genug aufgeladen ist, dann leite ich ihn in die Entladung über: Er soll aufhören intensiv zu atmen, sich der Matratze anvertrauen, seinem Körper das weitere Geschehen überlassen. Da sagte ich den in den Briefen oft wiederholten Satz „Nichts wollen, nichts sollen, nichts müssen, geschehen lassen ..." Während einer Sitzung wird dieser Vorgang drei, vier Mal wiederholt und jedes Mal von neuem die Verpanzerung „attackiert". Das bedeutet, dass das Atmen, die Bewegungen, die Laute variieren. Am Ende der Atemsequenzen, sagte ich oben, soll die Entspannung bis zu einem bestimmten Grad stattfinden. Die ganze Therapiestunde ist so konzipiert, dass die Aufladung bis zum Ende steigt und am Ende in die definitive Entladung übergeht. Deshalb wartete ich nach jedem Atmen eine Weile, um am Körper zu beobachten, wann die Aufladung weitergehen kann. Manchmal fragte ich auch: *„Können wir jetzt weitergehen?"*

Nach dem letzten Atmen wurde die Ruhepause länger, bis ich sah, dass die Intensität der Vorgänge im Körper sich beruhigt hat. Dann kam die Arbeit am Kopf. Diesen Teil der Arbeit hat Dr. Curcuruto aus der sakralen Craniotherapie entwickelt und zu dem, wie die ersten Reichianer arbeiteten, hinzugefügt. Das war ein Teil seiner Großartigkeit. Wie es aus den Briefen ersichtlich ist, „schwärmten" die Patienten davon. Die Sitzung endet in der Regel mit einer tiefen Entspannung. Oft sagten die Patienten, dass sie jetzt bei sich selbst seien ...

Was geschah mit Herrn Mühleisen – vor diesem Hintergrund gesehen? Seine Aufladungsfähigkeit schien verhältnismäßig gering. Das kann sehr unterschiedliche Gründe haben, auf die ich in diesem Rahmen nicht eingehen werde. Er schreibt aber, dass er sich nach jeder Stunde energiereich und gelöst gefühlt hatte.

Wir, in unserem Kulturraum, plagen uns sehr mit dem Unterschied zwischen unserer Vorstellung – wie es sein sollte – und der unmittelbaren Wirklichkeit, wie es tatsächlich ist. Nie habe ich Herrn Mühleisen gesagt und auch nicht gedacht, dass seine Therapie in meinem Sinne nicht vorwärts ging. In meiner Information über die Therapie steht, dass der Patient begreifen muss: Das, was er gerade erlebt und erfährt, ist richtig, und er soll nicht etwas anderes erleben wollen.

Er erwähnt die Arbeit mit dem Licht. Ursprünglich hat Reich mit der Verpanzerung des „Okular-Segments" angefangen zu arbeiten. Von unseren Sinnesorganen haben unsere Augen wohl sehr große, wenn nicht die größte Bedeutung für uns. Und sie werden sehr bald in unserem Leben manipuliert. Oft dürfen wir bereits im zweiten Lebensjahr nicht weinen: *„Hör auf zu weinen!" „Warum schreist (weinst) Du so?" „Schau nicht hin!"* Oft dürfen die Kinder die Genitalien der Erwachsenen nicht sehen oder die Szenen, bei denen man sich „schämen" soll ...

Meine Generation hat nie ihre Eltern nackt gesehen.

Das hat sich in den letzten Jahrzehnten geändert. Das sind die Gründe, warum das „Okular-Segment" so wichtig ist. Man kann viel über den Menschen erfahren, wenn man seine Augen, seinen Blick, unbemerkt beobachtet.

Ich fange nicht an, an dem Okularsegment zu arbeiten, aber ich arbeite oft an Patientenaugen.

In jedem Therapieraum war eine Stehlampe mit einem großen runden Schirm und einer Infrarotlampe, und jeder Patient konnte und sollte vor oder nach der Sitzung mit der Lampe arbeiten. Diese Lichtarbeit wurde am Anfang jedem Patienten erklärt, und sie bestand darin: Man setzte sich vor die Lampe, fixierte den Blick auf die brennende Glühbirne und bewegte ruhig den Kopf vom linken Schirmrand zum rechten und zurück. Die Augen blieben ruhig und wurden durch die Kopfbewegung jedes Mal in der Mitte dem Licht ausgesetzt.

Diese Arbeit soll mindestens 15 Minuten dauern und kann sowohl vor als auch am Ende der Sitzung gemacht werden. Sie bewirkt eine wunderbare Entspannung – sowohl der Augen als auch des ganzen Kopfes.

Herr Mühleisen hatte an der Gurdjieff'schen Arbeit nicht teilgenommen. Er hat sich für Gurdjieff'sche Ideen interessiert, und wir sprachen ab und zu darüber, deshalb erwähnt er auch Gurdjieff.

Die Frau von Herrn Mühleisen war auch zweieinhalb Jahre in der gleichen Zeit in der Therapie. Sie hatte in der Zeitspanne 79 Sitzungen. Heute ist sie eine bekannte Therapeutin. Keine Reichianerin! Vor und während der Therapie hatten wir, Herr und Frau Mühleisen, meine Frau und ich, regen privaten Kontakt. Die Frauen waren vor der Therapie befreundet. Das war ein Tabubruch und ist ein Wagnis. Ich bin als „befreundeter Therapeut" in der Gefahr, aus einer Rolle in die andere zu schlüpfen; vor allem, wenn ich nicht „wach" bin.

Und für den Patient, die Patientin, den Freund, die Freundin ist es genauso. Allerdings kann man in vielen Gruppen verschiedener Prägung seit ungefähr 25 Jahren beobachten, dass die klassische therapeutische Distanz einer eher kameradschaftlichen Beziehung Platz macht. Unsere Begegnungen und Korrespondenzen wurden in den letzten Jahren immer seltener und verrannen dann im Sand.

„Es kommt nicht darauf an,

dem Leben mehr Jahre zu geben,

sondern den Jahren mehr Leben zu geben.“

Alexis Carrel

Frau Waltraud Schmitt kam zu mir
kurz vor ihrem 23. Geburtstag.
Sie blieb 4½ Jahre in der Therapie
und hatte 171 Sitzungen.

Lieber Herr Bošnjak,

Danke für Ihren Brief! Ich habe mich sehr gefreut, von Ihnen zu hören, aus Ihrem Leben und überhaupt.

Zu Ihren Fragen bzgl. meinem Empfinden und meiner Erfahrungen während der Therapie bei Ihnen nehme ich gerne Stellung.

- *Die 4½ Jahre Therapie waren für mich von großem Nutzen. Ich bin sehr dankbar hierfür, dass ich die Möglichkeit hatte zu dieser Therapieform und dass ich nicht früher abgebrochen habe, denn von Jahr zu Jahr ging das „Loslassen" besser. Wäre ich nach ein oder zwei Jahren ausgestiegen, hätte ich nicht den tiefen Frieden am Ende der Stunde, bei der Arbeit am Kopf und nach dem Aufwachen verspürt.*

Ich bin durch unsere gemeinsame Arbeit ein großes Stück gelassener geworden, lege mir selbst nicht mehr so viel Druck auf und bevormunde meine Mitmenschen nicht mehr so. Alles in einem ein großer Schritt in Richtung Freiheit.

- *Wenn ich Schaden davon getragen habe, dann positiven!*

- *Reden war hilfreich bei Problemen, ansonsten ist Atmen die beste Therapie, zusammen mit der Wahrnehmung. Sofern Wahrnehmung möglich war, z.B. bei Erschöpfung.*

Ich bin überzeugt, dass das Atmen alleine und in Verbindung mit den Bewegungen, Lauten etc. (große Unterstützung!) mir sehr viel Heilung gebracht haben.

- *Die Arbeit am Kopf nach getaner Arbeit habe ich als einfach „traumhaft" empfunden.*

- *Besondere Sätze: „Auch das vergeht!" Mein Lieblingssatz. Mein Freund kennt ihn und sagt ihn mir, wenn ich mal am Verzweifeln bin.*

Das Wort „Freiheit" fällt mir noch ein, frei sein von dem Ge-danken-„Schrott", wie ich zu sein habe, wie meine Umwelt und mein Leben zu sein hat. Ich soll nur sein, wer ich bin! Und mich auf „Heute" konzentrieren. Schweigen ist seliger als Reden. Du musst den Menschen nicht gefallen.

- *Schwierigkeiten hatte ich keine mit Ihnen. Sie haben die Dinge direkt angesprochen, Ihre ehrliche Meinung geäußert, hatten Mitgefühl. Wären Sie „härter" gewesen, wäre ich vermutlich als sensibles Pflänzchen auf und davon, wären Sie weicher gewesen, hätte ich vielleicht mehr gejammert und nichts dazu gelernt.*

Sie haben mir stets Hilfestellung bei Problemen gegeben, und ich hatte immer das Gefühl, mein Wohl liegt Ihnen sehr am Herzen.

Allerdings musste ich mich erst an Sie als Mann gewöhnen, d.h. bei einer Frau hätte ich vermutlich weniger Scham empfunden. Nach einer gewissen Anlaufzeit habe ich mich jedoch bei Ihnen sehr wohl gefühlt, angenommen, und war sehr glücklich über Ihre väterlichen Ratschläge.

- *Ich musste weinen, als ich die Zeile „was erleben Sie, wenn Sie zurückblicken" gelesen habe.*

Ich empfinde es als Segen, dass ich die Therapieform und Ihre Adresse erhalten habe.

Auch wenn ich ab und zu einen Durchhänger hatte und mir das „Zu-Ihnen-Kommen" schwerfiel, weiß ich doch nun, dass es mir viel gebracht hat.

Am besten gefällt mir, dass ich nicht mehr so viele Vorstellungen in meinem Kopf habe und mich deshalb nicht mehr so aufrege. „So ist es" – und weitergehen. Manchmal kann ich dann auch lachen. Ich hab auch festgestellt kürzlich, dass ich faul bin, und nichts dagegen unternommen. Und siehe da, mein Freund mag mich noch immer. Ich versuche, mich nicht so wichtig zu nehmen und immer wieder loszulassen und von Neuem anzufangen.

Mein Körper reagiert mit Kribbeln nach Meditationen, nicht so intensiv wie bei der Therapie, aber es ist ein schönes Gefühl. Ich kann auch besser abschalten als früher.

So, jetzt fällt mir nichts mehr ein. Ende Sept. d. J. habe ich meine Abschlussprüfung zur berufl. Weiterbildung. Im Dezember ziehe ich zu meinem Freund Siegfried, bin sehr froh, dass ich mit ihm zusammen bin. Er lacht gerne, sehr hilfsbereit, motzt nicht, nimmt nicht alles so ernst, durch ihn bin ich auch schon etwas lockerer geworden. Siegfried ist auch an vielem interessiert, verständnisvoll, offen für Entwicklung. Wir haben ab Dezember vielleicht noch 2 Jahre Haus, Hof und Garten umzubauen, umzugestalten – es ist schön, sein eigenes Nest zu bauen. Meine Schwester Olga hat kürzlich ihren 2. Sohn, Peter, zur Welt gebracht. Nun bin ich zum 2. Mal Patin. Meiner Oma, 92½ Jahre, geht es auch gut, Kontakt habe ich nicht geschafft, abzubrechen. Aber es ist o.k., ich mach mich nicht mehr so verrückt. Wenn Sie einmal oder mit Ihren Lieben in unsere Gegend kommen, würde ich mich sehr freuen, wenn Sie uns aufsuchen würden.

Viele liebe Grüße an Sie und Ihre Familie – Gesundheit, Glück und Gottes Segen!

Waltraud Schmitt

Als Frau Schmitt in die Therapie kommt, arbeitet sie als kfm. Angestellte. Sie klagt über erhebliche Essstörungen: Zuerst war sie magersüchtig, jetzt kämpft sie mit Bulimie. Sie mag sich nicht, einen Freund hat sie auch nicht. In unserem Gespräch muss Frau Schmitt immer wieder weinen. Von der Therapie erhofft sie sich Hilfe, dass sie sich akzeptieren kann. Sie kennt sich auch nicht, und sie wünscht, sich selbst in der Therapie kennenzulernen.

Auf mich macht sie einen sympathischen Eindruck. Sie bemüht sich sehr, alles „richtig" zu sagen. Hinter dem, was und wie sie es sagt, sehe ich einen starken Wunsch, gefallen zu wollen, und gleichzeitige Angst, doch etwas falsch zu sagen. Um ihr Problem, ausgesprochene und vermutete Erwartungen ihrer Umgebung besonders gut erfüllen zu wollen, aber auch um ihre Vorstellungen, wie die anderen zu sein haben und wie die Welt auszusehen hat, dreht sich die therapeutische Arbeit. Ihr Brief widerspiegelt das.

Frau Schmitt schreibt, dass sie das Gefühl hatte, dass ihr Wohl mir sehr am Herzen liege. Eigentlich soll das grundsätzlich in *jeder* Therapie so sein. Deshalb ist es schlimm und verwerflich, wie das Gesundheitswesen – dazu gehören auch die Pharmaindustrie und die Krankenversicherungen – in unseren gesundheitspolitischen Systemen funktioniert, beziehungsweise eben nicht funktioniert. Den Ärzten, den Krankenhäusern, den Krankenversicherungen und besonders der Pharmaindustrie geht es ums Geld und nochmals ums Geld, nicht wirklich um das Wohl der Patienten. Wenn dann „das Wohl und die bestmögliche Versorgung unserer Patienten" hinausposaunt wird, handelt es sich um ein „double bind". Ich bin mir bewusst, dass es auch andere, aber eher wenige andere Ärzte gibt.

Da Frau Schmitt lange Zeit zu mir kam und sich in dieser Zeitspanne aus dem sehr starken Familienbund herausstrampelte, gewann ich Einsichten, welche wert sind, dass ich sie beschreibe:

Ihre Oma väterlicherseits ist eine Bäuerin auf einem mittelgroßen Bauernhof. Ihr Mann, mit dem sie einen Sohn hat, der in den ersten Kriegsjahren geboren wurde, kehrt aus dem Krieg nicht zurück. Die Kriegswitwe ist am Kriegsende 35 Jahre alt. Für sie hat das Leben nach dem überstandenen Krieg einen einzigen großen Sinn: der Bauernhof und das Söhnchen.

Die Beziehung zwischen der Mutter und dem Sohn ist eine schmerzvolle Symbiose. Die Mutter ist Chefin, macht alles für ihren Sohn und zeigt ihm, wie man auf dem Hof arbeitet und arbeiten muss, wenn man überleben will. Sie lässt ihn gleichzeitig nicht erwachsen und selbstständig werden. Er wird ausgesprochen selbstsüchtig, sehr arbeitsam und mit den Menschen um sich beziehungslos.

Als er 24-jährig ein 22-jähriges Mädchen, das auch aus einer bäuerlichen Familie stammt, heiratet, ist, wie man jetzt modern sagt, dass Unglück der jungen Familie vorprogrammiert: Die Schwiegermutter ist ausgesprochen hässlich und verächtlich der Schwiegertochter gegenüber. Sie meint, dass die junge Frau hier ist, um sich einzuordnen und zu arbeiten. Der Ehemann stellt sich nie hinter seine Frau.

Drei Kinder kommen auf die Welt, ein Mädchen bereits in dem Heiratsjahr, zwei Jahre danach ein Junge. Und bei der baldigen dritten Schwangerschaft meint die Oma: *„Schon wieder ein Balg"*. Der Mann macht seiner Frau Vorwürfe, dass sie wieder schwanger ist, und verlangt von ihr, schwere Säcke zu heben, damit es zum Abgang kommt. Vier Jahre nach dem Bruder, das ist die vierte Schwangerschaft, wird Waltraud geboren. Sie sagte, dass ihr innerer Leitsatz heißt: „Ich muss mir mein Leben verdienen", und sie vermutet, dass sie im Mutterleib Angst hatte, auch abgetrieben zu werden.

Die große Schwester, sie ist sieben Jahre älter als Waltraud, als sie nahe an die Volljährigkeit kommt, will nicht mehr in dieser Familie leben. Sie sagt zur Mutter, dass sie mit den Kindern ausziehen soll – wenn sie es nicht tun kann, ziehe sie alleine aus. Das „gemeinsame" Leben war, als es klar wurde, dass die Mutter mit den Kindern ausziehen will, unerträglich. Die Mutter kriegt kein Geld mehr, und zum Schlafen zieht sie in das Zimmer von Waltraud ein. Das Leben der letzten Jahre, bis die Mutter tatsächlich den Schritt vollzieht, ist für sie und für die Kinder grausam, vor allem für Waltraud.

Die Schilderungen von solchen Erlebnissen meiner Patienten veranlassten mich immer, diese Erlebnisse nachzuvollziehen und irgendetwas über die Menschen, die da mitgespielt haben müssen, zu verstehen. Warum zögert die Mutter mit dem Auszug so lange? Was geschah im Inneren anderer Akteure des Dramas? Ganz besonders beschäftigte mich im Allgemeinen die Bedeutung der Angst in solchen Prozessen. Angst vor der Zukunft, vor dem Neuen und vor dem Verlassen des Gewohnten, vor der Meinung der anderen, vor der Vorstellung, das nicht schaffen zu können. Kommt daraus das Aufschieben des Schrittes, solange es geht? Lieber im Alten auszuharren, als etwas Neues zu wagen, lieber Leiden als Ändern!?

Warum schreibe ich das hier? Weil ich sagen möchte, dass das Schicksal meiner Patienten für meine innere Welt eine große Herausforderung, eine Vertiefung und eine Bereicherung war. Das brachte mir auch neue Einsichten. Das Beispiel von Frau Schmitt eignet sich, um darüber zu sprechen. Etliche Male schreibe ich, dass das Schicksal meiner Patienten ausgesprochen schwer war – überdurchschnittlich schwer. Für mich ist das Schicksal eines Menschen das ganze, absolut das ganze Umfeld, in das sie oder er geboren wurde. Zuerst gibt es die Eltern mit ihren physiologischen und psychologischen Eigenschaften, die Situation der Zeugung, ob liebevoll, leidenschaftlich, ängstlich, schamvoll, gewalttätig, lahm ..., die historische Zeit, das Heimatland, das soziale und das klimatische Umfeld. Das soziale Umfeld gehört selbstverständlich zu einem Kulturraum. Das alles ist uns vorgegeben, wenn wir auf die Welt kommen, und daran können wir nichts ändern. Wir bringen aber auch etwas Ureigenes in uns mit, das von alldem unabhängig ist. Das nenne ich den individuellen Kern. Diese Einsicht gewann ich durch Beobachtungen, Selbstbeobachtungen und durch die Beschäftigung mit Ideen von Gurdjieff. Die Fähigkeit des individuellen Kernes, mit den vorgegebenen Daten umzugehen, macht das Schicksal eines Menschen aus.

An dieser Stelle müsste ich mich mit der Freiheit und dem freien Willen des Menschen befassen. Ich tue es hier aber nicht. Das ist eine äußerst wichtige Frage, die sehr viele hervorragende Geister in unserer Geschichte beschäftigt hatte. Auf die therapeutische Arbeit hat diese Frage nur indirekten Einfluss.

Das Schicksalsfeld von Frau Waltraud Schmitt habe ich skizzenhaft versucht zu beschreiben. Bei dem Auszug ist die große Schwester 21, der Bruder fast 20, Waltraud 14. Die große Schwester bricht jeglichen Kontakt mit dem Vater und der Großmutter ab. Der Bruder, der bereits ein Handwerk gelernt hat und weiterhin im Betrieb arbeitet, geht bald nach dem Auszug abends auf den Hof, um dem Vater zu helfen. Waltraud fängt an, ein Jahr bevor sie zu mir kommt, ihre Oma wieder zu besuchen. Es tut ihr leid, dass die Oma, die inzwischen 87 Jahre alt ist, sowohl den Haushalt als auch den Garten alleine machen muss.

Diese Besuche sind für Waltraud sehr spannungsreich, sie wohnt schon etliche Jahre nicht bei der Mutter, die zwischenzeitlich einen Freund hat. Sie weiß aber, dass die Mutter nicht gern sieht, dass sie zur Oma geht. Und die Oma nutzt die Besuche der Enkelin, um ihren Groll auf die Schwiegertochter rauszulassen. Wenn Waltraud zur Therapie kommt, kann ich ihr ansehen, dass sie in dieser Woche bei der Oma war. Deshalb meine ich, dass sie für eine Weile den Kontakt zur Oma abbrechen sollte.

In einem späteren Brief teilte mir Frau Waltraud Schmitt mit, dass sie und ihr Freund Siegfried geheiratet haben. Sie erwähnte auch, dass ihre Mutter, ihre Schwester und ihr Bruder im Laufe der vergangenen 13 Jahre mit erheblichen gesundheitlichen Problemen zu kämpfen hatten. Bei dieser Mitteilung kam in mir automatisch die Frage auf, ob sie von dieser gesundheitlichen Entwicklung verschont geblieben wären, wenn sie auch eine psychotherapeutische Aufarbeitung der ganzen Problematik gemacht hätten.

„Katzen erreichen mühelos, was uns Menschen versagt bleibt,

durchs Leben zu gehen, ohne Lärm zu machen."

Ernst Hemingway

Rainer Essner war 43 Jahre alt, als er in die Therapie kam, und er blieb 5 Jahre. In dieser Zeit hatte er 166 Sitzungen.

Lieber Hr. Bošnjak!

Vielen Dank für Ihren Brief und für Ihr beharrliches Warten auf eine Antwort von mir.

Sicherlich kennen Sie mich in der Zwischenzeit und wissen, dass eine solche Angelegenheit für mich nicht so einfach ist, spontan zu beantworten.

Als ich den Brief von Ihnen bekam, war ich neugierig bzw. verunsichert, was ist jetzt los, was ist passiert, was kommt jetzt ... Im Auto habe ich ihn dann gleich überflogen.

Bei der Heimfahrt kreisten dann die Gedanken um den Briefinhalt:
- *Hatte auch kein einfaches Leben ...*
- *Wie beantworte ich die Fragen objektiv?*
- *Und irgendwie habe ich mich über mich und Sie geärgert.*
- *Wieso wollen Sie das wissen?*

Zu Hause angekommen, las ich den Brief nochmals und legte ihn zur Seite. Während der nächsten Zeit dachte ich hin und wieder an Ihren Brief – aber irgendwie wollte ich partout keine Stellung dazu nehmen.

Dann endlich nahm ich mich des Briefes an, nahm ich ihn und ein Papierblatt mit in die Weinbergshütte. Dort las ich ihn nochmals, diesmal sehr genau.

Beim Durchlesen der Fragestellung berührten mich die Fragen 1, 3, 4, 5 und Tränen kamen auf. Spontan fiel mir Ihr Therapieraum ein, eine Umgebung haben zu dürfen, in der ich mich fallen lassen darf (mittlerweile auch mehr kann) und weinen kann.

Gleichzeitig fielen mir Ihre Worte ein: „Verbinden Sie die einzelnen Körperteile, die sie durchgegangen sind und entspannt haben, zu einem Ganzen, sodass sie für sich selbst sagen können, das ist der Rainer, ich bin mir meiner selbst gewahr." Dann kam jedoch doch ein Besuch und beendete mein Nachdenken.

Und jetzt ein neuer Anlauf.

- *Von Nutzen auf jeden Fall für mein Leben. Wenn ich mich vergleiche, wie ich beim ersten Mal bei Ihnen war und jetzt. Vor allem auch im Berufsleben sind meine Ängste und mich trauen zu können, wesentlich anders und besser geworden.*

- *Schaden davongetragen? Kann ich nicht bestätigen.*

- *Für mich vor allem „das andere", denn dann bin ich nicht so sehr ins Hirnlastige abgedriftet, und irgendwann brachen ja doch die Gefühle durch, ob ich wollte oder nicht.*

- *Kopfarbeit hat mir sehr gefallen, und es gefällt mir, verstärkt die Atemarbeit noch mehr, da ich durch sie das Gemocht-Werden bzw. das Fallen-, Loslassen-Gefühl und irgendwie das vermisste Umarmen-Gefühl (Kindheitssehnsucht) aufkommen lasse und die Schwere, Druck auf meiner Brust,*

schwere Beine, Arme, Kribbeln sich verstärken und ich mich

noch mehr spüre ...

Nun ja, diese Sache betrifft Sie nicht, ich schreibe sie jedoch auch.
- *Gestört bzw. geärgert habe ich mich anfänglich manchmal*
    über das „Wie" des Parkens einiger Ihrer Klienten. Später
    jedoch habe ich mich darüber mehr amüsiert.

Ansonsten kann ich jetzt nicht klagen, vielleicht ja am An-
fang der Therapie, wie ich das alles noch nicht kannte, störte
mich der verspätete Beginn. Meine Gedanken damals waren,
na, da hätte ich mich nicht so schicken müssen – aber dann
musste ich mir eingestehen, wie falsch der Gedanke war.

Schließlich benötigte die Person vor mir Sie so, wie ich froh
dann war, dass Sie für mich da waren. Und außerdem haben Sie
für mich mehr getan, das alles mit Geld nicht aufzuwiegen wäre.

Seien Sie herzlichst gegrüßt,

Ihr Rainer Essner

Wenn ich an Herrn Essner denke, empfinde ich Freude und Dankbarkeit.

Nachdem er Gruppen- und Einzeltherapien vorher gemacht hatte, wurde er von jemandem an mich verwiesen. Auch sein Schicksal war überdurchschnittlich schwer. Ursprungsfamilie mit allem beladen: Missbrauch, Alles-Verdecken, Selbstmord, Psychiatrie ... Was geschieht mit einem Kind, einem Jugendlichen unter solcher Last? Es stirbt – nicht körperlich – seelisch, gemütsmäßig ...

Es hat mich immer beglückt, sehen zu können, wie das Leben langsam wieder zurückkommt. Herr Essner schreibt: *„Irgendwann brachen ja doch die Gefühle durch, ob ich wollte oder nicht."* Das ist eine sehr wichtige Erfahrung in der Reich'schen Therapiearbeit. Der Therapeut macht keine Erklärungs- und Überzeugungsarbeit. Im Patienten, sowohl in seinem Gemüt als auch in seinem Körper, geschieht es, bricht durch. Als Rainer mich aufsuchte, sagte er, dass er gekommen sei, um seine Gefühle wieder zu finden. Er kennt schwere, traurige Zustände, ohne dass er den Grund dafür weiß, Antriebslosigkeit und Ängstlichkeit. Diese Zustände sind wie eine Benommenheit, Dumpfheit, sie machen ihn matt. Er ahnt, weiß eigentlich, dass die Gefühle etwas anderes sind. Das Aufbrechen der Gefühle war auf somatischer Ebene mit vielem Weinen, Husten und Spucken verbunden.

Ich habe mich an „die Zeiten gehalten", vor allem wollte ich, dass die Patienten pünktlich kommen. Ich selbst war selten pünktlich. Es ist oft geschehen, dass ein Prozess abgerundet werden musste, bevor ich weggehen konnte. Die Leute, die zu mir kamen, haben das, wie auch Herr Essner, sehr bald verstanden und geschätzt. Wenn ich an einem Tag acht Therapien gab, habe ich neuneinhalb bis zehn Stunden gearbeitet.

„Wenn man die Inschriften auf Friedhöfen liest,

fragt man sich unwillkürlich,

wo denn eigentlich die Schurken begraben liegen."

Peter Sellers

Frau Sabrina Kröner kam in die Therapie,

als sie 36 Jahre war,

und sie blieb 3 Jahre. Sie hatte 106 Sitzungen.

Lieber Herr Bošnjak,

tatsächlich war ich von Ihrem Brief sehr überrascht. Es war mir nicht möglich, Ihren Wunsch nach sofortiger Antwort zu erfüllen, denn ich brauchte erst etwas Zeit, mich in die Situation, die jetzt schon eine ganze Weile zurückliegt, zu versetzen. Das heißt nicht, dass ich die Therapie vergessen oder verdrängt habe, aber ich denke nicht so oft daran. Allerdings sind mir einige Ihrer Sätze und Andeutungen nach wie vor sehr präsent, und damit bin ich bereits bei der Beantwortung Ihrer Frage. „Schuld an allem ist der Eigendünkel" – in diesem Punkt bin ich heute mit Ihnen absolut einer Meinung, sowohl was mich selbst betrifft als auch bezogen auf den Rest der Welt. „Sie sind nichts Besonderes" – das anzunehmen, fiel mir damals sehr schwer. Heute empfinde ich darüber eine Mischung aus Fröhlichkeit und Erleichterung, und es wird mir immer wieder vor Augen geführt. „Wer bin ich?" – manchmal fühle ich mich der Antwort nahe, und dann sind da wieder tausend Fragen. Eine Hausaufgabe fürs ganze Leben. Nicht zuletzt die Frage, die Sie sich damals selbst gestellt haben: „Wozu ist dieser ganze psychologische Überbau nötig?" Es würde mich schon interessieren, ob Sie in der Zwischenzeit darauf eine befriedigende Antwort gefunden haben. Immer, wenn ich mir diese Frage stelle, denke ich daran, was Sie möglicherweise heute dazu sagen könnten. Aber genauso wenig wie früher würden Sie vermutlich jetzt darüber sprechen. Sie haben auch um kritische Anmerkungen gebeten, deshalb nun ein paar Worte dazu. Als ich zu Ihnen kam, war ich nicht nur verzweifelt, sondern auch sehr wiss- und lernbegierig und daran interessiert, das Leben zu verstehen. In meinen Augen waren Sie ein Wissender, und ich wünschte mir mehr Unterstützung dabei, Klarheit zu finden. Ich empfand es oft als sehr quälend, nicht zu wissen, worum es überhaupt ging. Ich hätte mir anstelle geheimnisvoller Andeutungen mehr Offenheit gewünscht, und ich glaube, dass bei mir mehr Vertrauen möglich gewesen wäre, hätte ich mich mehr angenommen gefühlt. Mir ist klar, dass Sie es mir nicht zu leicht machen wollten, aber die harte, robuste Art hat mich eher erschreckt, als dass sie mir half. Oft bin ich mit mehr Angst als Zuversicht zu Ihnen gegangen. Aber mir war bewusst, dass es zu der Arbeit mit Ihnen zu diesem Zeitpunkt für mich keine Alternative gab, und deshalb habe ich mich immer wieder aufgerafft.

So war für mich der „praktische Teil" der angenehmere.

Die dabei aufkommenden Erfahrungen empfand ich als erwünscht und befreiend. Ihre abschließende Arbeit am Kopf erlebte ich immer als wohltuend und entspannend. Alles in allem war die Therapie für mich eine sehr fruchtbare Zeit, die meinem Leben viele neue Impulse gegeben hat. Manche Einsichten und Antworten kamen erst sehr viel später. Die Frage nach dem Sinn des Lebens und nach dem Woher und Wohin sind für mich zentral geworden. Das Drama von damals ist heute ohne Bedeutung. Neue Dramen rollen manchmal heran und müssen erst wieder durchlitten werden. Aber mittlerweile ist in mir häufig eine gewisse Heiterkeit, für die ich sehr dankbar bin. Für Ihren Anteil daran sage ich von Herzen Danke. So wünsche ich Ihnen und Ihrer Familie alles Gute und befriedigende Antworten auf alle Fragen.

Liebe Grüße,

Ihre Sabrina Kröner.

Frau Dr. Kröner – sie ist promovierte Historikerin – spricht in ihrem Brief von einem Problem, das sowohl das ihrige als auch das meinige war. In der Psychoanalyse ist über die Übertragung, Gegenübertragung, über negative Übertragung viel diskutiert und geschrieben worden. Darüber könnte ich aus meiner Erfahrung etliches sagen. Sabrina Kröner sieht gut aus, ist intelligent und ganz schön eingebildet.

Ohne dass ein Mensch sein Eingebildet-Sein einsieht, kann er sich nicht ändern. Diese Einsicht ist der erste schmerzvolle Schritt – ich bin nicht der, für den ich mich halte –, der Zünder für eine lange Zeit, der eine aufrichtige und neugierige Selbstbeobachtung und die Beobachtung der Welt und der Mitmenschen bewirkt. Nur dadurch kommen wir dahinter, dass die Einbildung uns von der Wirklichkeit trennt. Wir alle sitzen im selben Boot und werden von einem Ufer zum anderen übergesetzt.

Weil ich Frau Kröner schätze und mir wünsche, dass sie ihr Eingebildet-Sein bald eindeutig einsieht und fühlt, bin ich immer wieder hart zu ihr. Das habe ich durch meine Beschäftigung mit Gurdjieff gelernt – dieses Hart-Sein, das heißt den Patienten richtig zu konfrontieren, ist eine Kunst und erfordert viel vom Therapeuten. Für mich war das eine ernste und anstrengende Herausforderung.

In etlichen Briefen klingt dieser Aspekt therapeutischer Arbeit durch. Herr Rossbach (S. 118) schreibt, dass ihm die Angst vor mir geholfen hat, die Wahrheit zu suchen und was ich sagte, ernst zu nehmen. Jeder Patient braucht andere Härte. Dass ich da Fehler machte, ist selbstverständlich. Diese Fehler zwangen mich, neue Einsichten zu gewinnen. Frau Kröner hat trotz ihrer Angst vor mir die Therapie bis zum Ende gemacht. Das spricht für Ihre Ernsthaftigkeit. Was für mich schön ist: Sie kam zu der Einsicht, die ich ihr vermitteln wollte.

In den letzten zehn Jahren haben wir uns aus der Sicht verloren.

„Alle Verliebtheit,

wie ätherisch sie sich gebärden mag,

wurzelt allein im Geschlechtstriebe."

Arthur Schopenhauer

Seine Freundin, Frau Marianne Schneider, war 22 Jahre alt, als sie zu mir kam, sie blieb drei Monate und hatte sieben Sitzungen. Bald nachdem sie die Therapie abbricht, verlässt sie die Gegend. Seine spätere Freundin, dann Ehefrau und Mutter von drei gemeinsamen Kindern, Frau Christina Wachner, kam schwanger, als sie 29 Jahre alt war, zu mir und blieb vier Monate in der Geburtsvorbereitung. In dieser Zeit heirateten Rudolf und Christina. Danach kam sie, wenn sie konnte, in die Therapie und im Jahr darauf wieder zur Geburtsvorbereitung. Zu jeder Sitzung mussten sie alle eineinhalb Std. für eine Richtung mit dem Zug fahren. Es folgt der Brief von Herrn Rudolf Wachner:

Guten Tag, Herr Bošnjak,

ich freue mich sehr, dass ich endlich etwas für Sie tun kann, wenn es auch nicht viel ist, und mache mich gleich an die Fragen.

Wenn ich Ihre erste Frage rein anhand der Tatsachen in meinem Leben beantworte, dann ist der Nutzen meiner Therapie nicht zu erkennen:

Ich streite mich viel, bin jähzornig, aggressiv, voller Selbstmitleid, faul, ich kiffe wieder, spiele anstatt Cello jetzt Gitarre. Kurz, man kann nichts erkennen, was nicht wieder beim Alten wäre. Aber dennoch ist der „Glanz", den mein Leben seither hat, immer noch da. Und ich habe einen ständigen Begleiter, ich nenne ihn Vladimir, und zurzeit schüttelt er nur noch den Kopf. Ich glaube, dass ich wahnsinnig viel Wichtiges bei Ihnen gelernt habe, vor allem meine Probleme zu erkennen (und auch die anderer). Ich habe natürlich auch Schaden davongetragen. Jedes Mal z.B., wenn ich mir so richtig toll vorkomme, kommt Vladimir und macht mir schnell klar, dass ich dafür keinen wirklichen Grund habe.

Zur Frage, was für mich hilfreicher war: Ich glaube das Reden und das „andere" ergänzt sich gegenseitig so, dass eines von beiden ohne das andere seine Wirkung nicht so entfalten könnte.

Die Phase am Ende der Sitzung habe ich insgesamt als die angenehmste und entspannendste in Erinnerung, oft war ein einziges großes Strömen von Energie, aber ich kann nicht genau sagen, ob das an der Arbeit an meinem Kopf lag oder an dem, was davor war, das Atmen und die Bewegungen. Ich glaube, ich habe manchmal leuchtende Farben gesehen.

Sätze, die mir in Erinnerung geblieben sind, gibt es viele, bei vielem, was ich jeden Tag mache, fällt mir oft was ein, aber jetzt kriege ich, glaube ich, nicht so viel zusammen.

Was mir als Erstes einfällt, ist ein Satz, den Sie mal in Stücht über Ihren Nachbarn gesagt haben, den Bauern, nämlich, dass er so viel Kraft hat, wie ich sie nie haben werde.

Oder Ihr Widerspruch am Anfang, als ich Ihnen gesagt habe, dass ich mich nie streite.

Oder die kleinen Wörter, die man in seine Sätze einflicht, wenn man sich selbst belügt (z.B. „eigentlich ...").

Oder Ihr Widerspruch, als ich sagte, ich tue, was ich kann. Heute weiß ich, dass ich noch nie getan habe, was ich wirklich konnte. Als ich noch mit Marianne zusammen war: „Sie ersticken Ihren Partner, Sie können niemandem näher sein, als derjenige sich selbst ist oder sein kann."

Über Angst haben Sie viel erzählt. Ich weiß keinen konkreten Satz mehr, nur, dass die Angst das allgegenwärtigste aller negativen Gefühle ist, und ich finde sie seither wirklich überall, bei mir und bei anderen. (Hier kann ich mal was Positives berichten: Viele meiner Ängste haben schon Macht über mich verloren.) Mit alldem geht natürlich ein gewisses Erkennen einher.

Heute erkenne ich Kraft bei manchen Menschen, und ich kann sie dafür respektieren.

Ich weiß, wie aggressiv ich bin und dass ich mich ständig beherrschen muss, nicht zu streiten.

Schwierigkeiten mit Ihnen sind mir keine bewusst. Ich kann mich an nichts erinnern, wo ich Ihnen im Nachhinein nicht recht gegeben hätte. Sicher, die Gefühle sind ein Thema für sich, und wenn ich Unwohlsein beim Gedanken an Stücht empfinde, hat das auch seine Gründe. Z.B. weil ich schon jetzt weiß, dass mir wieder nichts einfallen würde, wenn es um den persönlichen Beitrag zum Abschiedsfest geht.

Und dass Sie uns vor allen anderen als diejenigen mit den selbstmitleidigsten Visagen bloßstellten, war auch nicht nett. Und trotzdem danke ich Ihnen aufrichtig und von ganzem Herzen für all diese „Verletzungen". Auch dafür, dass Sie nicht aufhören, mir jedes Jahr die Einladung nach Stücht zu schicken, auch wenn es weh tut.

Sie fragen: „Wie sind Sie damit umgegangen?"

Ich habe darüber nie anders gedacht oder gefühlt als jetzt, außer im ersten Moment, da habe ich, glaube ich, schon öfters mal einen Impuls zu heftigem Widerspruch in mir aufsteigen gesehen.

Sie sind für mich nach wie vor der geistige Referenzpunkt in meinem Leben, und wenn ich jetzt wieder eine Therapie machen würde, dann sicher bei Ihnen (wenn Sie mich nochmal nehmen würden).

Meine Gefühle jetzt bei den Erinnerungen an damals:

Druck auf der Brust, warum habe ich aufgehört, warum mache ich nicht weiter, wenn alles so positiv war? Ich fühle Ihren bohrenden Blick, mein Schweigen. Ich konnte Ihnen nie sagen, was ich fühle. Meine Antworten wichen immer auf das aus, was ich denke. So auch jetzt.

Was die Arbeit für mich war bzw. ist:

Etwas für Menschen, die an dem Leben als Tier, als Maschine, als Unmensch keinen Gefallen mehr finden und so sehr darunter leiden, dass Sie die Notwendigkeiten finden, etwas zu tun. Diese Notwendigkeit empfinde ich bei mir gar nicht mehr. Ich habe mich abgefunden mit meiner Existenz als Tier, als Maschine, und das einzige Leid, das ich kenne, ist Selbstmitleid.

Ich habe aufgehört, nach Stücht/Nürnberg zu kommen, weil ich schlicht und einfach zu faul bin. Wenn Stücht nebenan wäre, würde ich hingehen, aber die Not fehlt und damit meine Bereitschaft, was zu tun.

Aber ich weiß, die Not wird wieder kommen, und ich freue mich auf sie.

Einstweilen kiffe ich gerne, versuche, ein nicht allzu schlechter Vater/Ehemann zu sein, schwelge in Tagträumen und lebe so weit wie möglich zurückgezogen, einfach weil mir danach ist.

Noch etwas fällt mir jetzt ein, was Sie gesagt haben, was glaube ich dauerhaft etwas in meinem Leben verändert hat. Es betrifft das Bewusstsein, jederzeit sterben zu können, in Don Juans Worten, dass der Tod immer eine Armeslänge links von mir ist und mir jederzeit auf die Schulter tippen kann. Da wird man schon bescheidener mit der Zeit.

Zum Abschluss noch ein paar Worte zur Geburt unseres 3. Kindes, der Elisabeth.

Wenn es ein Junge geworden wäre, hätten wir ihn Vladimir genannt, nach unserem geistigen Vater. Dass auch die Christina nicht mehr so ängstlich ist, zeigt sich daran, dass sie sich diesmal zu einer Hausgeburt durchringen konnte. Wir hatten eine wunderbare Hebamme, die dabei sehr geholfen hat und wirklich gute Arbeit geleistet hat. Christina war total entspannt, und das Baby kam schnell, kraftvoll und in sehr harmonischer Atmosphäre zur Welt. Jetzt ist die Elisabeth schon 5 Wochen alt und hat schon 1 kg zugenommen, wiegt jetzt 5 Kilo und scheint mir auch außergewöhnlich wach und aufmerksam, hebt schon den Kopf und sieht sich um. Christina ist gerade nicht wohlauf, weil wir uns gestern wieder gestritten haben.

Und jetzt rufen mich wieder die Pflichten: Sascha und Laura warten schon darauf, dass ich mit ihnen baden fahre.

Ich wünsche Ihnen alles Gute,

Rudolf Wachner

PS: Jetzt ist mir auf der Fahrt noch etwas eingefallen, was sie mal gesagt haben.

Es war am Anfang meiner Therapie, als es um meine Beziehung zu meiner Mutter und zu Frauen, insbesondere um Lie-

besentzug ging. Sie sagten: „Ist es denn wirklich so wichtig, geliebt zu werden?" Heute bin ich in dieser Hinsicht total befreit. Es bedeutet mir gar nichts mehr.

PS: 8:00 Uhr abends

Noch etwas ist mir gerade eingefallen, was ich von Ihnen habe, es ging dabei um die Impf-Frage. Sie sagten sinngemäß so etwas wie: „Wir glauben immer, wir hätten alles unter Kontrolle und könnten Dinge wie Krankheiten verhindern, und wir sehen nicht, dass wir nichts verhindern können, dass Gott die Dinge lenkt und was passieren muss, in der einen oder anderen Weise auch passieren wird." Daran erinnere ich mich in allen Situationen, wo großes Gottvertrauen gefragt ist, und solche gibt es mit Kindern genug.

Dass das, was sich zwischen Herrn Rudolf Wachner, seiner damaligen Freundin, Frau Marianne Schneider, und ein Jahr später seiner neuen Freundin, Frau Christina Liebig, die dann seine Frau wurde und ist, und mir abspielte, unter die Rubrik „Psychotherapie" gehört, ist für mich selbst zweifelhaft. Auf jeden Fall denke ich an sie alle drei mit einem warmen Lächeln zurück. Herr Wachner und ich kannten uns sehr flüchtig, weil er ein Schulfreund von meinem älteren Sohn ist. Sie beide waren auch aktive Mitglieder in einer Gurdjieff'schen Gruppe – nicht in Stücht!

Als Herr Wachner mit seiner „frischen" Freundin, nachdem er lange keine mehr hatte, nicht klar kam und ihr helfen wollte, schickte er sie zu mir in die Therapie. Er kannte meinen Beruf. Es war mir sofort klar, dass er wollte, dass sie eine Therapie macht – sie selbst wollte keine. Selbstverständlich verlangte ich, dass sie selbst mit mir einen Termin ausmacht. Außerdem fehlte es überall an Geld.

Ich stand vor der bekannten Situation, „fachmännisch" die Finger davon zu lassen (*„Es tut mir leid, aber augenblicklich bin ich so voll, dass Sie ungefähr ein halbes Jahr auf einen Termin warten müssen."*) oder menschlich in die Situation einzusteigen. Das Zweite wählte ich: Nach der vierten Sitzung seiner Freundin bat ich ihn, selbst zu mir zu kommen. Dann sagte ich zu ihm: *„Es scheint mir, dass Ihre Freundin für sich selbst keine Therapie wünscht, Sie aber möchten, dass sie eine macht. Sie haben Angst, dass aus der Beziehung mit Marianne nichts werden wird. Sie mögen sie sehr und ahnen, dass sie sich nicht im Klaren ist, ob und wie ernst sie Sie mag ... Ihre Probleme – und die hat sie genug – möchten Sie durch die Therapie so gelöst sehen, dass sie bei Ihnen bleibt."* Er nickte und fragte: *„Und was soll ich jetzt tun?"* Und ich sagte: *„Ich mache Ihnen einen Vorschlag: Kommen Sie selbst zehnmal zu mir, regelmäßig einmal in der Woche, und danach sehen wir weiter!"* Er kam und blieb.

Frau Schneider erschien noch dreimal, und bald danach zog sie von dort weg. Es handelte sich um eine ausgesprochen schöne, zierliche, musikalische 22-jährige Frau, die sehr „verstrickt" war, wie ich es heute in der Terminologie des Familienstellens von Hellinger sagen würde. Und sie wollte sterben. Nachdem sie weggezogen war, hörte ich nichts mehr von ihr und Herr Wachner auch nicht.

Ein Jahr später kam er zum großen Gurdjieff'schen Seminar nach Stücht. Dabei sagte er zu mir, dass es ihm mulmig zumute sei; vielleicht sei seine neue Freundin schwanger. Sie war es, und sie kam dann auch in die Praxis zur Geburtsvorbereitung. Sie heirateten in der nächsten Zeit. Als dann ihr Bub auf die Welt kam und die Mutter immer, wenn sie konnte, zu mir in die Praxis kam, brachte sie den Kleinen mit. Sie lag auf der Couch, atmete, stöhnte, bewegte sich, wie ich es sagte, und ich trug das Kind, wiegte es und hoffte, dass es bald einschläft. Nicht sehr lange danach wurde Christina wieder schwanger. Wenn sie dann zur Geburtsvorbereitung kam, brachte sie den kleinen Olaf mit. Er fing gerade an, aufzustehen und zu laufen. Die Mutter lag auf der Couch – er spielte im Therapieraum, und als sein Blick auf die Brüste der Mutter fiel, trottete er zu ihr hin und wollte saugen. Das ging aber nicht mehr.

Etliche Male kam es vor, dass die Mütter, die eine Weile nach der Geburt wieder zur Therapie kamen, ihr Baby mitbrachten. Ich habe dieses Tragen des Kindes und das Arbeiten mit der Mutter sehr gemocht und bin jetzt, wenn ich dies niederschreibe, dankbar, dass mir solche Erfahrungen zuteilwurden. Auch mit einem warmen liebevollen Lächeln denke ich an alle Kinder zurück, deren Geburtsvorbereitung in meinen Praxen geschah. Die Ersten sind in der Zwischenzeit Ende 30!

Nicht-fühlen-Können: Herr Wachner erwähnt, dass er nicht fühlen könne. Einen reifen Menschen zeichnet u. a. seine Fähigkeit aus, zu fühlen und gleichzeitig in Gefühlen nicht zu ertrinken. Zu einem solchen Menschen fühlen wir uns hingezogen und mögen ihn. Wir wünschen uns, dass wir uns mit ihm anfreunden. Diese Fähigkeit in sich wieder zu entdecken und zu vertiefen, war in jeder Therapie ein sehr wichtiger Aspekt. Das wird oft direkt oder indirekt in den Briefen erwähnt. Um diese menschliche Fähigkeit ist es in unserem Kulturraum nicht gut bestellt.

Herr Wachner bemerkt: „... *in Don Juans Worten, dass der Tod immer eine Armeslänge links von mir ist und mir jederzeit auf die Schulter tippen kann ...*". Über die Bedeutung des ständigen Bewusstseins, dass sich unser Leben im permanenten Sterben vollzieht, werde ich im letzten Kapitel einiges sagen.

Unser Wunsch, geliebt zu sein: Unsere unstillbare Sehnsucht nach Liebe kann nicht infrage gestellt werden. Das ist meine heutige Überzeugung. Im Laufe meines reiferen Lebens habe ich darüber unterschiedliche Ansichten und Einsichten gehabt. Als ich ungefähr 40 war, schnappte ich irgendwo die Frage von Don Juan an Carlos Castaneda auf: Gibt es wirklich nichts Wichtigeres im Leben, als ständig nach dem Geliebt-Werden zu rennen? Da ich damals gerne von der „Liebessehnsucht" freier zu sein wünschte, ist mir dieser Satz willkommen gewesen. Später, als ich die 60 überschritten hatte, tauchte diese Frage in mir wieder auf. Bei diesem neuen Beobachten und Nachdenken über unseren Wunsch nach dem Geliebt-Sein sah ich, dass er sich hinter vielen unserer Impulse, vielleicht sogar hinter allen verbirgt. So bin ich heute überzeugt, dass dieser Drang so stark ist wie unser Hunger.

Von dem Wunsch nach dem Geliebt-Werden wird Herr Wachner wohl kaum total befreit sein. Da wir uns, wenn auch selten, treffen, hoffe ich, noch einmal mit ihm darüber reden zu können.

„Es gibt nur drei Grundfedern
menschlicher Handlungen:
Egoismus, der das eigene Wohl will ...
Bosheit, die das fremde Wehe will ...
und die Kraft, welche das fremde Wohl will,
und diese Kraft ist das Mitleid."
Arthur Schopenhauer

Lieber Herr Bošnjak,

ich war überrascht, habe mich aber sehr über Ihren Brief gefreut.

Auch wenn wir uns schon lange nicht mehr gesehen haben, so sind Sie täglich in meinen Gedanken bei mir, und das ist gut so!

Die Zeit die ich mit Ihnen verbringen durfte, war gut für mich.

Nun zu Ihren Fragen! Ich wüsste nicht, wo ich heute wäre, wenn damals meine Schwester Birgit mich nicht zu Ihnen geführt hätte.

Die Therapie war von großem Nutzen für mich, und ich habe mit Sicherheit keinen Schaden davongetragen. Ich empfand damals das Reden für mich am wichtigsten. Heute denke ich anders darüber. Dass das Atmen und alles andere auch genauso wichtig war.

Mit den Lauten und Stöhnen hatte ich so meine Probleme, ja, ich habe mich immer etwas geschämt, das alles so rauszulassen.

Die Arbeit an meinem Kopf war ein Traum. Auch wenn Sie während der Sitzung mit Ihrer Hand leicht über meine Stirn und Haare gefahren sind, war das ein Gefühl von „Alles wird gut". Dieses schöne Gefühl von Geborgenheit war unbeschreiblich. Wenn ich heute manchmal in Selbstmitleid versinke (was zum Glück nicht mehr zu oft passiert), erinnere ich mich an den einen Satz: „All die Gedanken, die aufkommen, auch zulassen, aber nicht daran festhalten, sondern wieder auch das loslassen.“

Aber auch, was mir heute noch nicht ganz gelingt: diese Gedanken, was ist wenn ... und all die Sorgen, die ich mir dann mache. Auch loslassen.

Die Frage, die Sie mir so manches Mal gestellt haben: „Was könnte denn schlimmstenfalls passieren ...“, hat mich auch sehr geprägt.

Ich bin dankbar, dass ich all die Zeit mit Ihnen verbringen durfte, und Sie sind ein wichtiger Mensch in meinem Leben geworden.

Herr Bošnjak, ich lese zurzeit das Buch „Warum Engel fliegen können“, und ich bin davon überzeugt, dass auch Sie ein Engel sind.

Es gab Momente in den Sitzungen, in denen ich fast beleidigt war, wenn Sie mir unverblümt die Wahrheit sagten. Da bin ich dann heimgefahren und dachte mir, das war gewesen und überhaupt ...

Heute weiß ich, die Wut galt eigentlich mir selber. Wer hört schon gerne die „echte Wahrheit“. Eine Aussage von Ihnen hat mich getroffen. Als ich mal wieder das Gleiche jammerte, sagten Sie zu mir: „Das ist langweilig, immer erzählen Sie mir das Gleiche.“

Dieser Satz hat mich nachdenklich gemacht (Gott sei Dank).

Heute kämpfe ich immer noch den endlosen Kampf mit meinem Ex-Mann, aber anders.

Mit den Kindern, vor allem bei Benni, hat sich viel geändert. Er ist wieder der liebe Junge, den ich kenne. All das gibt mir die Kraft weiterzumachen.

Diesen neuen Weg „miteinander zu gehen", haben Sie mir gezeigt, Danke!!!

Herr Bošnjak, ich habe mir immer gewünscht, Sie wieder zu treffen.

Es gab oft Momente (gute wie schlechte), wo ich dachte, das würde ich Ihnen gerne persönlich erzählen.

Ich melde mich bei Ihnen, um einen Termin zu vereinbaren.

Herzliche Grüße,

Ihre Magdalena Schreiber.

„Liebe Frau Schreiber, bevor ich etwas anderes zu Ihrem Brief sage – schreibe, muss ich Ihre Überzeugung, dass ich auch ein Engel wäre, unter die Lupe nehmen. Wissen Sie, nicht nur, dass mir die Zeit, in der ich Therapie gebe, hilft, sondern sie zwingt mich, dass ich in meiner lichten Seite weile. Aber sonst kenne ich in mir auch den Gegenspieler vom Engel. Manchmal gehe ich sogar mit ihm oder ihr spazieren. Fliegend habe ich sie nicht erlebt. Es gibt auf dieser anderen Seite auch beide Geschlechter. Bei denen und mit ihnen habe ich nicht wenig über meine/unsere menschliche Natur erfahren! – So weit, so gut!"

Frau Schreiber suchte mich auf, weil ihre Schwester mich ihr empfahl. Die Schwester war bereits eine Weile bei mir. Die 14-jährige Ehe, wegen der Schwangerschaft der damals 20-jährigen Magdalena geschlossen, war für sie, wie sie berichtet, von Anfang an unglücklich. Das Paar hatte nach dem ersten Kind noch zwei. Die Reihenfolge der Kinder: Das erste

Kind ist eine Tochter, jetzt 14½ Jahre, der Sohn danach ist 12 Jahre und die kleine Nachzüglerin 3½ Jahre alt.

Frau Schreiber wollte sich schon lange trennen, hatte aber davor große Angst. *„Ich schaffte es einfach nicht"*, sagte sie. Dann zog sie, wenn auch verzweifelt, aus. Kurz danach suchte sie mich auf – Geldsorgen, Wohnungssorgen, hässliche und verletzende Streitigkeiten mit dem Vater der Kinder ..., Einsamkeit und Angst.

Frau Schreiber ist eine sympathische, gut aussehende Frau, deren Leben augenblicklich aus allen Fugen geraten ist. Das Schlimmste ist, dass ihr zwölfjähriger Sohn Benni, mit dem sie eine innige Beziehung hatte – sie schützte ihn oft vor dem Vater – nach der Trennung der Eltern auch ganz den Halt verloren hat. Er beschimpfte die Mutter, war sehr hässlich und grob zu ihr, er ging zurück zum Vater. Der Junge ist innerlich unerträglich zerrissen.

Das Schicksal der Kinder: Ihre Angst, Verzweiflung, Einsamkeit kann bei der Trennung von den Eltern nicht gesehen werden, weil es einfach nicht ertragen werden kann. Die Eltern sind so mit ihrem eigenen Leid und ihrer Angst besetzt, dass sie sogar ihre Kinder „missbrauchen", um sich selbst eine Erleichterung zu schaffen. Sie versuchen, jeder für sich, die Kinder als Verbündete auf ihre Seite zu ziehen. Diese Hilflosigkeit und „Verrücktheit" zu beobachten, machte mich in solchen Fällen selbst traurig und nachdenklich. Fast automatisch stieg in mir ein Gebet auf: *„Du, Du, der die letzte Wirklichkeit bist, hilf ihnen allen, den Vater inbegriffen, dass diese Leidenslast sie nicht zermahlt, dass ihnen das alles am Ende doch irgendwie zum Guten kommt! Hilf bitte auch mir!"*

Benni kam auch einmal zu mir. Er ist ein kräftiger, wacher, schöner Junge. Im Gespräch sagte er zu mir: *„Ach, wissen Sie, eigentlich bin ich kein Kind der Traurigkeit. Ich ärgere mich eher."* In diesem Gespräch war das das Schönste. Als Therapeut hatte ich immer lieber mit der „Aggression" als mit der „Depression" zu tun gehabt.

Seit etlichen Jahren habe ich Frau Schreiber aus den Augen verloren.

„Wer lachen kann, dort,

wo er hätte heulen können,

bekommt wieder Lust zum Leben."

Werner Fink

Lieber Herr Bošnjak!

Seit über einem Jahr komme ich nun zu Ihnen. Das Zustandekommen unseres Kontaktes war ja eher zufällig, aber in gewisser Weise hat es wohl sein sollen.

Ich bin auf jeden Fall froh darüber und komme auch sehr gerne zu Ihnen.

Soweit ich kann, werde ich Ihre Fragen gerne beantworten.

Ich glaube, dass Ihre Therapie auf jeden Fall von Nutzen für mich ist.

Ich fühle mich dadurch sehr entspannt und merke, dass es ein sehr wichtiger Ruhepunkt für mich in der Woche ist, der mir Kraft gibt.

Ich habe auch an verschiedenen Punkten festgestellt, dass mir anschließend gute Ideen kommen, dass ich Dinge, die „drücken", auf einen guten Weg bringen kann.

Zwei entscheidende Dinge waren für mich die Fragen von Gelassenheit und Glauben. Ich denke, dass man das nicht so sehr auseinanderhalten kann, sondern dass sie sich gegenseitig beeinflussen. Konkret war das einmal die Situation mit Barbara [meiner siebenjährigen Tochter] und dem Schulanfang bzw. dem Herausnehmen. Da haben mir unsere Gespräche dazu geholfen, das Ganze etwas distanzierter zu sehen und davon wegzukommen, etwas „machen zu wollen". Ich konnte hinterher sagen: „Wir nehmen sie jetzt aus der Schule heraus", und hatte keine Bedenken, dass sie trotzdem ihren Weg machen wird. Dass ich das sowieso nicht beeinflussen kann.

Aber viel wichtiger sind vielleicht an diesem Beispiel die Punkte Glauben und Vertrauen.

Die Frage des eigenen Glaubens bzw. Unglaubens beschäftigt mich immer wieder und wird durch unsere Arbeit wachgehalten.

Sie haben mal von „ungläubigem Leben" gesprochen. Das hat für mich große Bedeutung bekommen. Ich vermute, dass hierin der Grund für Sorgen und Nöte liegt, die ich mir oft unnötig mache.

Ich kann mich noch erinnern, dass mich das damals erst mal geärgert hat. Aber glücklicherweise hat es mir vor allem zu denken gegeben und mich auf ein wichtiges Thema gelenkt. Dafür Danke.

Über Schwierigkeiten mit Ihnen kann ich wenig berichten.

Mir gefällt auch die unterschiedliche Form ihrer Arbeit. Das Atmen empfinde ich manchmal zuerst als anstrengend, merke, dass sich aber bei dem Zittern, ... einiges löst.

Insgesamt habe ich den Eindruck, dass ich lerne, mich mehr auf mein Gefühl zu verlassen, und das mir das guttut.

Liebe Grüße und Gottes Segen,

Ihr Günther Steiner

Herr Steiner hat katholische Theologie studiert und arbeitet im kirchlichen Bereich. Wir trafen uns ab und zu bei Veranstaltungen der offenen Kirche St. Klara in Nürnberg. Jesuiten hielten dort interessante Vorträge. Bei einem solchen Vortrag erlebte ich ihn „niedergeschlagen" und machte ihm das Angebot, bei mir vorbeizukommen. Er rief an, und wir vereinbarten einen Termin. Danach kam er regelmäßig.

In dem Anamnesegespräch erfuhr ich, dass er ein erhebliches Gesundheitsproblem hat. Wie er damit umging, war für mich sehr eindrucksvoll. Er machte viel Sport, unter anderem Tieftauchen, fuhr viel und gern Motorrad ..., seine Sporttätigkeiten waren ihm wichtig, und er betrieb sie fleißig weiter. In der Zeit, in der er zu mir kam, haben wir über seine Gesundheit so gut wie nicht gesprochen. Ich erlebte bei ihm keine Spur von Selbstmitleid. Das habe ich gemocht und geschätzt.

Mit Herrn Steiner habe ich gerne gearbeitet. Da ich auch Theologie studierte, konnten wir uns gut verstehen, und ich war imstande, neue und andere Sichtweisen in seine Überlegungen und Fragen zu bringen.

Nach seiner Therapie haben wir uns einmal auf der Straße getroffen. Ich habe diese Begegnung im Vorbeigehen in einer ausgesprochen schönen Erinnerung.

> „Ich glaube, dass, wenn der Tod
>
> unsere Augen schließt,
>
> wir in einem Licht stehen,
>
> von welchem unser Sonnenlicht
>
> nur der Schatten ist."
>
> Arthur Schopenhauer

Lieber Herr Bošnjak,

vielen Dank für Ihren Brief, ich habe mich richtig gefreut, ihn zu erhalten ... Er ist sehr interessant und sagt viel über Sie aus. Gerne beantworte ich Ihre Fragen, denn seit meiner Zeit bei Ihnen sind Sie ein immer wiederkehrender Gast in meinen Gedanken.

„War Ihre Therapie ... von Nutzen, wie?" – Na klar! Damit hat meine ‚Aufweichung' angefangen, seitdem weiche ich – mit kleinen Aussetzern – immer weiter auf.

„Schaden?" – Ganz bestimmt nicht!!!

„Was war hilfreicher, das Reden oder das ‚Andere' ...?" – Na, ich denke, da sind wir (was ja selten vorkam) einer Meinung: Das ‚Andere'! Tons of garbage (Tonnen von Müll) *bin ich bei Ihnen losgeworden, Gott sei's Dank.*

„... Arbeit am Kopf ..." – Das war sehr, sehr entspannend und schön. So, als ob die Wunden, die davor durch das Ausstoßen von Müll entstanden sind, gleich versorgt und verbunden wurden.

„Hat es Sätze ..., die Sie nicht vergessen haben?" – Oh ja! Folgenden: „Glauben Sie, Sie sind etwas Besonderes?"

„Ihre Schwierigkeit mit mir zu wissen, ist mir sehr wichtig." – Ich hatte keine Schwierigkeiten mit Ihnen, ich hatte Schwierigkeiten mit mir.

„... gestört, geärgert, verletzt ..." – Nein, siehe vorher.

„Was erleben Sie jetzt ...?" – Ich denke öfters mal an die Stunden bei Ihnen und schmunzle dann auch über meine Bockigkeit. Etwas ist seltsam: Wenn ich in gefühlsmäßig komplizierte Situationen gerate (Wut, Angst hauptsächlich), in denen ich glaube nicht zurechtzukommen, hilft sich mein Körper selbst von ganz alleine (Gott sei's Dank nur nachts) durch Zittern, Schütteln usw., ähnlich wie damals bei Ihnen, um so diese Gefühle an den rechten Platz zu schubsen oder zu entsorgen oder was auch immer. Jedenfalls geht es mir hinterher immer besser, und es geht dann überhaupt wieder vorwärts.

Tja, und wie es mir geht? Mir ging es noch nie so gut. Ich bin in mir drin, und das jeden Tag von Neuem, und fange an, mich für ganz o.k. zu halten (so langsam). Äußerlich war ich nach meinem etwas theatralischen Abgang bei Ihnen mit dem jüngsten und dem mittleren Sohn für 7 Monate in Südafrika, dort bin ich endlich zur Ruhe gekommen. Dafür liebe ich dieses Land! Wieder zurückzukommen, war eine Katastrophe, die ich dank dort gewonnener Kraft zwar mit Wunden, aber doch überlebt habe. Es bot sich einfach nichts an, weder zum Wohnen noch zum Arbeiten, und alles, was ich versucht habe, zu erzwingen, ging (natürlich) in die Hose. Also bin ich für 2 Monate zurück zu meinem ältesten Sohn, der dort in einer anthroposophischen Lebensgemeinschaft mit Behinderten in der Nähe von Kapstadt seinen Zivildienst machte. Das war es! Dort habe ich einen Job angeboten bekommen, die richtigen Leute getroffen, und alles hat gepasst. Zurück in Deutschland, hat sich gleich eine Wohnmöglichkeit geboten, in einem nur sommers bewohnbaren Turm im Steigerwald. Da bin ich jetzt, und am 10. September gehe ich für 8 Monate als Hausmutter in diese anthropologische Einrichtung (mein Jüngster geht für 2 Monate mit), und dann sehen wir mal weiter ... Das Schönste an dem jetzigen Zustand ist, dass ich nicht weiß, wie es weitergeht, dass ich sozusagen keinen festen Wohnsitz mehr habe, dass ich fast nicht mehr an Gütern besitze, außer etwas Geld auf der Bank und dass ich dem Gefühl von Freiheit einen großen Schritt näher gekommen bin. Und Sie haben mir auf diesen bzw. diesem Weg geholfen. Danke!!!

Ihr Geschenk einer Sitzung nehme ich gerne an! Zu erreichen bin ich am besten per E-Mail.

Ganz herzliche Grüße,

Ihre Luise Nolte.

Frau Nolte kam in die Therapie auf das dringende Anraten einer engen Freundin, die bereits bei mir die Therapie gemacht hatte. Sie gibt an, dass sie eine „Mixtur verschiedener Probleme" habe (Ehe zerbricht, drei Söhne, zwischen dem Ältesten und dem Jüngsten 14 Jahre Unterschied, inneres und äußeres Chaos). Sie ist misstrauisch, abweisend, die Körperstruktur sehr hart. Sie will über das, das und das nicht reden ... Ich ahne richtig, dass sie als Kind schwer verwundet war. Ja, sie war es, erfahre ich später. Aber sie tut, worum ich sie bitte: intensives Atmen, Bewegungen, Laute ..., wenn auch manchmal widerwillig. Und sie lässt keine Sitzung ausfallen. Das wird sie retten.

Von sich selbst ist sie ziemlich eingenommen. Mit Recht – im konkreten Leben ist sie tüchtig, anpackend; dennoch schadet ihr dieser Eigendünkel sehr. Fast alles, was ich sage, weckt in ihr Widerspruch und Widerstand. Für einen Menschen wie Frau Nolte gibt es, wie ich glaube, keine bessere Therapie, die ihr helfen könnte, als die Vegetotherapie.

Ihr „theatralischer Abgang" war ganz einfach: „Ich mache Schluss und komme nicht mehr." Ich war überrascht, erfreut, dankbar, als ich ihren Brief las. Dankbar Wilhelm Reich und meinem verehrten Lehrer. Unsere Begegnung danach und ihre Sitzung war sehr schön. Seitdem haben wir keinen Kontakt mehr.

„Freundschaft ist eine Tür

zwischen zwei Menschen.

Sie kann manchmal knarren,

sie kann klemmen,

aber sie ist nie verschlossen."

Balthasar Gracian y Morales

Herr Christian Siegel kam mit 49 Jahren zu mir
und blieb ein ¾ Jahr in Therapie
– mit insgesamt 35 Sitzungen.

Lieber Herr Bošnjak,

vielen Dank für Ihren Brief. Gerne will ich einen kleinen Beitrag leisten, Ihnen zu einem „objektiven" Bild Ihres beruflichen Wirkens zu verhelfen. Ich habe objektiv in Anführungszeichen gesetzt, weil dies wohl nur ansatzweise gelingen kann, auch wenn Sie Berge von Zuschriften erhalten. Aber Ihr Anspruch macht trotzdem Sinn.

Nun zu Ihren Fragen: Ich werde sie nur knapp beantworten, weil ich Ihr Angebot zu einer Sitzung gerne annehmen möchte und ich dann, wenn Sie möchten, ins Detail gehen kann.

Meine Therapie bei Ihnen war in meinem Leben von Nutzen, weil sie den ernsthaften Beginn der Suche nach meinem inneren Selbst darstellt. Diesen Prozess habe ich mit anderen Therapeutinnen und Therapeuten und anderen gescheiten Menschen fortgesetzt. Schaden habe ich von der Arbeit mit Ihnen sicher keinen davongetragen.

Am hilfreichsten war das Atmen und das Freisetzen von inneren Bewegungen mit den dazu gehörenden körperlichen Erscheinungen. Die Arbeit mit dem Lämpchen kann ich schwer einschätzen. Spontan meine ich, dass sie sich weder positiv noch negativ ausgewirkt hat. Das Gleiche gilt für die Arbeit am Kopf, wobei sie mir eher angenehm war.

Sätze mit besonderer Bedeutung:

„Das Erste, was Sie von Ihrem Selbst erfahren werden, ist das Entsetzen." (Stimmt, ich habe extremen Hass in mir gespürt.)

„Die Psychotherapie hilft nur, dass der Mensch über seine Probleme Bescheid weiß. Bei der Lösung hilft sie kein bisschen weiter" (stimmt sicher auch).

Meine Schwierigkeiten mit Ihnen:

Ein Ausspruch von Ihnen: „Mein Wissen wird Ihnen nicht helfen". Ich war kurz davor, spontan aufzustehen und wegzugehen. Die folgenden etwas aggressiven Gespräche haben dazu beigetragen, dass meine Besuche bei Ihnen nach einem ¾ Jahr zu Ende gingen. Gestört hat mich auch, dass das beim Atmen Hochgekommene nicht in einem, wenn auch kurzen Gespräch eingeordnet wurde.

Ihre Sitzungen bei Ihnen bewerte ich im Nachhinein so: Das, was bei mir hochgekommen ist, wäre in erheblich kürzerer Zeit zu schaffen gewesen. Ich habe etwas später mit einem anderen Therapeuten gearbeitet, der die sog. intensive Art angewandt hat. Sie war erheblich anstrengender, liegt mir aber mehr. Außerdem erscheint mir im Nachhinein Ihre Arbeit zu einseitig und damit zu monoton. Das Atmen mit anderen Übungen zu kombinieren und abzuwechseln, hat mich bei einem anderen Therapeuten erheblich weitergebracht.

Ich bin weiter auf der Suche nach mir selbst und weiß jetzt, dass dieser Prozess, einmal angefangen, bis zum Ende des Lebens dauern wird. Derzeit steht die Aufarbeitung einer klaren Unfallgefährdung an (Mein linker Arm ist derzeit in Gips.). Ich bringe Unfälle mit übersehenen und überfälligen Veränderungen in meinem Leben in Verbindung. Darüber würde ich bei meinem Besuch bei Ihnen auch gerne sprechen und evtl. eine Übung machen.

Ich werde Sie in Kürze anrufen, um einen Termin zu vereinbaren.

Viele Grüße,

Christian Siegel

Bei der Therapie von Herrn Siegel, der an einer Hochschule lehrt, habe ich versagt. Ich war nicht fähig, eine Distanz zu entwickeln und einzuschieben, und zwar zwischen Herrn Siegel und den Eindrücken, welche er auf mich machte, und mir und meiner Sicht der Dinge. Die Wichtigkeit dieses Abstandes für die therapeutische Arbeit habe ich in diesem Buch etliche Male beschrieben und unterstrichen. Den Kommentar zu dem Brief von Herrn Siegel belasse ich bei diesen drei vorigen Sätzen. Alles, was ich noch dazu niederschreiben würde, wäre eine Selbstrechtfertigung.

Einen Anruf von ihm bekam ich nicht.

„Wenn sich die Sprüche widersprechen,

ist eine Tugend und kein Verbrechen.

Du lernst nur wieder von Blatt zu Blatt,

dass jedes Ding zwei Seiten hat."

Paul von Heyse

Sehr verehrter Herr Bošnjak,

nach vielen vergeblichen Ansätzen will ich heute versuchen, Ihren Brief bzw. Ihre Fragen zu beantworten. Es ist schon einige Zeit ins Land gegangen, seit ich das letzte Mal bei Ihnen in Stücht war. Als Sie, verehrter Herr Bošnjak, erkrankten, war ich sehr bestürzt und verzagt. Meine Gedanken und Gefühle purzelten wieder einmal kräftig durcheinander. Ich fürchtete, in ein Loch zu fallen ohne die Stunden bei Ihnen. Auch wie mein Mann wohl ohne Sie auskommt, beunruhigte mich sehr.

Dann erinnerte ich mich an die Gespräche mit Ihnen und versuchte das zu tun, was Sie mir immer wieder nahegelegt hatten. Außerdem sah ich Ihre Erkrankung für mich als Zeichen, dass ich mich auf meine eigenen Beine stellen müsste.

Ich übte und übe noch heute jeden Tag aufs Neue:

- *das Bei-mir-selbst-Sein,*

- *das Vertrauen in Gott,*

- *das Vertrauen in mich,*

- *das Sehen der Wirklichkeit,*

- *das Ertragen des Schmerzes,*

- *das Ertragen bzw. inzwischen auch Genießen des Alleinseins,*

- *das Üben der Geduld,*

- *das Ansehen des Ganzen,*

- *das Geschehen-Lassen,*

- *das Loslassen,*

das, sich mehr um das Sein und weniger um das Haben zu kümmern!

Das habe ich von der Therapie bei Ihnen bekommen.

Ein neues Bewusstsein. Ein großer Schritt auf meinem Weg erwachsen zu werden. Vieles, was Sie mir erzählt haben, konnte ich nicht auf Anhieb verstehen oder verinnerlichen oder umsetzten. Dabei hat mir die Lektüre des Anselm Grün geholfen. Viele seiner Aussagen in dem Buch „50 Engel für das Jahr" oder „Das kleine Buch vom wahren Glück" haben mich verstehen und fühlen lassen, was Sie mir gesagt haben. Die Gespräche mit Ihnen waren für mich nicht immer leicht. Sehr stark hat sich die Schulstunde mit der Bildtafel eingeprägt. Das Bild und die Zusammenhänge, was den ganzen Menschen ausmacht, werde ich niemals vergessen. Das intensive Atmen und die Reaktionen meines Körpers, die Entspannung und der Frieden, den ich dabei erfahren habe, waren auch sehr hilfreich für mich. Die Arbeit am Kopf am Ende der Sitzung war für mich immer sehr angenehm und hat mich noch tiefer entspannen lassen.

Im Moment geht es mir nicht schlecht. Ich kann relativ gelassen mit „Herrn Herrmann" umgehen. Er ist nicht ausgezogen. Wir haben im Moment gute Momente der Nähe und des Gespräches. Von meiner Seite versuche ich, „wahrhaftig" in jeder Situation zu sein und auch Konfrontationen nicht aus dem Weg zu gehen. Auch er sucht die Konfrontation im Vergleich zu früher häufiger. Er hat einen sturen Kopf und muss noch sehr viel lernen. Sex haben wir im Moment überhaupt nicht. Ich fühle auch keinen Antrieb, immer wieder den Anfang zu machen. Wir haben wohl immer noch große Angst. Letzte Woche war ich bei der jährlichen Routineuntersuchung bei meiner Frauenärztin. Dabei wurde ein Myom in der Gebärmutter festgestellt. In letzter Zeit befasse ich mich viel mit dem Zusammenhang, welche emotionalen Schieflagen und Blockaden was für Krankheiten nach sich ziehen.

Die Ursache für Myome z.B. sind nach Louise Hay:

- *Pflegen einer Verletzung durch den Partner,*

- *ein Schlag gegen das weibliche Ego,*

- *Ablehnung der eigenen Weiblichkeit und des femininen Prinzips.*

Gar nicht so unwahrscheinlich, oder? Ich versuche, mit Hilfe von Meditation meine falschen Gedankenmuster und neue ‚heilende Gedankenmuster' zu übernehmen.

Beruflich habe ich großen Stress, viel Arbeit und viel Verantwortung. Dazu ist mir klar geworden, dass ich im Prinzip die volle Verantwortung für mich noch nicht übernommen habe. Die Arbeit im elterlichen Betrieb, vor allem der geringe Freiraum für mich, belastet mich nach wie vor sehr. Aber die Tatsache, dass es meinen und im Moment auch den Lebensunterhalt meines Mannes und außerdem von 20 anderen Menschen sichert, hindert mich daran, aufzuhören. In meiner Freizeit laufe ich viel in der freien Natur und tue ab und zu Leuten mit Rückenbeschwerden mit Hilfe der Breuß-Massage und der sanften Wirbelregulierung nach Dorn etwas Gutes. Das gibt viel Erfüllung und Bestätigung. (Habe ich Ihnen gar nicht erzählt, dass ich nebenbei Gesundheitsberaterin für Rücken, Füße und Gelenke bin?)

Sehr verehrter Herr Bošnjak, jetzt habe ich viel geschrieben, mehr und anders, als ich es mir vorgenommen habe. Ihr Angebot für ein Gespräch bei Ihnen würde ich mir gerne für Ende September vorbehalten, da es im Moment durch die Urlaubszeit zu großen Personalengpässen kommt. Über ein paar Zeilen von Ihnen würde ich mich sehr freuen.

Es grüßt Sie herzlichst,

Ihre Lore Herrmann

PS: Über meinen Mann wollte ich nicht so viel schreiben, da ich hoffe, dass er sich selbst mit Ihnen in Verbindung setzt.

Frau Herrmann suchte mich auf, nachdem ihr Mann zwei Monate bereits in der Therapie bei mir war. Sie klagte über die elfjährige Ehe, die sie beziehungslos erlebt. Sie haben – wie sie sagt – fast kein sexuelles Liebesleben; ihr Mann geht jedem Gespräch aus dem Weg. Sie selbst leitet ein Familienunternehmen als Angestellte der Mutter, welcher der Betrieb nach dem Tod des Vaters gehört. Zu dieser Zeit ist die Mutter 70 Jahre, lässt aber der Tochter nicht freie Hand im Betrieb; und sie mag ihren Schwiegersohn nicht. Frau Herrmann möchte eine „glückliche und feste" Frau sein, ist aber zwischen der Mutter, dem Betrieb und dem Ehemann zermahlen. Sie erlebe ich als sympathisch, intelligent, fleißig und offen für alles, was sie in der therapeutischen Arbeit erlebt. Mit Herrn Herrmann ist es nicht leicht zu arbeiten. In seiner Ursprungsfamilie musste er viel Unheilvolles erleben.

Manchmal hatte ich selbst nach einer Anamnese empfunden, dass ich davon, was der/die Patient/in erlebt und erzählt hatte, vergiftet wurde.

Wenn ein Kind Missbrauch durch einen Elternteil an sich selbst oder an einem Geschwister erlebt, wenn es geschlagen wird, wenn alles vertuscht wird, ständige Angst in der Atmosphäre des Familienlebens schwebt ..., was wird dann aus so einem Menschenkind? So war Herr Herrmann misstrauisch, abweisend, angstvoll und gleichzeitig von sich selbst eingenommen. Keine Arbeit war für ihn gut genug. Er wollte Coach und Berater werden, erlebte aber in den Gruppen Ablehnung. Einige Monate, bevor er zu mir kam, war er in einer psychosomatischen Klinik: *„Es hat wenig geholfen."*

Wenn ich jetzt über die beiden nachdenke, erlebe ich, dass unsere Begriffe – gerecht, ungerecht, richtig, falsch gut, böse ... – für das Schicksal nicht gelten. Es wird in dieser Ehe zumindest etwas von der Last gemildert und erträglich werden; sie werden ihre Kraft in etwas Großes investieren – auch wenn ihnen das wahrscheinlich verborgen bleiben wird.

Etliche Ehen, in denen die Ehepartner – manchmal sehr lange, manchmal vorübergehend – schwer miteinander zurechtkamen, versuchte ich so zu sehen. Wenn bei mir ein Ehe- oder Liebespaar in der Therapie war, und es waren viele, dann ging das folgendermaßen zu: Zuerst kam die Frau, dann nach einiger Zeit auch der Mann. Herrmanns gehörten da zu den wenigen Ausnahmen. Ich habe sie immer als einzelne Patienten behandelt. Wenn in einer Sitzung die Frau sagen würde: *„Mein Mann hat ihnen das bestimmt schon erzählt"*, war meine Antwort: *„Nein, Herr ... hat mir nichts erzählt. Sagen Sie mir bitte, worum es geht!"* Wenn der Mann anfing: *„Wie sie bereits von meiner Frau wissen ..."*, war mein Satz: *„Nein, von der Frau ... weiß ich nichts darüber."* Diese strikte Trennung war in der Arbeit sehr hilfreich. Ich konnte die selektive Wahrnehmung eines gleichen Ereignisses genau beobachten und die Fragen oder kurze Kommentare so zum

Ausdruck bringen, dass jeder der Partner etwas von der Sicht des anderen erfahren und sehen konnte. Deshalb schreibt Frau Herrmann – fast ein wenig spöttisch –, dass sie mit Herrn Herrmann relativ gelassen umgehen kann.

Frau Hermann erwähnt besonders die Schulstunde mit der Tafel. Immer wieder, wenn ich einen Aspekt unseres Wesens erklären sollte, zum Beispiel unsere Beeinflussbarkeit, versuchte ich, das mit Zeichnungen auf einer Kinderschultafel, die ich in die Therapiesitzung mitbrachte, darzustellen. Das nannten meine Patienten „die Schulstunde". Das konnte leichter und interessanter sein als anstrengendes Atmen. Also musste ich aufpassen, alles richtig zu dosieren.

„Es gibt nur einen angeborenen Irrtum,

und es ist der, dass wir da sind,

um glücklich zu sein."

Arthur Schopenhauer

Er wollte mit mir sprechen und ein homöopathisches Mittel haben. Danach sah ich ihn während der nächsten drei Jahre selten. Er suchte mich auf, wenn er etwas fragen und besprechen wollte und wiederum ein homöopathisches Mittel brauchte. Als er mich wieder einmal aufsuchte, war es der Tag nach dem Tode seines Vaters. Zwischen seinem ersten Termin und dem Tod des Vaters lagen drei Jahre. Engelmann Senior fiel auf dem Hof tot um: Herzversagen!

Danach fing Konrad mit seiner Psychotherapie an, welche sich mit etlichen Unterbrechungen acht Jahre hinzog. Er hatte in dieser Zeitspanne 197 Sitzungen. In dieser Zeit beendete er sein Studium, heiratete seine Schulliebe, und sie bekamen zwei Kinder. Am Ende dieser acht Jahre schrieb er mir diesen Brief:

Nutzen der Therapie:

Dieses Kapitel möchte ich eigentlich nicht nur mit Nutzen der Therapie, sondern auch mit Veränderungen im Leben durch die Therapie überschreiben.

Aufgrund meiner Krankheiten und der damit einhergehenden Therapie konnte ich ein tiefes Verständnis zu Krankheit und Gesundheit entwickeln. Ich war, ob ich wollte oder nicht, dazu gezwungen, mich mit mir selbst zu beschäftigen und zu kämpfen. So bekam ich durch die Therapie zwangsläufig Kon-

takt mit mir selbst und lernte vor allem Mittel und Wege kennen, um mit meiner ausgeprägten Angst einigermaßen umzugehen.

Im Nachhinein betrachtet, waren die Tage des Leides eigentlich wesentlich fruchtbarer und wertvoller als die „sorgenfreien" Tage, in denen immer die Gefahr des wachen Schlafes lauert. Mit Hilfe der Therapie war es mir möglich, diese Zeiten durchzustehen und im Leid auszuharren. Ohne die Sitzungen hätte ich mit Sicherheit einen anderen, bequemeren Weg gesucht. Dies ist wahrscheinlich mein größter Nutzen.

Durch den intensiven Kontakt mit mir selbst und dem Reden mit Ihnen bekam ich im Laufe der Zeit eine ganz andere Einstellung zum Leben. Die Blickrichtung geht immer weiter weg von den oberflächlichen, materiellen Dingen, hin zu tieferen inneren Werten. Man bekommt langsam ein Gefühl für das wirklich Wichtige im Leben. Dies bezieht sich sowohl auf die eigene Denkweise als auch auf die Art, wie ich andere Menschen beurteile und einstufe. Die etwas andere Denkweise führt aber zu einer Art Entfremdung und Unverständnis für Freunde und Bekannte. Wahrscheinlich geht es denen aber genauso.

Ein weiterer wichtiger Nutzen der Therapie ist für mich die Selbsterkenntnis. Sich selbst zu sehen, wie man tatsächlich ist und nicht, wie man sein möchte, ist nicht gerade angenehm. Aber genau dadurch entsteht meiner Meinung nach erst der Wunsch und die Möglichkeit, sich dauerhaft zu ändern.

Den Kontakt mit der Homöopathie möchte ich ebenfalls als einen Nutzen der Therapie bezeichnen. Sie ist für mich eine wirkliche Heilmethode im ganzheitlichen Sinne. Vor allem bei den Kindern kann ich immer wieder verblüffende Erfolge feststellen, sobald das richtige Mittel gefunden ist.

Abschließend lässt sich sagen, dass sich durch die Therapie und den damit einhergehenden inneren Vorgängen eine Gelassenheit einstellt, die sich auch nicht durch irgendwelche äußeren Umstände gleich vertreiben lässt. Die Ausgeglichenheit spiegelt sich in einem derzeit harmonischen Familienleben mit Frau und Kindern wider, wofür ich sehr dankbar bin. Ich spüre dabei eine Art Vollständigkeit und tiefe Zufriedenheit. Es hat für mich den Anschein einer harmonischen „runden" Sache.

Schaden der Therapie:

Ich habe bis heute keine Schäden davongetragen.

Was war hilfreicher?

Wenn es mir schlecht ging, war ein kurzes Reden und Trost-Zusprechen ihrerseits und in Kontakt mit mir treten sowie ein längeres intensives Atmen einigermaßen abbauend. Fühlte ich mich hingegen gut, war mir die körperliche Anstrengung durch das Atmen eher lästig, und ich wollte länger mit Ihnen reden. Das Atmen gliedert sich, unabhängig vom Gemütszustand, in zwei unterschiedliche Qualitätsstufen. Der erste Atemgang ist für mich eine Art wegwischen vom „Alltagsstaub". Der „Staub" wird durch das anschließende Zittern abgeschüttelt. Erst im zweiten und dritten Atemgang empfinde ich einen tieferen Kontakt mit mir selbst und kann das Alltägliche langsam loslassen. Somit ist der zweite Teil der Sitzung eine optimale Vorbereitung für die abschließende Kopfarbeit.

Grundsätzlich sind die Gespräche zu Beginn der Sitzung für mich sehr fruchtbar. Sie geben mir Denkanstöße teilweise über mehrere Wochen. Ich betrachte diese gedankliche Auseinandersetzung dann als eine Art Hausaufgabe. Besonders intensiv und ausgeprägt ist dieser Kampf vor allem bei Worten, die mich anfänglich gekränkt haben, weil Sie mir damit letztendlich aufgezeigt haben, wie ich wirklich bin.

Das Arbeiten mit dem Lämpchen ist wegen meiner beruflichen Tätigkeit am Computer ebenfalls sehr hilfreich. Durch dieses Training werden die Augen entspannt und auf etwas Bewegliches gerichtet. Dadurch wird das oftmals erstarrte Sehen gelockert und erweitert. Die Sichterweiterung bezieht sich aber nicht nur auf das tatsächliche Sehen, sondern projiziert sich auch auf Gedanken und Vorstellungen.

Als Ergebnis möchte ich daher Folgendes festhalten:

Eine pauschale Beurteilung, was hilfreicher ist, kann ich nicht machen. Es kommt bei mir vielmehr auf die momentane Gemütslage und persönliche Situation an. Ich möchte aber keinesfalls einen der Therapiebestandteile missen.

Kopfarbeit am Ende der Sitzung:

Die Arbeit am Kopf rundet die ganze Sitzung ab und ist herrlich entspannend. Die Kopfarbeit ist für mich die Vorbereitung auf eine Erholungsphase und innere Reise. Die eigentliche Entspannung beginnt aber immer erst ca. 5 Minuten nach der Kopfarbeit.

Die Wirkungsweise ist, je nach momentaner persönlicher Verfassung, stark unterschiedlich. Wenn ich mich ganz auf das Entspannen einlassen kann, habe ich nach einiger Zeit ein Gefühl der Schwerelosigkeit und absoluten Leichtigkeit. Es kommt dabei wie zu einer Art Energiekonzentration im Halsbereich und einem Gefühl, überhaupt nicht im Körper anwesend zu sein. Das sind Momente tiefer Entspannung und Zufriedenheit. Dementsprechend länger dauert die Entspannungsphase nach der Sitzung. Es gab aber auch Tage, an denen ich nicht richtig anwesend war, weil meine Gedanken ganz woanders kreisten (Arbeit, Familie, Freizeit). Folglich war in diesen Therapien die Entspannung nach der Kopfarbeit relativ kurz und oberflächlich. Kommt in mir während der Kopfarbeit ein bestimmter Gedanke oder Hinweis aus unserem Gespräch bzw. irgendeine Vorstellung hoch, so beschäftigt mich dies in der ganzen Entspannungsphase und auch noch einige Stunden danach. An solchen Tagen ist ein tieferer Kontakt mit mir selbst ebenfalls nicht möglich. Es bleibt auch hier bei einer kurzen, oberflächlichen Entspannung. In anderen Situationen wiederum bin ich nach dem Atmen so müde, dass ich während der Kopfarbeit einfach einschlafe.

Sätze und Hinweise:

Es gibt einige Sätze und Hinweise, die sich in mir festgesetzt haben.

Der erste bleibende Hinweis ist die Geschichte von dem Mann, der ausging, um den Sinn des Lebens zu finden.

Der zweite Hinweis ist ein Gespräch mit Ihnen, in dem Sie mich mit einer Schlange verglichen haben. Die Schlange windet und dreht sich um die Wahrheit und den tieferen Sinn des Lebens, wo sie nur kann. Dieser Vergleich hat mich anfangs ziemlich gekränkt. Im Laufe der Zeit habe ich aber gemerkt, dass dieser Satz den Nagel auf den Kopf trifft und auch noch heute seine Gültigkeit hat. Denn all das, was die „Würze des Lebens" ausmacht, zu erkunden und zu erarbeiten, fällt mir immer nur dann ein, wenn es mir schlecht geht und ich nicht mehr ein noch aus kann. Erst in solchen Phasen wird die Aufmerksamkeit und Konzentration auf die Arbeit an mir gerichtet. Dies ist dann der Moment, in dem die Schlange zubeißt.

Geht es mir hingegen gut, habe ich immer tausend Sachen im Kopf, frei nach dem Motto: „MAN MÜSSTE – MAN KÖNNTE – MAN SOLLTE". In dieser Zeit geschieht eigentlich gar nichts. Ich gebe mich relativ oft meiner Trägheit hin und verschiebe alles auf morgen.

Der dritte Hinweis bzw. Satz stammt nicht direkt aus der Arbeit mit Ihnen, sondern ist als ein Gefühl in mir gewachsen. Es ist das Gleichnis aus der Bibel vom Bauern, der ausging und den drei Knechten seine Schätze anvertraute, damit sie wirtschafteten. Ich vergleiche mich dabei immer mit dem dritten Knecht, der aus lauter Angst und Sorge einen Anteil eingrub und schließlich alles verlor und weggeschickt wurde.

Ein weiterer Satz von Ihnen bezog sich auf meine Klage über meine Faulheit und Trägheit. Ihre Antwort darauf war ein Wort aus der Schöpfungsgeschichte, in der Gott ein Stück Lehm nahm und den Menschen daraus formte. Wahrscheinlich ist diese Trägheit und „Morgenkrankheit" einem jeden Menschen als notwendiges „Grundübel" in die Wiege gelegt.

Folgende Übung für schwere Zeiten ist mir ebenfalls in Erinnerung geblieben:

Sich bewusst aufrecht hinzustellen, zu spüren, wie einen der Boden trägt, und zu merken, wie man diesen Moment aushält und schafft.

Schwierigkeiten, Ärger und Verletzungen:

Ich bekam ab und zu scharfe und bissige Antworten von Ihnen, die mich anfangs geärgert und auch teilweise gekränkt haben (s.o. Vergleich mit der Schlange). Im ersten Moment kam dann der Gedanke auf, warum ich mir das überhaupt anhören müsste und dafür auch noch Geld bezahlen sollte. Jedoch setzte nach ein paar Tagen eine ganz andere Denkweise über diese anfänglichen Angriffe ein. Ich musste mich nämlich, ob ich wollte oder nicht, intensiver mit diesen Dingen auseinandersetzen. Als Ergebnis dieser inneren Auseinandersetzungen musste ich mir jedes Mal eingestehen, dass Sie Recht hatten und mir lediglich einen Spiegel vors Gesicht hielten. Diese Selbsterkenntnis wäre ohne die von Ihnen erzeugte Reibung niemals erfolgt.

In letzter Zeit hatte ich allerdings das Gefühl, dass sie sanftmütiger und kameradschaftlicher mit mir umgehen bzw. selbst etwas „menschlicher" und sanftmütiger geworden sind. Die Sitzungen haben dabei etwas von der Schärfe und Bissigkeit verloren, wie ich Sie etliche Jahre erlebt habe. Dieses Gefühl hatte ich aber schon einige Zeit vor Ihrer Erkrankung.

Gemütszustand und innerliche Beschäftigung:

Wenn ich diese Zeilen schreibe bzw. Ihre Briefe lese, überkommt mich immer eine Art Trauer und Abschied-Nehmen. Außerdem beschäftigt mich dann die Frage, wie es wohl weitergeht, wenn Sie einmal mit der Therapie aufhören. Ein weiterer Punkt, der mich derzeit ziemlich beschäftigt, ist die Antwort auf Ihre Frage, was uns von diesem Leben tatsächlich bleibt, wenn wir sterben müssen. Hintergrund ist ein Wespenstich in den Rachen am letzten Septemberwochenende. Nach dem Stich in den Rachen bemerkte ich die Panik der Menschen um mich herum, während der Notarzt gerufen wurde. Einige Minuten später, als ich einen langsam wachsenden Druck auf die Luftröhre durch die Schwellung spürte, hörte ich eine innere Stimme. Diese Stimme der Ruhe und Geborgenheit ließ mich wissen, dass alles, was geschieht, in Ordnung ist, selbst wenn ich jetzt sterben würde. Gleichzeitig kam die Frage in mir auf, was von diesem Leben wirklich bleiben würde, wenn ich jetzt sterben sollte. Die absolut ehrliche innere Antwort darauf war: „Es bleibt NICHTS übrig." Dieses „NICHTS" hat mich anfangs total schockiert und beschäftigt mich ziemlich intensiv. Nach der ernüchternden Feststellung kam in mir eine große Sehnsucht nach meinen beiden Kindern auf. Ich hatte den innigen Wunsch, sie noch einmal in die Arme zu schließen und ihre Stimmen zu hören. Aufgrund dieser Vorkommnisse falle ich momentan in eine Art Stagnation und Leere, in der alles etwas sinnlos erscheint. Ich stelle mir die Frage: Wozu die ganzen Anstrengungen, wenn im Endeffekt doch alles sinnlos und umsonst ist? Dabei gebe ich mich noch mehr als sonst meiner Trägheit hin. Ich hoffe, durch den Fortgang der Therapie neue Kräfte und Impulse zu sammeln, damit eines Tages dieses „NICHTS" vielleicht doch nicht die letzte Antwort auf dieses Leben ist.

Herr Engelmann ist ein sympathischer Riese, überdurchschnittlich groß, schön gebaut und in seinem Benehmen leise. Er kommt überall gut an. Aber in ihm sitzt eine tiefe Angst. Sie nimmt akute Züge an, je nach den Ereignissen in seinem Leben. Ein Beispiel dafür ist sicher der dramatische Tod seines Vaters. Er bekommt danach akute Herzbeschwerden. Wenn er in dieser Zeit nicht in der Therapie gewesen wäre und mit diesen Beschwerden zu seinem Hausarzt gegangen wäre, hätte ihn dieser in die Klinik eingewiesen; somatische Befunde wären sicher vorhanden gewesen.

Er ist aber ernst und an der Frage *„Wer bin ich eigentlich?"* interessiert. In seinem Brief wiederholt er, dass er sich mit dieser oder jener Frage auseinandersetzen musste. Er verwendet in seinem Brief Begriffe, welche aus der Gurdjieff'schen Psychologie stammen. An den Seminaren hat er nicht teilgenommen und meines Wissens auch Gurdjieff nicht studiert. Die Begriffe – wacher Schlaf, Morgenkrankheit, Reibung, das Beobachten eigener Faulheit – dürften aus unseren Gesprächen stammen.

Der junge Adelige

Hier die Geschichte des jungen Mannes, welche für Herrn Engelmann wichtig war:

Ein junger Adeliger, als er volljährig wurde, ging zu seinem Vater und bat ihn, ihm ein gutes Pferd und etwas Geld zu geben; er wäre jetzt alt genug und möchte wissen, was der Sinn seines Lebens sei und was nun zu tun wäre. Er möchte in die Welt gehen und lernen, worum es im Leben geht. Der Vater meinte:

„Nichts lieber als das, mein Sohn."

Er bekommt ein schönes Pferd und Geld, verabschiedet sich von den Eltern und reitet neugierig und stolz aus der Burg hinaus, um das Leben zu erkunden. Es ist ein schöner Sommertag und der Junge genießt sein Leben und seine Freiheit. Er ist neugierig und freut sich darauf, was er sehen wird ... Plötzlich bleibt sein Pferd stehen. Dem jungen Mann kommt es vor, als sei er dabei aufgewacht. Er versucht zu verstehen, warum das Pferd nicht weitergehen will. Die Straße, auf der er reitet, wird unmittelbar vor ihm durch eine andere Straße gekreuzt, welche im geraden Winkel auf sie stößt. Er denkt sich, dass das Pferd nicht weiß, welchen von drei möglichen

Wegen es einschlagen soll. Und in diesem Augenblick ruft ihn die Stimme einer alten Frau:

„Mein Sohn, o mein Sohn!"

Er dreht sich um, schaut um sich, sieht aber niemanden. Und wiederum betrachtet er die Kreuzung. Die Stimme ruft von neuem:

„Mein Sohn, o mein Sohn!"

Auch diesmal kann er nicht entdecken, wer ihn ruft. Und dann beim sehr genauen Hinschauen merkt er, dass abseits am Rand des Straßengrabens eine alte Frau sitzt. Er reitet zu ihr hin und sagt:

„Ja, Mütterchen, du hast mich gerufen."

Das Mütterchen schaut ihn tief und genau an und sagt: *„Ja, mein Sohn, du bist zu dieser Kreuzung gekommen, und das Pferd weiß nicht, wohin es gehen soll, geradeaus, links oder rechts. Du hast doch die Zügel in der Hand ... Hör zu, mein Sohn, wenn du rechts reitest, wirst du auf dieser Straße dein Pferd verlieren. Dir wird nichts geschehen. Wenn du die linke Straße nimmst, auf der wirst du umkommen, deinem Pferd wird nichts passieren. Und wenn du gerade ausreitest, werden sowohl dein Pferd als auch du sterben."*

Nun schwieg der Junge eine Weile und schaute eindringlich die alte Frau an:

„So, also Mütterchen! Du gibst mir aber gute Aussichten auf meinem Weg mit."

„Ja, mein Sohn, das tue ich!"

Der junge Mann beugte leicht seinen Kopf zur alten Frau hin, zog die Zügel an und ritt geradeaus von dannen.

„In der Hauptsache gibt es nichts Besseres,

als warten zu müssen,

als es nicht gut zu haben,

als immer wieder erkennen zu dürfen,

wie ganz am Anfang man noch steht,

und wie einem immer nur noch eins vor allem ziemt:

lernen, sich öffnen, sich immer mehr öffnen."

Christian Morgenstern

Im dritten Jahr seiner Therapie bot ich ihm an, die Arbeit in der Gurdjieff'schen Gruppe kennenzulernen. Er blieb fünf Jahre in der Gruppe.

Seinen Brief kommentiere ich direkt im Text.

Lieber Herr Bošnjak,

gerne möchte ich auf Ihre Bitte und Ihr Angebot eingehen und mich der Zeit der Therapie und allem, was damit – auch heute noch – verbunden ist, zu erinnern suchen.

Es ist eine Vielzahl an und von Gedanken, Gefühlen und Empfindungen, die im Zusammenhang mit ihr, speziell mit Ihnen, in mir aufsteigen.

Hauptsächlich ist es wohl Dankbarkeit, dafür, dass wir uns begegnet sind, dann wieder fühle ich Traurigkeit, noch tiefer, Sehnsucht, ... Liebe ...?

Es ist nicht möglich, die Erfahrungen der Therapie von denen Stüchts zu trennen, sind sie doch untrennbar miteinander verbunden und bilden ein Ganzes, wenigstens wie ich es empfinde. (Stücht ist ein Dorf in Oberfranken, in der fränkischen Schweiz, wo wir einen Bauerhof mit einem großen Bauernhaus hatten und wo ich sowohl in der Praxis arbeitete als auch die Gurdjieff'schen Gruppen stattfanden. Der Dorfname wurde von allen grundsätzlich für das Leben und das Arbeiten in Seminaren in Stücht verwendet.)

Ohne die Therapie jedenfalls, hätte ich nie die Erfahrung der Arbeit (in der Gurdjieff'schen Gruppe) *gemacht und machen können und ihre Wirklichkeit erlebt und, dass es etwas Höheres im Leben gibt, der Mensch an sich, und ohne Anführungsstriche* (Gurdjieffs Bezeichnung für den wirklichen Menschen), *eine höhere Bestimmung im Leben hat, wenigstens aber haben kann. Der wirkliche Nutzen der Therapie scheint mir zutiefst mit dieser Frage, gerade dieses – mein ganz konkretes – Leben betreffend, zusammenzuhängen, und gewiss ist dies so!*

Gut, wenn ich also diesen Zwiespalt in mir erkenne, etwas, wovon ich, bevor wir uns trafen, nichts wusste, so ist dies, auch wenn es mit Bangigkeit und Ungewissheit – eine mögliche Zukunft und ein mögliches Schicksal betreffend – wahrgenommen wird, doch gewiss ein Nutzen insofern, als ich es selbst als etwas wie eine Gnade, wenigstens als etwas nicht ganz Selbstverständliches erachte.

Gewiss habe ich an der Arbeit mit Ihnen alles andere als Schaden getragen. Eine Bereicherung war und ist sie, die kein Geld der Welt je aufwiegen kann, und sehr gerne, denn sie ist es, was ich wirklich vermisse und worum es mir wirklich geht, und am „objektiv liebsten" auf der Welt möchte ich sie ehrlich wieder aufnehmen (diese Bereicherung, diesen Kontakt mit der Gruppe), *weshalb ich für Ihr Angebot* (eine Therapiestunde beziehungsweise ein Treffen mit mir) *sehr dankbar bin und ich wenigstens dieses gern wahrnehme.*

Besonders die körperlichen Prozesse, die durch das Atmen und die Bewegungen eingeleitet wurden, waren von Bedeutung und wirklich wertvoll und manchmal auch das Reden oder eine Ihrer Demonstrationen. (Manchmal spielte ich das Problem des Patienten vor: ein Hindernis weghaben zu wollen, die Wand zu drücken, oder mich mit dem Hindernis zu versöhnen und mich an die Wand anzulehnen.)

So vermochten Sie es, immer wieder gute Gleichnisse zu geben, aufzustoßen, zu beruhigen, und was ich am höchsten, im Ganzen, wenn ich zurückblicke, immer an Ihnen geschätzt habe, war und ist die Wahrheit und Echtheit in allem, was Sie sagten und taten. (Die Menschen, wie Baldi, erlebten in ihrer Kindheit oft ein Familienleben, in dem die „doppelte Botschaft" die Atmosphäre beherrschte. / siehe S. 25. So betont er meine Echtheit. Diese tut ihm gut.)

Wie oft haben sie mich, gerade zu Beginn, mit meiner Faulheit konfrontiert?

Auch ihr Hinweis, etwas einfach sein lassen zu können – Sie nahmen damals das Beispiel des Gegen-die-Wand-Drückens –, ist mir oft in Erinnerung gekommen. Dann das Beispiel mit dem Stock ... Wer die eine Seite nimmt, der nimmt auch gleichzeitig die andere.

Insgesamt ist es sehr vieles, an was ich mich in regelmäßigen Abständen erinnere, das Gleichnis mit den Brunnen in der Wüste, die voneinander trinken wollen, die Geschichte von dem Weisen, der den Jünger unter Wasser drückt (Der junge Mann kommt zu einem weisen Lehrer und bittet, dass er ihn lehrt, was Wahrheit ist. Der Lehrer geht zum nahen Fluss und gibt dem Jungen das Zeichen mitzukommen. Am Fluss angekommen, packt er den Jungen am Genick und drückt seinen Kopf unter das Wasser. Nach einer Weile bäumt sich der Junge mit ganzer Kraft auf, hebt den Kopf aus dem Wasser und schnappt nach Luft. Der Lehrer beobachtet den Jungen und fragt: „Als ich deinen Kopf unter das Wasser hielt, wonach hast du dich am meisten gesehnt?" Der Junge, noch immer nach der Luft schnappend, sagt: „Nach Luft!" Der Lehrer: „Wenn du dich so nach Wahrheit sehnen wirst, komme dann zu mir!"), *und auch vieles aus der Stüchter Zeit an Erzählungen, Begebenheiten, Gleichnissen und Stimmungen.*

Hier ist der „Geschmack" und das Gefühl des Wirklichen und sozusagen Essentiellen manchmal so als eine Art Einsicht da.

Nun, mit Worten ist dies etwas schwer zu beschreiben.

Zwar sind auch heute in meinem Kopf oft noch unverhältsmäßig viele Gedanken unterwegs, doch kann ich heute sehen, dass die Arbeit am Kopf etwas sehr Schönes war und wertvoll ist. Das Drücken auf die Augen empfand ich damals oft als unangenehm, aber dies war eindeutig gut und nützlich.

So auch manchmal ihre „indiskreten Fragen", die mich doch immer wieder auf meine Schwächen und das Wirkliche hinstießen.

Auch die Einsicht, dass im Körper selbst sehr viel Wissen und Weisheit steckt, viel mehr als im begrenzten Kopfverstand und Denken, wenigstens die Ahnung einer tieferen solchen Weisheit und eines wirklicheren Wissens verdanke ich zuerst oder bestimmt wesentlich der Arbeit und all jenen, die mit ihr in Verbindung stehen, so viel Ihnen und der Therapie und Ihren Vorgängern (Also meinen Lehrern).

Damals, vor allem auch in Stücht, habe ich mich über manche Ihrer Verhaltensweisen brüskiert, im Lauf der Zeit erkannte ich aber, dass mein Urteil in solchen Fällen immer voreingenommen war, Ihr Tun hingegen das ist und beinhaltet, was echte Arbeit ist.

Also, ich kam oft zu wirklichen Einsichten diesbezüglich.

Deshalb kann von Schwierigkeiten mit Ihnen keine Rede sein.

Vielmehr, in einer Zeit und Situation der Not, kommt ein Brief von Ihnen, was kann ich da anderes tun, als Dankbarkeit empfinden?

Während der Therapie gibt es nichts, woran ich mich erin-
nern kann, was mich verletzt hat im Zusammenhang mit Ihrem
Verhalten.

In Stücht gab es Situationen, die sehr arg waren und über
die ich heftig emotional, dann mit einer Zigarette mehr als
sonst, dann entrüstet oder sogar brüskiert reagierte.

Selbstverständlich waren natürlich auch die notwendig,
weshalb ich auch hierüber nichts aussetzen will, habe ich doch
Ihre Aussage, die Sie während einer Sitzung machten, als wahr
erkannt:

Dass Ihr Verhalten mir gegenüber makellos ist.

Die Schwierigkeiten lagen in allem immer bei mir.

Wenn ich jetzt und heute an die Zeit mit Ihnen zurückdenke,
kommt – wie bereits am Anfang geschrieben – beides: Dank-
barkeit und Wehmut, Traurigkeit, Schmerz.

Ich freue mich, wenn wir trotz aller derzeitigen Schwierig-
keiten, Ängste und Besorgnisse, die es gerade in meinem Leben
gibt, eine Möglichkeit des Arbeitens finden. (Baldi verwendet
oft in seinem Brief den Begriff „Arbeit". In etlichen spirituellen Systemen wird die Anstrengung, aufmerksam zu sein,
nicht zu reagieren, Geduld zu üben, die eigene Negativität
nicht im Leben die Oberhand gewinnen zu lassen, Impulse
grundsätzlich nicht zu befolgen, innezuhalten, Faulheit entgegenzuwirken, Großzügigkeit zu üben …, als „Arbeit" bezeich-
net oder auch als „Werk" …

Einem Menschen, der in der wirklichen Arbeit ist, zu begegnen, ist eine Wohltat für einen selbst. Von so einem Menschen fühlt man sich angezogen, schon in seiner Nähe fühlt
man sich wohl …)

In der Zeit mit Ihnen habe ich am meisten gelernt in „meinem" Leben (das heißt in mir zu suchen).

Augenblicklich ist alles beinahe unerträglich unbestimmt und vage. (So fühlt sich Baldi in der Zeit in seinem Leben, in der er mir das schreibt.)

Jetzt erinnere ich mich auch wieder, was Sie einmal in einer Sitzung sagten und was ich damals nicht verstand, worüber ich mich sogar ebenso brüskierte, wie das mir von <u>mir</u>! sagen können: „Sie müssen sich vor sich selber anfangen zu schämen." (Die Erfahrung, wie dumm es war, was und wie ich etwas getan habe, wie übertrieben meine Behauptungen ..., erzeugt Scham vor mir selbst ... Dieses Schamgefühl ist mit der Energie geladen, die eine tiefere Veränderung in mir bewirkt. Darüber redet Baldi.)

Ging es dann weiter: „Dann kann sich etwas verändern"? Ich glaube, ja.

Diese Scham jedenfalls empfinde ich gerade, alles, was Beziehung, Arbeit und die ganze Situation – am meisten mich selbst – betrifft.

So, wie ich jetzt bin, bin ich unzufrieden, und wenn sich in „meinem" Leben etwas verändern kann – denn alleine sehe ich kaum niemanden etwas tun, ohne dass ich das als sicher empfinde –, bin ich wahrhaft dankbar, und es ist auch meine einzig objektive Hoffnung, noch ...

Ich habe eine sehr liebenswerte Frau jüngst – vor etwa 2½ Monaten – kennengelernt. Sie hat zwei Kinder und ist gerade dabei, sich von ihrem Mann zu trennen.

Ich habe ihr den Vorschlag gemacht, nach Stücht zu gehen – mit mir oder ohne mich –, und ihr die Telefonnummer gege-

ben, nicht zuletzt deswegen, weil ich gern mit ihr leben und arbeiten will.

Ob das nun klappt oder nicht, wer weiß. Jedenfalls ist die Arbeit mir ein großes Anliegen, und weil ich den fruchtbaren Boden in Stücht kenne, dachte ich einfach, es sei gut, dies zu tun. (Baldi ist einer Frau begegnet, die gerade in der Trennung von ihrem Mann ist, und Baldi beginnt eine Freundschaft mit ihr. Er wünscht sich, dass sie auch Kontakt zu Stücht findet.)

Rita (die Mutter einer gemeinsamen Tochter) *ist auch gerade hier mit der kleinen Dorothe. Vielleicht mag sie ja auf ein Angebot von Ihnen doch noch zurückkommen.*

Ich werde sie heute mal darauf ansprechen. (Rita war zweimal bei mir. Sie tat sich sehr schwer mit Baldi.)

Vielleicht wollen Sie mich ja einmal anrufen, wann sie das gelesen haben, dann können wir schauen, was möglich ist.

Ich bin gerade bei meinen Eltern, im Ausland steht etwas in Aussicht, doch vielleicht kann ich auch etwas anderes arbeiten, als in meinem bisherigen Berufsfeld. Ich freue mich in jedem Fall, wenn ich von Ihnen höre und wir uns sehen können.

In aufrichtigen Grüßen von Herzen,

Ihr Baldi Greimann

Baldis Mutter rief mich an, um mir über ihre Schwierigkeiten mit dem Sohn zu klagen. Von meiner Arbeit hat sie durch eine Freundin erfahren, deren Mann bei mir in der Therapie war. Zuerst bot ich ihr an, selbst zu mir zu kommen. Das lehnte sie kategorisch ab. Ich sagte, dass mich der Junge selbst anrufen und einen Termin mit mir ausmachen soll. Eine Woche lang ruft er nicht an. Der Anruf, den ich dann bekomme, ist von einem Mädchen aus seiner WG, die für ihn einen Termin vereinbaren will. Das lehne ich auch ab. Aber ich frage sie, ob sie mir ein bisschen über die WG erzählen mag. Sie lacht und tut es dann. Meine Erfahrung aus Drogenberatungen kommt mir bei alldem sehr zugute.

Und endlich ruft er mich selbst an und kommt in die Praxis. Er hat vor eineinhalb Jahren das Abitur gemacht. Seitdem macht er nichts mehr. Er lebt in verschiedenen WGs.

Zuerst bemühe ich mich, dass er, und zwar sofort, jobbt und aus dieser WG auszieht. *„Wie oft haben Sie mich, gerade zu Beginn, mit meiner Faulheit konfrontiert?"*, schreibt er in seinem Brief. Baldis Probleme sind vielschichtig, und sie sitzen tief in ihm. Er gibt an, dass er wegen Depressionen, sozialen Ängsten, Antriebslosigkeit in die Therapie kommt und dass er bereits in einer psychosomatischen Klinik war. Die Mutter und der Sohn verstehen sich nicht; seine Beziehung zum Vater ist besser. Er hat noch eine Schwester. Ich muss an Richters Buch „Patient Familie" denken.

Baldi kommt in seinem therapeutischen Prozess langsam voran. Er denkt nach, hat luzide Fragen, mag diskutieren, und ich muss aufpassen, dass wir Körpertherapie machen. Nach der Beobachtung und Überlegung biete ich ihm an, dass er am großen Gurdjieff-Seminar teilnimmt. Die Berührung mit tieferen Fragen unseres Daseins spricht ihn an. Das ist oft der Fall bei Leuten, die ein Schicksal haben, wie er. Sie bewegen sich am Rande dessen, was wir in unserem Kulturraum als „normal" verstehen. Für landläufige Psychotherapie sind sie keine ambulanten Patienten. Sie werden in der Regel von einem Psychiater mit Psychopharmaka behandelt. Ich erlebe und sehe das anders. Baldi mag ich, und von der Welt in der er

„surft", fürchte ich mich nicht. Oft müssen die Dinge wieder richtig auf den Boden gestellt werden. Und er nimmt das von mir an.

Er sieht gut aus, und anscheinend beeindruckt er junge – und noch immer junge – Frauen. Langsam gibt es Kinder, deren Vater er ist. Darüber erzählt auch sein Brief. Die Beziehungen sind kurzfristig und kompliziert. Dreimal während dieser Jahre kommt er mit damaligen Freundinnen zu mir. Es kam immer wieder vor, dass Baldi verschwand. Manchmal rief jemand an und fragte, ob ich weiß, wo er ist ... Und dann stand er plötzlich vor meiner Tür.

Was er über mich in seinem Brief schreibt, ist selbstverständlich übertrieben. Wahr ist, dass ich ihn mag und grundsätzlich auf seiner Seite stehe. Ich bin froh und überrascht, dass er während seiner Wanderungen versteht, nicht so aufzufallen, dass ihn irgendwer irgendwohin bringt, wo er nicht hingehört, wie ich das verstehe, und dass er selbst keine schulmedizinische Hilfe – soviel ich weiß – in Anspruch nahm und nimmt.

Während der letzten Jahre war ich selten in Stücht. Es geschah dennoch manchmal, dass er gerade in der Zeit, in der ich dort war, vor meiner Tür stand.

Warum schreibe ich so breit über Baldi?

Ich bin der Überzeugung, dass er und Mitmenschen wie er in unserer Gesellschaft genug Platz haben und dass wir sie als selbstverständlich unter uns sehen sollen. Sie bereichern uns. Diejenigen, die in maßgeschneiderten, steifen und gestreiften Anzügen herumlaufen, sind sowieso bei weitem in der Überzahl und geben in dieser unseren Welt den Ton an. Und wie klingt dieser Ton?

„Wie wir wissen,

werden die psychiatrischen Ärzte nervenkrank,

aber nicht verrückt.

Aus Unwissenheit über ihr Lebensthema

werden diese Leute

schließlich und endlich immer nervenkrank,

aber niemals verrückt.

Aus der Unfähigkeit heraus, sagt Oehler,

und im Grunde durch ihre fortwährende

jahrzehntelange Inkompetenz.“

Thomas Bernhard

Die Zagermanns

Die Eltern, Waltraud und Walter Zagermann, suchten mich mit ihrem 15-jährigen Sohn Robert wegen seiner Magersucht auf.

Die Eltern bitte ich, im Wartezimmer zu bleiben, und den Jungen bitte ich, mitzukommen. Robert sitzt mir gegenüber, schaut weg und schweigt eisern. Nach einer langen Pause frage ich, wie es ihm geht. Worauf er die Schulter hochhebt und fallen lässt. Wiederum eine Pause. Nun stelle ich die Frage, warum er zu mir gekommen ist. Er sagt leise, weil ihn die Eltern zu mir gebracht haben. Er von sich aus würde nicht kommen, frage ich. Er schüttelt den Kopf. Wir schweigen weiter. Ich möchte seine Eltern reinholen, um zu hören, was sie sagen, sage ich. Wiederum gibt Robert mit dem Kopf das „Ja"-Zeichen.

Die Mutter, welche gut aussehen würde, wenn sie nicht so in sich zusammengesunken wäre, zeigt kaum eine Regung, der Vater ist ersichtlich nervös und ungeduldig. Als wir alle vier in meinem Arbeitsraum sind, sage ich, dass ich bis jetzt nicht richtig verstehe, warum sie zu mir gekommen sind. Robert hat gesagt, weil ihn die Eltern zu mir gebracht haben. Nun frage ich die Eltern, warum sie ihn gebracht haben. Die Mutter und der Sohn sind in sich versunken und schweigen; der Vater ist angespannt, unruhig, wippt kräftig mit dem rechten Bein. Er sagt, Robert isst nicht, schweigt, ist apathisch ... Am Körper des Jungen sehe ich seinen Ärger, als er das hört. Ich frage die Mutter, wie es ihr geht, was sie jetzt gerade fühlt. Sie hat Angst. Fast immer hat sie Angst, antwortet sie.

Die ganze Geschichte dauert über zwei Stunden. Wir kommen nicht voran. So sage ich: *„Wir können so, wie wir jetzt zusammen gekommen sind, nichts machen, und wir müssen es so belassen und hier unser Gespräch abbrechen."*

Sie mögen sich, jeder für sich, überlegen, worum es ihnen in ihrem Leben überhaupt geht, was sie plagt, ob sie empfinden, dass in ihrem Leben etwas schiefläuft ... Vielleicht finden sie in ihrer Gegend einen Therapeuten oder eine Therapeutin, welche ihnen helfen könnte. (Sie müssen zu mir gute 76 km Bundesstraßen in einer Richtung fahren.) Wenn sie nach einer Weile doch glauben, dass sie mit mir arbeiten möchten, dann bitte ich, nur einzeln und jeder für sich möge einen Termin vereinbaren. So verabschieden wir uns etwas unbehaglich. Ich bin danach nicht darauf erpicht, dass sie mich als Therapeuten wählen.

Die Geschichte dieser Menschen geht mir den ganzen Abend nach. Es ist klar, wo der Hase im Pfeffer liegt. Der Vater tut sich sehr schwer, auch wenn er das im Augenblick nicht sehen kann.

Fünf Wochen später ruft die Mutter an.

Frau Waltraud Zagermann ist 40½ Jahre alt,
als sie ihre Therapie beginnt.
Sie kommt 5½ Jahre regelmäßig
und hat in diesen Jahren 178 Sitzungen.

Lieber Herr Bošnjak,

Sie kennen Ihre Patienten gut, auch ich habe es vor mir her-geschoben, weil ich wusste, dass ich mich dann mit mir beschäftigen muss.

Ich werde weiterhin so arbeiten, nach dem Sprichwort „Kommt Zeit, kommt Rat".

Das aktuellste Problem ist meine Nase. Die Nasenpolypen sind in der Zwischenzeit so groß geworden, dass ich selbst bereit bin, einer Operation zuzustimmen, am kommenden Dienstag ist der Arztbesuch vorgesehen. Im letzten Sommer war ich schon einmal so weit, nachdem der Arzt mich über die Operation aufgeklärt hatte, bin ich wieder gegangen. Hatte aber das ganze Jahr über Schwierigkeiten damit, sodass mein Mann neben mir nicht einschlafen kann wegen dem Atmen.

Jetzt bin ich bei der Frage nach der Therapie.

Ich für mich selber habe mitbekommen, dass der „Sex" mir in den meisten Fällen Spaß macht. Dass ich gelassen sein kann und trotzdem mir nicht ständig Sorgen machen muss und trotzdem kein schlechtes Gewissen bekomme.

Weiterhin habe ich aber Schwierigkeiten, mich zu entscheiden, weil ich es immer noch allen Leuten recht machen will.

Stellen Sie sich vor, ich kann in der Zwischenzeit entscheiden, beziehungsweise wählen, an welcher Schule ich unterrichten will. Und dennoch geben sie mir nur Jahresverträge. Im letzten Jahr wurde mir die Abschlussklasse angeboten, da habe ich natürlich sofort zugegriffen. War allerdings auch ein sehr anstrengendes Jahr, weil der persönliche Ehrgeiz stark mitgespielt hat, dass diese Klasse besser abschneiden soll in der Prüfung, wie an den anderen Schulen, und dies ist sogar so gewesen. Bei diesem Beispiel ist die Frage „War die Therapie für Ihr Leben von Nutzen?" wieder in den Vordergrund gerückt. Beantworte ich mit einem klaren „Ja". Ich bin nicht mehr so ängstlich. Ich bin aber auch nicht das Gegenteil geworden.

Ich schaue weiterhin meinem Mann beim Schwimmen im See zu und gehe nicht rein. Totale Angst, mich ins Wasser zu begeben, ohne festen Untergrund unter den Füßen zu haben.

Schaden habe ich keinen durch die Therapie bekommen.

Für mich war das Atmen am hilfreichsten. Vor dem Reden wollte ich mich immer wieder drücken. Ich war immer selbst überrascht, welche Bewegung mein Körper nach dem Atmen machte.

Was hat mich an Ihnen gestört? Bei manchen Anlässen in unseren Gesprächen hatte ich das Gefühl, ein kleines Kind zu sein. Das „schlechte Gewissen" kommt bei mir ab und zu hoch, und ich merke dann, dass ich dann nur meine Meinung als Antwort sagen müsste, habe aber oft die richtigen Wörter nicht im Kopf und bleib dann ruhig und mache mir lieber ein schlechtes Gewissen.

Das Wichtigste für mich war, dass ich mein Sexualleben beherrscht habe, dass ich mit mir zufriedener geworden bin. Was ich aber immer noch nicht kann, Wünsche zu äußern bzw. auch zu wissen, welchen Wunsch habe ich denn überhaupt. Wir ha-

ben in diesem Sommer keinen Urlaub geplant, u.a., weil ich nicht sagen kann, ich habe diesen Wunsch, einmal dorthin zu gehen, um ein Beispiel zu nennen.

Weiterhin ziehe ich mich gern in mein Schneckenhaus zurück, muss ja nicht von Nachteil sein.

Und warum nicht wieder einmal nach Stücht fahren? Wäre bestimmt für einen selber wieder einmal nach langer Zeit ein tolles Gefühl, in sich seinen Körper wirklich zu fühlen und zu beobachten, was er macht.

Vielen Dank für Ihr Angebot, ich werde mich bei Ihnen melden.

Viele herzliche Grüße,

Ihre Waltraud Zagermann.

Zuerst: Ein wunderbarer Brief, unmittelbar, einfach, wahr!

Als Frau Zagermann sich entschloss, die Therapie zu machen, und allein bei mir erscheint, erlebe ich sie anders – schöner, gelassener, und sie erzählt. Sie ist fast 20 Jahre verheiratet, auch ein knappes Jahr älter als ihr Mann, und diese ganzen Jahre hatte sie nie am Sex Freude gehabt. Sie hat drei Kinder geboren. Das Eheleben ist mit ihrer Lustlosigkeit belastet. Ihr Mann mag Sex und möchte, dass sie es auch mag und genießt. Auffällig ist für mich, dass sie über ihren Mann nicht klagt, sondern sich als Versagerin erlebt.

Sie fährt mit dem Zug in die Praxis nach Nürnberg, ihr Termin ist immer dienstags, und sie erlebt den Tag als ihren Tag. Es ist für mich erfreulich, ihr Aufwachen und ihr Aufblühen zu beobachten. Frei reden zu können, ihren eigenen Körper im Atmen und Bewegen zu empfinden, tut ihr einfach gut.

Auch wenn sie in ihrem Brief, den sie neun Jahre nach dem Anfang der Therapie schreibt, sagt, dass sie sich vor dem Reden drücken wollte, hat es etliche Stunden gegeben, wo sie sich ausgesprochen hat. Ihr Lehrer-Beruf ist ihr sehr wichtig, und sie ist eine gute Lehrerin. Über diese Seite ihres Lebens erzählt sie immer wieder ausführlich.

Robert ist extrem schweigsam geblieben. Er ist ein guter Schüler und dann Student. Die anderen Kinder entwickeln sich gut. Darüber wird auch gesprochen. Roberts Magersucht zeigte sich als kein Problem. Es war sein „Schrei" in der damaligen Familiensituation. Und bei Waltraud wächst die Freude am Liebesleben. Ihr Aussehen verändert sich.

Eine Bekannte Waltrauds, die auch in die Therapie kommt, äußert einmal fast Neid, dass Waltraud sich so verändert hat. Ob ich es merke, fragt sie. *„Ja, ich sehe, dass es ihr besser geht."* Nicht das, meinte sie, sondern, ob ich ihre Haarfarbe gesehen hätte. *„Ja, sie hatte schon immer schöne Haare ..."* *„Ach, nicht das"*, meint sie. *„Waltraud färbt jetzt ihre Haare diskret rot."* *„Ach, und?"*, sage ich. *„Ja, ich weiß nicht, was rote Haare bei Frauen bedeuten. Was denn?"*, sage ich. *„Die Frauen mit roten Haaren sind besonders drauf."* *„Ach so, wirklich?"* Ich schmunzle in mich hinein ...

Auffällig in der therapeutischen Arbeit mit Frau Zagermann sind ihre Körperbewegungen nach den Atemsequenzen. Ihr Körper übernahm die Führung und bewegte sich wie in einem choreographischen Tanz. Für mich war das sehr eindrucksvoll. Es brauchte auch lange Zeit, bis in ihren Körper wieder Ruhe zurückkehrte. Ich ließ es geschehen, ohne einen Kommentar. Weil ich das nicht kommentieren konnte.

Seit neun Jahren hörte ich nichts mehr von Waltraud Zagermann.

„Unsere äußeren Schicksale interessieren
die Menschen,
die inneren nur den Freund."
Heinrich von Kleist

Sechs Monate nach dem Therapieanfang von Waltraud Zagermann rief mich ihr Mann an und kam nun ebenfalls regelmäßig zu mir.

Lieber Herr Bošnjak,

ich habe mich sehr gefreut, als ich Ihren Brief aufmachte. „Der denkt noch an uns." Auch ich denk oft an Sie und erzähle oft von meinen Erfahrungen bei Ihnen. Diese Erfahrungen haben mich in der Lebensmitte sehr geprägt. Sie können sich erinnern, dass ich in dieser Zeit mit meinem Kommunikations-Job aufhörte. Durch die Therapie haben Sie mich von meinem „Verkäuferdenken" geholt und etwas an Demut gelehrt. Ob mir das gelingt, weiß ich nicht, aber auch dieses haben wir ja erörtert.

Als wir das erste Mal zu Ihnen fuhren, laut Frau E.H.B.: „... gleich hinter Bamberg", dachte ich, da gehst Du nie mehr hin. Daraus wurden dann auch für mich ein paar Jahre.

Am Anfang immer freitags nach der Arbeit. Atmen, entspannendes Massieren am Kopf und dann ein kurzer Schlaf. Das hielt schon etwas an und war ein schöner Start ins Wochenende. Später zusammen mit meiner Frau. Das Warten habe ich immer genutzt zum Lernen für meine Heilpraktikerausbildung. Mit dieser mache ich noch nichts. Vielleicht auch deshalb, weil ich weiß, dass ich die Ansprüche der Kunden/Patienten nie zufrieden stellen könnte. Unabhängig davon fehlt mir sicher auch die Zeit.

Ich mache die Presse- und Öffentlichkeitsarbeit für einen Wohltätigkeitsverband unseres Bezirkes. Ich halte noch verschiedentliche Seminare bei verschiedenen Einrichtungen, das benötigt viel Zeit zur Vorbereitung. Dazu kommt noch ein kleiner Lehrauftrag bei der Fachhochschule. Ehrenamtlich arbeite ich noch für die „Tafel" in der nächsten größeren Stadt. Zuhause versuche ich immer noch, für den Jüngsten nach der Schule ein Mittagessen zu bereiten. Er ist 17 und machte jetzt Mittlere Reife. Robert ist jetzt schon 6 Semester mit Kunstgeschichte und Regina (24 J.) lebt schon über zwei Jahre mit Freund in BW und arbeitet dort als Sozialpädagoge.

Wie geht es mir denn nun? Das war doch auch immer Ihre Frage! „Gut" reichte nicht. Ab und an hatte ich fast Angst vor dieser Frage. Sie schafften es jedoch, dass ich mehr darüber nachdachte und reflektierte. Das Ergebnis für mich: Es könnte mir noch besser gehen, ich sollte zufrieden sein. Warum lasse ich das nicht zu, warum stehe ich mir oft selbst im Wege rum?

Konkret zur Therapie mit Ihnen, Herr Bošnjak.

Ich habe gelernt, mit den Problemen ein bisschen gelassener umzugehen. Und in entscheidenden Situationen denke ich noch oft an Sie.

Was war hilfreich? Die Ausgewogenheit der Formen, Reden, Atmen, Bewegen und dann das „Fallenlassen" mit der Massage am Kopf.

Gestört und geärgert haben mich manchmal die Fragen, mit welchen Sie mich auf meinen Punkt brachten. „Streicheln" führt halt mal nicht weiter! Ich mache das in meinen Seminaren doch auch ähnlich.

Wie bin ich damit umgegangen? Als ich nachdachte, merkte ich schnell: „Der Bošnjak hat doch wieder recht."

Herr Bošnjak, ich schaue mit angenehmer Erinnerung auf die Zeit zurück, auch mit etwas Wehmut. Im Wissen, dass man/ich das eigentlich immer noch mal gebrauchen könnte.

Herr Bošnjak, ich bin sehr dankbar, dass ich Sie „zufällig" kennenlernte.

Ich wünsche Ihnen alles, alles Gute, vor allem Gesundheit als Basis für alles andere.

Ihr Walter Zagermann.

Das Erscheinungsbild von Herrn Zagermann ist das Gegenteil von dem seiner Frau. Er redet, zieht Aufmerksamkeit auf sich, weiß alles besser, und er stößt leicht an. Ein wichtiger Teil seiner therapeutischen Arbeit besteht darin, dass er einsieht, wie er auf seine Umwelt wirkt. Das ist in der Regel schmerzvoll, weil man „das nicht so gedacht hatte". Gleichzeitig ist er an seiner inneren Welt interessiert, und er arbeitet ernst mit.

Nach diesen Briefen hört der Kontakt zu Zagermanns auf.

„Es gibt kein schöneres Geräusch
als das Zähneknirschen eines Kumpels."
Gruscho Marx

An Sie, Herrn Bošnjak, den Begleiter in das mir Unverständliche meiner selbst.

Danke für die Möglichkeit, auf ein Bedürfnis Ihrerseits antworten zu können.

Ich las den Brief, den Sie mir am Nachmittag mitgaben, und um an meinem Schreibtisch diese Zeilen lesen zu können, musste ich meine Aufzeichnungen zur Seite schieben, die ich zwei Tage vorher machte, über meine Beeindruckung aus der Zeit von 1945-47 in Berlin. Ist es Zufall oder Synchronizität? Egal, für mich wars Erstaunen, von Ihren Erinnerungen von 1944 zu lesen.

Das reiht sich ein in die vielen Dinge, die ich sowohl in meinem Bücherschrank finde und in Ihrem Bücherregal, bis hin zum buddhistischen Lebensrat oder dem Labyrinth, welche in ihrer Praxis hängen. Dazu das Haus mit den alten Zimmertüren, das Zusammengeschusterte, Selbstgebaute mit möglichst wenig Kapital, die Lage des Hauses.

Also ziemlich vertraut war mir Ihr ganzes Umfeld, und ich hatte keinen Zweifel, dass ich das nutzen konnte, was Sie zu mir transportieren würden. Das ist nun im Laufe der 27 Atmereien eingetreten. Mit jedem Mal bin ich meinem Eingesperrt-Sein nähergekommen, meinem starren, bösen Etwas, der Trauer über das Unnütze, das daraus folgte, und der Freude, mich erlösen zu können.

Ihre Geduld, dazustehen, Ihre begleitenden Worte, die Technik der Atmereien und die Berührungen des Kopfes, die Musik, alles das war für mich genau das Richtige, mein findiges Hirn fallenzulassen.

Die Begrenztheit der Gespräche war wichtig für mich sowie das wortlose Verschwinden-Können.

Kristallworte waren für mich:

„…. Einatmen und Ausatmen …, das ist die ganze Wahrheit.

… die Cornelia ist jetzt ganz bei sich, einfach anwesend …

… nichts wollen, nichts sollen, nichts müssen …"

Thema Selbstmitleid … (Ihr theatralisches Gesicht und den Tonfall dazu habe ich heute noch im Ohr und warnt mich lachend, taucht es auf)

Thema Stolz … (ich schaue wohl etwas ungläubig) Sie vehement: „Ja, ja, wir sind stolz, sagen Sie nicht, Sie seien es nicht."

Es war wie ein Signal, und ich stolperte ständig über meinem Stolz.

Die christlichen Gleichnisse drangen wie auf ein wattiertes Gehirn in mich, unwirklich weit weg, obwohl ich sie alle kenne. Ich misstraue mir im Gehörten.

Am günstigsten fand ich die Sequenzen, einmal Bauch-, einmal Brustatmung im Wechsel. Die Kopfarbeit (nach der habe ich wirklich Sehnsucht von Zeit zu Zeit), ich meine Ihre Handarbeit, war mir sehr wichtig. Ich bekam Mitgefühl mit meinem armen, angestrengten Kopf, Vertrauen und Öffnung ins „große Ganze".

Manchmal waren Sie abwesend oder nicht zu verstehen oder nur schwach, da konnte ich meinen Perfektionswunsch und mein Ankommen-Wollen entdecken. Ihre „Fehler" trösteten mich.

Nutzen der Therapie: Selbstzweifel, endlose Suche und Wut haben sich sehr geschmälert.

Ich bejahe meine Lebensumstände, sie sind für mich wesentlich gestaltbarer geworden. Ich lebe leichter, freudiger, klüger und effektiver. Ich verspüre die Aussicht auf ein „gesegnetes Alter".

Mein Leben ist durch Ihr Sein bereichert, geordneter, wieder in den Spannbogen meines Kindseins gekommen.

Dank an Sie, das spürbare Wirken Ihrer Frau und alle Kräfte darüber hinaus.

Mögen auch Sie ein gesegnetes Alter erleben.

Ihre Cornelia Böhm

Eigentlich suchte mich Frau Böhm auf, weil sie an Gurdjieff'schen Ideen interessiert war und „meine Gurdjieff'sche Arbeit" sehen wollte. Bruno Martin, der Verleger, Autor und Übersetzer von Bennett und Gurdjieff, hat sie an mich verwiesen. Bruno und ich standen die letzten zwei Jahrzehnte des vorigen Jahrhunderts in freundschaftlichem Kontakt. Jetzt haben wir uns schon sehr lange aus den Augen verloren. Da ich die Gurdjieff'sche Arbeit nicht mehr machte und mich das beeindruckte, was mir Frau Böhm von ihrem Leben und ihrem Suchen erzählte, bot ich ihr an, ihr meine therapeutische Arbeit zu zeigen.

Sie ist fünf Jahre jünger als ich, ist Berlinerin und hat die Kriegs- und Nachkriegszeit in Berlin erlebt. Ihr Leben war ein ernstes Suchen und Hinterfragen, und sie hat etliches gewagt. Sie vergleicht unser altes Haus mit dem ihrigen. Der Schreibstil von Frau Böhm ist auffällig erhaben. Nachdem sie weg war, hatten wir noch sporadisch Kontakt, er hörte mit der Zeit auf. Den Sitzungen bei mir gab sie einen neuen Namen: „Atmerei".

„Lasse nie zu, dass du jemandem begegnest,
der nicht nach der Begegnung mit dir
glücklicher ist."
Mutter Theresa

Dass sich nach der und aus der Therapie mit einigen Männern, welche regelmäßig zu mir kamen, sehr schöne Freundschaften entwickelt hatten, habe ich bereits erwähnt. Der jüngste von ihnen, Reinhold Fuchs, ist im 40. Lebensjahr. Er suchte mich 27-jährig auf, weil er an der Gurdjieff'schen Arbeit interessiert war. 2003 war das letzte große Seminar, in dem ich diese Arbeit lehrte. So bot ich ihm an, die Reich'sche Vegetotherapie kennenzulernen. Das tat er und blieb mit Unterbrechungen viereinhalb Jahre dabei.

Reinhold ging in seiner Pubertät und einige Zeit danach durch all die Tiefen, durch welche junge Menschen in unserer Zeit gehen können: Alkohol, Drogen, Unfälle, Orientierungslosigkeit, Ängste, aber auch Mut und Wunsch, fast Drang, sich selbst kennenzulernen. In der Zeit seiner Diplomprüfungen hat ihm die therapeutische Arbeit besonders geholfen, seine Ängste und psychischen Spannungen in den Griff zu bekommen. All das hat uns verbunden. Jetzt ruft er mich an aus irgendeinem Land, wo er gerade ist.

Menschen, die authentisch aus der Reihe tanzen, was heißt, dass sie die Verantwortung dafür übernehmen, was sie machen, ohne stolz zu sein, sind mir immer sympathisch. Reinhold „sitzt" auch jeden Morgen eine Stunde, was ihm sehr hilft, den Kontakt zu sich selbst nicht zu verlieren.

Als er vor einigen Jahren in Berlin lebte, habe ich immer, wenn ich in Berlin war, bei ihm gewohnt. Oft gingen wir ins Kino zusammen. Wir machten unsere Spaziergänge manchmal auf dem Alexanderplatz oder auch sonst wo und schlenderten miteinander herum, schauten uns hauptsächlich junge Frauen an und kommentierten, wie sie aussehen, was sie haben oder eben nicht haben, wie sie gehen und wie sie angezogen sind ... Und einmal bin ich mir dieser lächerlichen Situation so bewusst geworden, dass ich stehen bleiben musste und sagte: *„Reinhold, ist das nicht lächerlich, ich, ein alter, und Sie, ein erwachsener Mann, benehmen uns wie zwei Pubertierende und reden nur über das Eine?! Und dazu war ich Ihr Therapeut."* Er schaute mich schnippisch an und sagte: *„Ja, sagen Sie, mit wem soll ich sonst über diese Dinge vernünftig reden, wenn nicht mit meinem Therapeuten?!"* Und wir beide lachten einfach und setzten frei unsere „wichtige" Beobachtung und Unterhaltung fort ...

„Der beste Weg, einen Freund zu haben, ist der, selbst einer zu sein."

Ralph Waldo Emerson

In Memoriam

Peter Hofmeister

Lieber Vladimir,

gestern habe ich auf dem Umweg Deinen Brief zugefaxt bekommen. In ihm bittest Du Deine ehemaligen Patienten sich darüber zu äußern, welche Bedeutung Dir und Deiner Arbeit in ihrem Leben zukommt. Ich beantworte diese Frage gerne und zwar gleich.

Ich stelle Folgendes in aller Klarheit fest: Du hast in meinem Leben eine überragende Bedeutung. Du hast mir die Möglichkeit gegeben, in dem schalldichten Therapieraum in der Elisabethstraße die Primärtherapie kennenzulernen. Das war für mich eine Art zweite Geburt, die Geburt meines eigentlichen „Ich", meines eigentlichen geistig-seelischen Wesens. Ich betrachte den Therapieraum als eine Art Uterus und Dich als meinen Geburtshelfer.

Die Primärtherapie ist meiner Ansicht nach die allein seligmachende Therapieform, ganz im Sinne Janovs, den ich persönlich kennengelernt habe und dem ich anlässlich eines Vortrags im Künstlerhaus in München sogar als Dolmetscher gedient habe. Ich meine allerdings, dass die Primärtherapie durch die Integration sekundärer Lebensfunktionen ergänzt werden muss. Es genügt nicht, richtig „fühlen" zu können, ein seelisch kranker Mensch muss auch lernen, richtig zu „denken" und richtig zu „handeln". Das Denken und das Handeln müssen in die Therapie integriert werden. Deshalb werde ich die Neo-

Primärtherapie, die ich – falls ich lange genug lebe – zu entwickeln beabsichtige, unter der Bezeichnung „Integrative Primärtherapie" oder vielleicht ganz einfach „Primal Integration" publizieren. Ich lege ein Schriftstück bei, das Dir einen Einblick in meine Entwicklungsarbeit gewährt.

Ich wünsche Dir und Deiner Familie alles Gute und verbleibe mit besten Grüßen!

Dein Peter

Lange habe ich überlegt, ob ich Peters Brief in das Buch hereinnehme – alles liegt nun 40 Jahre zurück, und ich muss ganz schön „ausholen", um dem jetzigen Leser das damalige Bild einigermaßen zu vermitteln. Auch wenn ich „herausholen" mag, wie ich schrieb, scheue ich mich jetzt davor. Als ich dann vor kurzem erfuhr, dass er gestorben ist, entschied ich mich doch, mit seinem Brief die Galerie meiner Patienten zu beschließen.

Peter, der ein Jahr jünger war als ich, suchte mich 1975 auf. In dem Jahr habe ich aufgehört, in der Drogenberatung zu arbeiten, um in meiner Privatpraxis weiter Therapie zu geben. In der Elisabethstraße in München, in Schwabing, mietete ich eine große Altbauwohnung, ließ das größte Zimmer darin schalldicht isolieren und fing mit der Primärtherapie an. 1974 war ich in den USA und wurde von Dr. Sydney Rose in dieser – damals ganz neuen – Therapie trainiert. Man kann sagen, dass die „Primal Therapy" die Welt „erobert" hatte. Etwas davon spürt man auch in Peters Brief.

Im Sommer 1976 brach ich meine Zelte in München ab und flog für längere Zeit nach Kalifornien. Vor Kalifornien war ich zwei Monate in Poona, was ich bereits erwähnte. Die Praxis und die Wohnung in München überließ ich den Patienten, und Peter Hofmeister übernahm die Hauptverantwortung dafür. Die therapeutische Betreuung meiner Patienten vertraute ich zwei Kollegen an: Dr. Henning von der Osten und der Psychologin Ingrid Hering. Sie kamen in die Elisabethstraße und trafen sich dort mit der Gruppe. Sie beide haben diese Welt schon verlassen.

Als ich von Los Angeles zurückkam, hatte ich noch eine Weile Kontakt zu Peter Hofmeister. Dann, vor allem, nachdem er nach Augsburg versetzt wurde, haben wir uns aus den Augen verloren. Im Februar 2014 führt mich der Weg nach Augsburg, und bei der Gelegenheit wollte ich ihn besuchen. Als ich im Internet nach ihm suchte, kam als Information: „In Memoriam Peter Hofmeister, Realschulrektor". Ich war überrascht und betroffen – wie selbstverständlich ich und wir alle vergessen, dass der Tod, wie Don Juan es sagte und Herr Wachner in seinem Brief schrieb, ständig auf unserer linken Seite um eine Armeslänge hinter uns steht und jeden Augenblick die Hand ausstrecken und auf unsere linke Schulter klopfen kann. Eigentlich sollten wir täglich üben, uns daran zu erinnern.

Peter, gerne denke ich an unsere gemeinsame Zeit in der Elisabethstraße.

„Alte Bekanntschaften und Freundschaften
haben vor neuen hauptsächlich das voraus,
dass man sich einander schon viel verziehen hat."
Johann Wolfgang von Goethe

Praxis & Selbstpraxis

„Orgonon"

Zuerst: Was bedeutet der Name „Vegetotherapie"?

Reich war der jüngste Psychoanalytiker seiner Zeit. Bereits als Student 1920 war er Mitglied der Internationalen Psychoanalytischen Vereinigung und durfte psychoanalytische Therapie durchführen. 1922, gerade fertig mit dem Medizinstudium, war er der erste klinische Assistent an der von Freud neu gegründeten „psychoanalytischen Poliklinik".

An dem Ausbildungsinstitut für Psychoanalytiker war er von 1924 bis 1930 der Direktor. Er gehörte als junger Arzt der Elite der Mediziner an, die Freud´sche Psychoanalyse zum Mittelpunkt ihres Interesses machten. Freud hatte wohl gehofft, dass er sein Nachfolger werden würde. Aber Reich vermisste aufgrund seiner Beobachtung und Intuition den Körper des Patienten in der analytischen Behandlung. Seinem Verständnis nach sind Soma und Psyche im Menschen eine unzertrennliche Einheit.

Die Details der Vegetotherapie wurden während seines Asyls in Oslo 1935 erarbeitet. Das hat sehr schön Ilse Ollendorf, Reichs dritte Frau, in ihrer Reich-Biographie beschrieben. Zuerst verwarfen Reich und seine Mitarbeiter – das waren seine Kollegen und Studenten – ein zentrales Tabu der Psychoanalyse, niemals einen Patienten anzufassen. Sie fassten den Patienten an, drückten und arbeiteten an zusammengezogenen Muskeln, gaben Anweisungen, wie geatmet werden soll ... Die Vegetotherapie greift aktiv in die körperlichen Prozesse ein.

Im Laufe der Jahre habe ich gelernt, dass es weder notwendig noch gut in der therapeutischen Arbeit ist, den Patienten Schmerzen zuzufügen. Manchmal aber doch! Wenn ein junger Therapeut begriffen hat, worum es *tatsächlich* in der Therapie geht, nämlich die angestaute, „vereiste" Lebensenergie, hauptsächlich in den Muskeln, aber auch im Körper allgemein, wieder zum Fließen zu bringen, dann entwickelt er selbst – bei jedem Patienten individuell – die Atmungsform, die Bewegungen und die Laute, welche ihm als notwendig beziehungsweise angebracht erscheinen, um dieses Fließen anzuregen.

Den ursprünglichen Namen der „Vegetotherapie" veränderte Reich später in „Orgontherapie". Er liebte Abkürzungen und ungewöhnliche Namen. So nannte er das große Stück Land, das er im Bundesstaat Maine im Ort Rangeley kaufte, „Orgonon". Seitdem wurde seine ganze Arbeit so genannt.

Wir haben ein autonomes psychovegetatives Nervensystem. Es hat zwei Funktionen und zwei Namen: Parasympathikus und Sympathikus. Parasympathikus ist zuständig für die Steuerung der inneren Organe und des Blutkreislaufes. Wenn wir im normalen, ruhigen Zustand sind, laufen in unserem Körper etliche Prozesse des Stoffwechsels ab. Was wir gegessen haben, wird in physiologische Grundstoffe abgebaut, das nennt man Katabolismus, und diese werden wieder in den Körper eingebaut, das nennt man Anabolismus. Dafür ist Verbrennung notwendig, sie erzeugt Wärme im Körper, wofür Sauerstoff nötig ist. Ohne Sauerstoff gibt es kein Leben. Durch unser Atmen kommt der Sauerstoff in unseren Organismus.

Die Reserven, die für den Lebensprozess notwendig sind, werden in unseren Körper eingebaut. Deshalb hat das intensive Atmen diese Bedeutung in der Vegetotherapie. Um alle diese Lebensprozesse kümmert sich der Parasympathikus. Der Sympathikus übernimmt automatisch die Regie, wenn irgendwelche Gefahr auftaucht, bereits dann, wenn uns jemand erschreckt. Er bereitet uns auf die Gefahr vor, die automatisch in uns Angst erzeugt, um zu reagieren. Allerdings haben wir in dieser Situation nicht viele Möglichkeiten: angreifen, kämpfen oder davonlaufen.

Dabei verändern sich etliche Lebensprozesse in unserem Körper: die Herzschläge beschleunigen sich, das Atmen wird schneller, der Blutdruck steigt, die Leber schüttet Blutreserven in die Blutbahn aus, die Pupillen erweitern sich. Schweißdrüsen reagieren, Schweiß bricht aus. Die Nebennierenrinde schüttet Noradrenalin und Adrenalin aus, die Hormone, welche die Alarmbereitschaft intensivieren und verlängern. Außerdem ist der Sympathikus für unsere erotisch-sexuelle Erregung zuständig: für Orgasmus und für Samenerguss.

Das autonome psychovegetative Nervensystem verbindet körperliche, biochemische Vorgänge in uns mit den psychischen. Deshalb gab man dieser Behandlung ursprünglich den Namen Vegetotherapie. Ich blieb bei dieser Bezeichnung, weil ich sie treffend finde.

Während der langen Zeit unserer Evolution hatte der Sympathikus für unser Überleben eine zentrale Bedeutung. In der Tierwelt ist es weiterhin so. Wir Menschen haben in der

letzten Zeit unserer Geschichte eine permanente, undefinier-
bare Angst entwickelt. Das ist möglich zu beobachten. Wir
verwenden dafür irgendwelche verklausulierten Namen:
psychovegetative Dystonie, Stress, innere Unruhe ... Wir sind
nicht direkt von außen her bedroht, empfinden aber Angst.
Man kann diese Entwicklung nicht genug beobachten und
darüber nachdenken.

Der Behandler

„I have been summoned to explore a desert area of man's heart in which explanations no longer suffice. An arid rocky dark land of the soul, sometimes illuminated by strange fires which men fear and peopled by specters which men studiously avoid except in their nightmares. And in this area I have learned that one cannot truly know hope unless he has found out how like despair hope is." – „Ich bin berufen worden, um die Wüstengegend des Menschenherzens zu erforschen, in welcher Erklärungen nicht mehr genügen. Es ist ein trockenes, felsiges, dunkles Land der Seele, manchmal beleuchtet von einem merkwürdigen Feuerstrahl, welcher die Menschen erschreckt, und besiedelt mit Gespenstern, die Menschen sorgfältig meiden, nur in ihren Alpträumen nicht. Und in dieser Gegend habe ich gelernt, dass jemand die Hoffnung nicht wirklich kennen kann, sei es, dass er entdeckt hat, wie sie der Verzweiflung gleich ist."

Diese Zeilen von Thomas Merton habe ich am 29. März 1977 in Los Angeles von irgendwo abgeschrieben. Ich verstand, wovon Merton redet. Beim Übersetzen des Textes habe ich mich so fest an das Original gehalten, wie ein Besoffener an den Zaun. Damals und später wusste ich, dass das menschliche Herz und die menschliche Seele, diese dunkle trockene Karst-Gegend, am besten in mir selbst für mich erforschbar sind. Das menschliche Innere allerdings, ist nicht nur diese Karst-Gegend. In ihm gibt es auch saftige Blumenwiesen. Ich bin fasziniert davon, was sich in meinem Inneren abspielt, angefangen damit, dass es mich überhaupt gibt und dass ich es weiß oder zumindest wissen kann. Ein größeres Wunder kann ich gar nicht denken.

Immer wieder bin ich überrascht, dass – wie ich glaube zu beobachten – meinen Mitmenschen das gar nicht auffällt. Wenn wir uns dessen bewusst wären, dass es uns für eine kurze Weile auf dieser Erde einfach gibt, könnten wir unser Leben nicht so gestalten, wie wir es tun. Und mein Beruf lieferte mir ständig das Material in Überfülle, die Abgründe, die Widersprüche und auch das Edle in unserem Inneren zu beobachten und zu studieren. Dann kam dazu die Einsicht von Reich, dass unser Körper nicht lügen kann. Für eine kurze Zeit schon. Wenn allerdings die Absicht und die Aufmerksamkeit nachlassen, stellt sich der normale, tatsächliche Zustand sehr bald wieder ein.

Leidenschaftlich liebe ich es, überall meine Mitmenschen zu beobachten: wie sie gehen, wie sie reden, wie sie einem die Hand geben, was ihre Augen, ihr Blick und ihr Gesicht sagen, was ihr Körperbau und ihre Körperhaltung ausdrücken. Das, was unser Körper ausdrückt und was und wie wir mit unserem Mund etwas sagen, ist ein unerschöpfliches Studienfeld für doppelte Botschaften.

Es war der Frühsommer 1972, als ich das erste Mal LSD genommen hatte. Ich arbeitete bereits in der neu gegründeten Münchener Drogenberatungsstelle, wusste aber über Drogenwirkung nichts. Mein „Schutzengel" auf dieser „Reise" war ein Amerikaner, Eric Elbot, auch ein bemerkenswerter Mensch, dem ich durch das Erwähnen seines Namens dauerhafte Liebe bezeugen möchte. Ob er noch lebt? Und wenn ja, wo? Nach der unmittelbaren intensiven Wirkungsphase, während der wir im Haus waren, hat er mich auf die Straßen geführt. Ich konnte meinen Blick von den Füßen und den Beinen der Menschen, welche vor uns gingen, nicht lösen. Jeder einzelne Mensch ging anders. Jeder hatte seinen ganz charakteristisch ausgeprägten Gang – und die Unterschiede waren gewaltig. Ich erinnere mich, dass ich mich überrascht fragte: *„Wieso habe ich das bis jetzt nie gesehen?"*

Vier Jahre später habe ich diese Dinge systematisch studiert. Selbstverständlich trifft das auch für mich zu. Da habe ich gelernt, mich selbst zu ertappen, im Vorbeigehen an einem langen Schaufenster verstohlen mich selbst, meine Körperhaltung, meinen Schritt, evtl. den Gesichtsausdruck wahrzunehmen. Die Kommentare, die dabei oder danach in mir aufkommen, lasse ich außer Acht. Die „Blitzaufnahmen", wie Gurdjieff es nannte, beschenkten mich im Laufe der Jahrzehnte mit Selbsterkenntnis und reicher Erkenntnis der menschlichen Natur. Die alten Weisheiten: „Wie oben, so unten!" oder „Der Makrokosmos widerspiegelt sich im Mikrokosmos", sind wahr und erfahrbar, falls das jemanden wirklich interessiert. Die grundlegende Einstellung der Welt, dem Leben und mir selbst gegenüber ist die Faszination und die unersättliche Neugierde.

Am Anfang des Buches habe ich drei Dinge angeführt, über die ich jetzt schreiben will.

Das Buch „Der Urschrei" von Arthur Janov und seine Bedeutung für mich. Dieses Buch habe ich 1972 gelesen. Es war ein neuer Wind, ein Gegensatz zur erstarrten psychoanalytischen Literatur; und das Buch kam in der ganzen Welt an. Wahrscheinlich alle meine Patienten, Bekannten und Kollegen hatten es auch gelesen. Der damalige Psychologieprofessor an der LMU in München, Albert Görres, war für einige Zeit ein begeisterter Anhänger der „Urschrei-Therapie". Er lud Janov nach München ein. Ich erinnere mich an einen Empfang für Janov, organisiert von Görres. Allerdings erinnere ich mich auch, dass von Anfang an in mir beim Lesen des Buches eine leise Frage aufkam: *„Wie kommt man an diese tiefen Urgefühle in sich selbst heran, und wie weiß man, dass man sich selbst nicht nur denkt – sich eben nicht selbst täuscht?"* Später in Kalifornien sollte ich erfahren, wie berechtigt diese Frage war.

Dieses Buch hat wesentlich dazu beigetragen, dass ich mich entschloss, mein Leben und meine Arbeit so zu organisieren, dass ich binnen der nächsten zwei, drei Jahre so viel Geld zusammenspare, dass ich mir eine längere Zeitspanne in Kalifornien leisten kann.

Reisen

Im Sommer 1976 breche ich meine Zelte in München ab. Ich fliege zuerst nach Poona und dann nach Los Angeles. Poona! Diese eigenartige „Bhagwan-Bewegung" zu Beginn der 70er Jahre beschäftigt mich immer wieder in verschiedenen Zusammenhängen – jetzt von neuem, da mir mein Sohn die DVD des Filmes „Guru" schenkte.

Einige meiner Patienten gingen nach Poona und schrieben mir begeisterte Briefe. Einige Kollegen und etliche Psychologen der Münchener Szene, die ich kannte, flogen dorthin. Das, was mich aber am meisten verblüffte, war die Nachricht, dass

Jan Foundraine[3] in Poona sei. Jan erlebte ich – 1974 – bei einem Psychiatrie-Kongress in München in der Nußbaumstraße. Sein damaliges Buch „Wer ist aus Holz?" war gut. Er hielt auf dem Kongress ein Referat, das mir auch gefiel. Und nun ist Jan in Poona ... Diese Tatsache war ein starkes Motiv dafür, dass ich nach Poona flog.

Im Sommer 1976 waren im Ashram Leute aus der ganzen Welt, aber keine Tausende. Man zählte 350-380 Westernes, die zu Tanzmeditationen, (Kundalini, Dynamische, falls es noch einen dritten Namen gab, habe ich ihn vergessen) zu den täglichen Morgenvorträgen von Bhagwan erschienen und an den Gruppen teilnahmen. Inder gab es kaum dabei – „Er ist kein indischer Heiliger", beteuerte mir ein Inder, Schneider in Poona. Und all die Sanyasins – Bhagwan-Schüler – erlebten, mindestens nach außen oder vielleicht hauptsächlich nach innen, etwas Besonderes: Zum Beispiel flossen Energieströme durch sie, sie waren ständig auf „high energy level", fühlten sich sehr wohl, leicht, glücklich ..., das Sexualleben im Ashram war auf jeden Fall auf hohem Niveau.

Ich erlebte nichts davon. Und wenn ich dann, weil ich nicht schlafen konnte, in den Nächten aufstand und draußen herumgeisterte, fühlte ich mich sehr elendig. Was war mit mir los, war ich wirklich so verkorkst? Ich war doch nicht anders als die anderen hier? Ich war aber anders und musste das einsehen.

Jeden Morgen reihten wir uns in eine Warteschlange ein, um in den großen Vortragsraum zu kommen, wo Bhagwan

---

[3] Jan Foundraine 1929-2016 war Niederländer und ursprünglich ein Psychiater. Irgendwann, wohl um 1975, ging er in den Ashram nach Poona und wurde Sanyasin von Bhagwan Shree Rajneesh. Er bekam dabei den Namen Amrito.

seine täglichen Vorträge hielt. Zwei erfahrene Sanyasins berochen jeden Einzelnen in der Warteschlange. Wenn sie fanden, dass man nicht gut riecht, durfte man nicht zum Vortrag. Die Begründung: Bhagwan hat Asthma und reagiert auf bestimmte Gerüche allergisch.

Die Geruchswächter schickten mich einmal aus der Schlange auch raus – es war für mich beschämend, und ich fühlte mich ratlos. Wie konnte ich anders riechen? – Die nächsten Morgen schrubbte ich mich mit besten „Mysore Sandal Soap", um für den Bhagwan gut zu riechen. Bereits nach vier Wochen dachte ich: „Das alles hier ist Sch.... Da habe ich nichts verloren ..."

Einer bekannten Psychologin aus München, die länger und schon einige Zeit vor mir dort war, erzählte ich von meinem „Leiden" und von meinen Zweifeln. Sie tröstete mich und meinte, das sei oft so ... Wenn ich meine Widerstände hinter mir habe, werde ich alles anders sehen. Auf dem spirituellen Weg sind solche Prozesse bekannt ... Irgendwie passte sie auf mich auf, und wenn ich wieder wegwollte, spürte sie das und belehrte mich, dass auf dem Weg des spirituellen Suchens solche Vorgänge bekannt seien. Es gäbe die Geschichten von Schülern, zu denen der Lehrer in einem solchen Zustand – im Vorbeigehen – gesagt hätte: *„An dieser Stelle brichst du immer ab ..."* So blieb ich.

Am Ende des zweiten Monats kaufte ich mir einen Fahrschein für den Nachtzug nach Bombay und verschwand buchstäblich bei Nacht und Nebel aus Poona. Ich hatte einfach Angst, wiederum durch diese ganze Atmosphäre und die Geschichten von der Münchnerin nicht wegzukommen. Diese meine Bekannte, Kollegin, oder was immer sie war, ist mir bis heute 300 DM schuldig geblieben. Im Ashram habe ich ihr

Geld geliehen. Jetzt, wo ich das niederschreibe, kam mir sogar ihr damaliger Name in Erinnerung. Es wäre lustig und interessant, wenn wir uns jetzt treffen würden. Wie ich glaube, ist sie drei oder vier Jahre jünger als ich gewesen. So dürfte sie jetzt Mitte 70 sein.

Die Geschichte mit Bhagwan und Poona war für mich äußerst wichtig. Ich war an die Grenze meines Unterscheidungsvermögens und meiner Einsamkeit getrieben – auch wenn das jetzt dramatisch klingen mag.

Als ich dann im Frühjahr 1977 in Kalifornien, Los Angeles, wohin ich im Herbst 1976 aus Poona kam, in Esalen[4] mit Stanislav Grof[5] in einem vierwöchigen Therapeuten-Seminar wieder psychodelische Erfahrungen machte, erlebte ich in einer LSD-Sitzung Folgendes: Es überkam mich die tiefe Einsicht, dass ich tatsächlich nichts weiß. Eine Sehnsucht, die

---

[4] Das Esalen-Institut besteht seit 1962 in Big Sur, in Kalifornien, es handelt sich um ein Zentrum, das für das Treffen, Forschen, Lehren der humanistischen Psychologie von Michael Murphy und Dick Price gegründet wurde. Künstler, religiöse Denker, viele bekannte Psychologen, Psychiater, Philosophen lehrten und lebten oft auch dort. Hier nur einige Namen: Abraham Maslow, Fritz Perls, Gregory Batson, Stanislav Grof, Claudio Naranjo … Es ist ein sehr faszinierender Ort. Viel früher lebten hier die Indianer vom Big-Sur-Stamm.

[5] Stanislav Grof, geb. 1931 in Prag, ist Psychiater und Forscher der alternativen Bewusstseinszustände. Er entwickelte die Holotropes-Atmen-Therapie und schrieb viele Bücher, auch über LSD. Wir hatten 1977-79 ziemlich regen Kontakt.

---

mich schmerzte, stieg in mir auf, und ich betete zu Gott: *„Du siehst, wie unwissend ich bin, und Du kennst meinen Hunger nach dem wirklichen Wissen, bringe mich, bitte, mit einem wahren Lehrer zusammen, der mich dieses wirkliche Wissen lehren wird!"* Ich war klein, bedürftig, kniend und betend ... Und aus dem unendlichen Raum und aus ganz, ganz weiter Zeit schwebte eine wunderbare strahlende Gestalt auf mich zu und sagte zu mir: *„Seit Tausenden von Jahren warte ich in Liebe auf Dich, um Dich zu lehren ... "* Und als diese schöne Gestalt näher auf mich zukam, sah ich, dass sie auch Bhagwan Rajneesh Züge hatte, obwohl sie nicht Bhagwan war. Und nachdem ich diese Gestalt aus einer bestimmten Nähe sah, bäumte sich in mir eine Entrüstung auf, und ich schrie: *„Nie, nie will ich, dass du mich lehrst, auch wenn ich auf ewig unwissend bleiben muss!"* Und die Gestalt entschwand von mir in die Urzeit und in den Urraum zurück, was für mich in dem Augenblick das Gleiche war: ein gewaltiger höhlenartiger Eingang in einen Berg. Sie war traurig, beleidigt und gebrochen.

„Es fürchten die Götter des Menschen Geschlechtes ...", fällt mir gerade ein. Mir wurde danach sehr übel, und ich hatte große Angst, sodass ich mich, noch immer klein und hilflos, auf den Boden hinlegen musste. Der Boden war eine grüne Wiese. In mir ging blitzartig der Gedanke und das Gefühl durch: *„Ich habe etwas ganz Schlimmes getan, und jetzt werde ich vernichtet."* Und tatsächlich: Der Himmel verdunkelte sich, grau-schwarze Wolken bewegten sich chaotisch droben; es blitzte und es donnerte, und eine gewaltige Stimme, wie jene Jahwes auf dem Sinai, rief zu mir herab: *„Mein Sohn, du hast diese Prüfung sehr gut bestanden."* Ich fühlte mich zutiefst erschöpft noch immer auf der Wiese liegend, und ich verstand nicht, welche Prüfung ich so gut bestanden hätte. Ich war überrascht, sehr allein, tieftraurig und frei.

In den nächsten Tagen kamen in mir Selbsteinsichten hoch: Ich werde nie ein Schüler sein können, sein wollen. Autoritäten werden für mich nur vorübergehend gelten, bis ich erfahren und verstanden haben werde, worum es geht. Meine Erkenntnisse werde ich mit Einsamkeit und Zweifeln bezahlen.

Was habe ich davon, was Gurdjieff, Reich, Grof, Hellinger, Dalai Lama, ja, Jesus, von der Schar der sonstigen Philosophen zu schweigen, ausgenommen Sokrates, gesagt haben, wenn ich das in mir nicht verifizieren und nachvollziehen oder ablehnen kann?

Der letzte Maßstab der Dinge ist für mich meine eigene Einsicht. Ob ich das sehe oder nicht, ob ich das wahrhaben will oder nicht, ob ich viel darüber, dafür, dagegen rede und Bücher schreibe, ändert daran nichts. So sehe ich seitdem das wirkliche Wissen. Und an der Stelle fängt ein neues Forschungsgebiet an: der Glaube und das Glauben – unsere Freiheit und unser Bestimmt-Sein. Was ist das Gewissen, wie entsteht es in uns und wie wirkt es? Diese Forschung bedeutet nicht, dass ich mich hinsetze und alle möglichen Informationen zusammentrage, sie vergleiche und abwäge und am Ende zu einem festen Ergebnis komme. Das ist eine innere Arbeit: Selbstbeobachtung und Beobachtung, das Innehalten, Nachdenken, auch mit dem Körper – das eigene Fühlen ist ständig dabei eingeschlossen ... Das ist ein Prozess, der sich synchron oder mit leichten Versetzungen auf etlichen Etagen meines Wesens vollzieht. Und wenn ich sage, „hier" oder „jetzt" fängt es an, dann ist das weder eine zeitliche noch eine räumliche Bestimmung, sondern ein Geschehen in meinem Bewusstsein...

Es ist schwer, das mit Worten adäquat zu beschreiben. Deshalb entstehen die Bücher mit Titeln, wie „Sprache ohne Worte" oder „Ohne Schweigen, ohne Worte" ... Es sind dann doch die Worte, manchmal zu viele. Dieses Leben im Widerspruch ist unsere oder mindestens meine Bestimmung.

Das, was ich hier beschreibe, war und ist meine innere Welt, aus der ich die Einsichten, das Verständnis, die Beziehungsfähigkeit oder -unfähigkeit und die Inspiration für meine therapeutische Arbeit schöpfe.

Als ich 41-jährig im Herbst 1978 in München die Praxis für Reich'sche Vegetotherapie eröffnete, waren alle diese Aspekte in mir vorhanden. Sie waren nicht statisch, sondern beweglich. Dafür sorgte meine innere Unsicherheit. Sie zwang mich nämlich, die Einsichten und die Vermutungen zu prüfen und zu ändern. Dadurch änderte sich diese innere Welt. Sie ist heute anders als 1978. Etliche Dinge mussten sich verändern und haben sich in mir verändert, und etliche sind gleich geblieben.

Antworten

Nun gehe ich an die Fragen heran, welche die Briefe selbst stellen.

Meine Beziehung zur Homöopathie

Was Homöopathie tatsächlich ist, habe ich erst in meinem Heilpraktikerstudium gelernt. Mir hat sie bei großen gesundheitlichen Beschwerden nie geholfen, obwohl ich namhafte Homöopathen aufsuchte. In mir kam ein Bild auf, dass sie wie eine schöne Frau ist, die mir gefällt und der ich nachrenne, die sich aber nicht umdreht, um zu sehen, wer ich bin.

Hilfe habe ich erfahren von Arnika in niedrigen Potenzen bei unblutigen Verletzungen und von Callendula bei blutigen. Nux Vomica, C 30 oder C 200, war sehr hilfreich bei Magenverstimmungen und wenn meine glückliche Hand für Alkohol eine Strafe Gottes war. Arsenicum album, auch C 30 beziehungsweise C 200, half bei schweren Magenbeschwerden, zum Beispiel bei Lebensmittelvergiftung. Ohne die beiden Mittel fahre ich nie nach Indien oder in die weit entfernten Länder.

Und ich habe, als ich die Homöopathie lernte, die Bilder der Mittel nicht behalten können. Vor drei Jahren bekam ich eine Einladung zu einem internationalen Homöopathiekongress in Holland. Das Programm war so reichlich an Angeboten, und zwar so hochgestochenen, dass ich mich fragte, ob ein Teil davon keine Hirngespinste sind.

Eine Patientin hat in ihrem Brief über meine Beziehung zur Homöopathie ausführlich geschrieben und mir etliche Fragen gestellt. Als die erste Buchversion fertig war und ich ihr das Manuskript zum Lesen gab, bat sie mich, ihren Brief nicht zu zitieren. Da ich bereits zu ihrem Brief Stellung genommen habe, lasse ich diesen Text im Buch.

Vor Naturheilkunde und Erfahrungsmedizin habe ich großen Respekt. Wenig begeistert bin ich von der mechanistisch-materialistischen wissenschaftlichen Schulmedizin. Sie hat aus ihrem Programm unsere Psyche ganz gestrichen, sie ist arrogant und aggressiv. Ich habe eine starke Vermutung, dass sich in den nächsten 100 Jahren unser Verständnis von Krankheit und Heilung grundlegend ändern wird. Wir werden nicht weiterhin die Krankheit aggressiv bekämpfen, herausschneiden, vernichten wollen, sondern mit ihr gehen, ihr zuhorchen, sie fragen, mit ihr reden ..., sie verstehen wollen. Ich kann ahnen, was in einem Arzt vorgeht, wenn er das liest.

Eine befreundete Kollegin, die die „Renner-Methode" praktiziert und sehr gute Therapie macht, erzählte mir, dass sie während der Behandlung mit den Gelenken und den Knochen redet. Als ich das hörte, war ich überrascht, erleichtert und froh, nicht alleine mit meinen Gedankengängen und Ahnungen zu sein.

Meine Krankheit und Genesungswünsche sind oft in den Briefen erwähnt. Ja, ich war im Frühjahr 2003 so krank, dass ich von heute auf morgen aufhören musste, zu arbeiten. Die unmittelbar bevorstehenden Termine wurden telefonisch abgesagt. An die anderen Patienten schickte ich folgenden Brief:

„Sie haben mitbekommen, dass ich erkrankt bin. Es steigen in Ihnen automatisch die Fragen auf: Was hat er, ist es ernst, wird er wieder arbeiten …?

Sie können sich sicher erinnern, dass ich oft gesagt habe, dass es nicht gut ist, mit eigenem Leid auf den Jahrmarkt zu gehen. Irgendeine Auslassung über meine Beschwerden würde weder Ihnen noch mir von irgendeinem Nutzen sein.

Selbstverständlich verhält es sich in der Therapie anders.

Wenn wir unser Leben als eine Reise durch Erfahrungen begreifen, dann kann die Zeit des Krankseins wohl die intensivsten Erfahrungen mit sich bringen.

Jetzt, in dem Augenblick, leidet eine unvorstellbar große Anzahl unserer Mitmenschen an Schmerzen jeglicher Art und in jeglicher Abstufung. Vorher habe ich so gut wie nie an diese Menschen und diese Tatsache gedacht. Wie sieht es in Schmerzen mit meinem Glauben aus, mit meiner Gottverbundenheit, mit meinem Beten …?

Habe ich eine Fähigkeit entwickelt, mein Leiden in irgendetwas Nützliches zu verwandeln, oder muss ich einsehen, dass ich meinem Schmerzzustand total ausgeliefert bin …?

Wie Sie sehen, das Erfahrungsfeld des Schmerzes und des Leidens ist unendlich.

Vom Anfang unserer Geschichte bis zu ihrem Ende, falls es eines geben sollte, zwingen uns der Schmerz und das Leid, in diesem Leben einen Sinn zu finden oder mindestens zu suchen.

Ich hoffe, wünsche und gehe davon aus, dass ich noch eine Weile in meinem Leben arbeiten werde. Voraussichtlich nehme ich nach den Osterferien die Praxisarbeit wieder auf. Sie werden rechtzeitig darüber informiert.

Diejenigen von Ihnen, die homöopathische Hilfe brauchen, können und sollen weiterhin bei uns anrufen. Meine Frau wird Ihre Beschwerden aufnehmen, wir werden miteinander darüber reden, und Sie werden Ihr Medikament bekommen.

Diejenigen von Ihnen, die gewohnt sind zu beten, mögen mich in Ihre Gebete einschließen, wofür ich Ihnen aufrichtig dankbar bin.

Es grüßt Sie herzlich Vladimir Bošnjak.

Anfang November jenes Jahres ging es mir gut, und ich fing an, wieder Therapie zu geben. Viele Antworten kamen Ende Sommer und im Herbst. Aktuelle Patienten wünschten, dass es mir wieder gut gehen möge. Auch meine damalige Frau Ursula, oft auch unsere zwölfjährige Tochter Anna, wird in den Briefen erwähnt. Anna übte in dieser Zeit täglich sehr fleißig das Klavierspielen, und ihr Spiel hörte man im ganzen Haus. Diese schönen Musiktöne trugen zu einer angenehmen Atmosphäre im Haus bei.

Ursula lernte fleißig schon einige Jahre Homöopathie und bereitete sich auch auf die Heilpraktikerprüfung vor. Immer wieder bat ich sie, dass sie für die Patienten nach homöopathischen Mitteln sucht. Was sowohl für die Patienten gut als auch für ihr Homöopathiestudium hilfreich war. Homöopathische Anamnese und die Behandlung delegierte ich an sie.

Unsere Ehe ging 2006 auseinander. Mein Wunsch war, dass die Patienten nicht irgendwie in unsere private Problematik mit einbezogen werden. Aber auch, dass ihre selbstverständliche Neugierde und der Wunsch, über unser Privatleben mehr zu erfahren, den Zaun um uns nicht überspringen kann. Allerdings waren sie alle sehr rücksichtsvoll und distanziert, wenn es um mein privates Leben ging.

Innere Not, auf die man sich freut

Rudolf Wachner sagt im Brief, dass er sich auf die Not, die noch kommen wird, freut. Um zu verdeutlichen, um welche Erfahrung es sich dabei handelt, schildere ich die Geschichte eines jungen Klienten, dessen Eltern etliche Jahre zuvor bei mir in der Therapie waren. Ich nenne ihn Martin. Er kam sehr selten zu mir, deshalb bezeichne ich ihn als Klient. Seine Besuche bei mir bedeuteten immer, dass er sich in einer Sackgasse befand.

Er fuhr heimlich das Auto seines Vaters, obwohl er keinen Führerschein hatte, fuhr eine Mauer an und versuchte danach, den Wagen irgendwo im Wald zu verstecken. Zu Hause sagte er nichts. Martin war danach möglichst selten zu Hause, damit ihn die Polizei nicht erwischt. Selbstverständlich kam alles ans Licht, der Vater erstattete keine Anzeige. In dieser Situation suchte er mich auf. Es ging dann doch alles glimpflich vorbei.

Ungefähr drei Jahre danach kam er wieder in die Praxis. Seine Haltung sagte mir: Feuer. Er saß eine Weile schweigend auf dem Patientenstuhl an meinem Schreibtisch. Dann sagte er leise, aber hörbar: *„Meine Freundin ist schwanger."* Ich wusste nicht, dass er eine Freundin hatte. Als ich sie kennenlernte, erfuhr ich, dass sie aus schwierigen Familienverhältnissen stammte. Eigentlich ist das nicht verwunderlich. Auf dem Gebiet der menschlichen Beziehungen gilt das Gesetz: Ähnliche Energien ziehen sich an.

Zu meiner Überraschung und Freude sagte er, dass er jetzt regelmäßig kommen möchte. Sieben Wochen lang kam er tatsächlich regelmäßig zur Therapie. Zur achten Sitzung erschien er nicht, ohne abgesagt zu haben oder sich sonst irgendwie zu melden. Das hatte ich nicht erwartet. Während dieser sieben Wochen war Martin wahrhaftig verändert: gesprächig, interessiert, einsichtig ... Was geschah mit ihm? Ich schrieb ihm einen kurzen Brief und bat ihn, die Sitzung zu bezahlen.

Er kam und „beichtete" mir Folgendes: *„Ich habe mich noch nie so ernsthaft mit mir selbst beschäftigt, wie in den letzten Wochen. Als ich endlich alles meinen Eltern sagen konnte und sagte, habe ich den Druck nicht mehr gespürt und hatte keine Lust, zu Ihnen zu kommen."* Zuerst schwieg ich nachdenklich. Dann fragte ich ihn: *„Das haben Sie sich schon richtig überlegt?"* Eine Schweigepause. Dann sagte er: *„Ja."* Welchem Druck hätte dieser Mensch ausgesetzt werden müssen, um eine tiefere Beziehung zu sich selbst zu entwickeln?

Allerdings seit 20 Jahren weiß ich nichts mehr über ihn. Wir haben uns danach aus den Augen verloren, aber zweimal trafen wir uns in der Stadt im Vorübergehen. Es schien, dass ihm ein Treffen mit mir äußerst unangenehm war.

Vor 40, 50 Jahren hat man in der Psychotherapie die Eltern und ihre Erziehung für das neurotische Leiden und für das sozial schwierige Verhalten der Kinder, die damals eben Patienten waren, verantwortlich gemacht ... und ihnen Vorwürfe gemacht. Ich weiß nicht, wie es jetzt in der Primärszene ist, aber in den 70er Jahren hat man den Patienten aufgefordert, dass er seine Wut, seine Angst, seinen Hass, seine Vorwürfe den Eltern sagt. Ich kann mich an die Sätze erinnern, mit welchen die Therapeuten den Patienten halfen, um „reinzukommen" –

„...to come in": „*Tell them ...,* ... *louder ...,* ... *take your arms ...,* ... *show them!"* – „*Sag es ihnen ...,* ... *lauter ...,* ... *Nimm Deine Arme dazu ...,* ... *Zeige es ihnen!"* An den gewaltigen Lärm während der Gruppensitzungen in dem großen Therapieraum in der Comey Avenue in Los Angeles erinnere ich mich sehr gut.

Wenn man jetzt eine Videoaufnahme von diesen Sitzungen sehen würde, wüsste man nicht, ob man weinen oder lachen sollte. Damals war das eine verdammt ernste Angelegenheit.

Es war eine große Erleichterung für mich, als ich begann, bei Curcuruto zu studieren – seine Sätze in der klinischen Arbeit: „*Don´t dramatise!",* „*Be soft!",* „*Let your body do!"* ... Diese Sätze waren einfach wohltuend. Auch schon lange vorher war das eine leichte Tendenz in der analytischen Arbeit, die Eltern zu beschuldigen. Es ist entspannend, dass man das alles in der Zwischenzeit überwunden hat und imstande ist, die Vorgänge anders zu sehen. Alles ist viel komplexer, in dieser Vielschichtigkeit sind wir äußerst hilflos, auch wenn uns das nicht lieb ist.

Diese Gedanken kamen in mir hoch, als ich an Martins Eltern und an ihn dachte. Nein, sie sind nicht schuldig, sie haben das Beste getan, was sie nur konnten.

Solche Fälle sind besondere Gelegenheiten zum Erforschen des kargen und trockenen Bodens der menschlichen Seele. Freud schrieb von dem Leidensdruck, der eigentlich Voraussetzung für eine Psychotherapie ist. Ohne einen Leidensdruck macht niemand eine Psychotherapie. Freud war der Meinung, dass der Leidensdruck in der Therapie sogar verstärkt werden soll. Allerdings soll man ihn bei der Depression von der einen Sitzung bis zur nächsten erträglich machen.

Das alles ist gut zu wissen, um die Freude von Herrn Wachner zu verstehen. Er freut sich auf die Not, die ihn zwingt, zurück zu sich selbst zu kommen. Irgendwo in einem Buch von Castaneda[6] sagt Don Juan dem Sinn nach: Das Beste aus dem Menschen kommt heraus, wenn er an die Wand gedrückt ist.

Angst und Abhängigkeit

Die Angst vor mir und die Angst vor Abhängigkeit von mir klingen in zwei, drei Briefen an. Jede gut verlaufene Therapie soll dem Patienten dazu verhelfen, dass er mehr sieht und einsieht, freier und unabhängiger wird. In der therapeutischen Arbeit geschieht es oft, dass für einige Zeit die Veränderungen von der Gestalt des Therapeuten begleitet werden. Ich selbst erinnere mich gut, wie in der schweren Phase meines Lebens, als ich das Ziel „Priesterberuf" aufgab, die Gestalt meines „Therapeuten", des Spirituals Dr. Klees, mich begleitete. Ich „sah und hörte" ihn in meinem Inneren, fragte mich auch immer wieder, was Klees jetzt sagen würde ...

Im Laufe der Zeit blieben schöne Erinnerungen und das Gefühl der Dankbarkeit. So nehme ich diese Stellen in den

---

[6] Carlos Castaneda, *1925 in Peru, +1998 in Los Angeles, war ein amerikanischer Anthropologe. Er hat zwischen 1968 und 1996 in zwölf Büchern seine Lehrzeit bei dem mexikanischen Yaqui-Indianer Don Juan Matus beschrieben. Don Juan war ein Medizinmann. Diese Bücher sind in viele Sprachen übersetzt und wurden in Auflagen von 10 Millionen verkauft. Ich habe sie alle gelesen, und für mich waren sie bedeutungsvoll.

Briefen als eine normale Begleiterscheinung des therapeutischen Prozesses. Ich erinnere mich nicht, dass ich mich von einem Patienten verletzt oder beleidigt fühlte und keinesfalls von den Inhalten der Patientenbriefe. Aber ich erinnere mich, dass ich mich in mir selbst schlecht und sehr unwohl fühlte, wenn mir in einer Situation in der Praxis „der Gaul durchging". Das hinterließ in mir ein Gefühl „der verbrannten Erde". Hier eine Erinnerung an einen solchen Vorfall, der ungefähr 26 Jahre zurückliegt:

Eine Frau Mitte 30 suchte mich auf. Ich wurde ihr von einer Kollegin empfohlen. Sie ist auf einem anderen Kontinent geboren und lebt schon lange in Deutschland. Jannette, so nenne ich sie hier, hat Medizin studiert, sie ist mit einem deutschen Kollegen liiert oder sogar verheiratet, und sie wohnen zusammen. Jannette fühlt sich einsam und unglücklich. Sie denkt viel an einen Verwandten im Heimatland, mit dem sie eine geheime Liebesbeziehung hatte. Sie telefonieren oft miteinander. Er hat sie auch zweimal hier besucht, und sie haben sich bei diesen Besuchen geliebt.

Weiter erzählte sie, dass sie nicht täglich, aber oft meditiere. Und in der letzten Meditation hatte sie eine Vision: Die Göttin, den Namen der Göttin weiß ich nicht mehr, ist ihr erschienen, sie war wunderschön und hat ihr auch wunderschöne Tänze gezeigt ... Am Ende, beim Entschwinden, rief ihr die Göttin zu: „*Tat twam asi.*" Das ist Sanskrit und heißt: Das bist du selbst. In ihrem ursprünglichen Zuhause hatte sie einen spirituellen Lehrer – Guru –, mit dem sie immer wieder telefonierte. Er hatte sich über die Vision gefreut und zu ihr gesagt, dass die Zeit gekommen ist, dass sie ihre Göttlichkeit in sich entdeckt und akzeptiert ...

Unsere Sitzung ist vergangen, indem sie mir das erzählt hatte, zum Atmen und zur therapeutischen Arbeit in meinem Sinne kamen wir nicht. Danach fühlte ich mich benommen und verwirrt ... Wie geht es weiter? Dann auch neugierig: Ja, wie geht es weiter? Ich wusste, das Wichtigste ist, dass ich Abstand und Ruhe bewahre und abwarte. Auch wurde ich intensiver als sonst neugierig auf sie. Sie ist kein „Durchschnittsfall".

In die nächste Sitzung kam aber eine andere Jannette. Jetzt hatte ich es mit einer westlichen Schulmedizinerin zu tun. Was soll dieses intensive Atmen auf der psychischen Ebene in ihr bewirken? Wie kann das auf ihre Traurigkeit irgendeinen Einfluss haben? Sie hatte die schriftliche Information über die therapeutische Arbeit bekommen, und wir sprachen in der Anamnesesitzung ausführlich darüber. Außerdem, sagte Jannette, fände sie das Atmen durch den leicht offenen Mund sehr unästhetisch und möchte nicht mehr so atmen ...

Ich konnte noch beobachten, wie in mir Überdruss, Ärger, Hilflosigkeit aufstiegen ... Ich spürte, dass Herz und Puls in mir schneller schlugen, und ich wusste: Es ist vorbei, ich bin nicht mehr der Herr meiner selbst. Jannette stand auf von der Couch und sagte, dass sie sich überlege, ob sie diese Therapie abbrechen solle. Ich blieb sitzen, meine Stimme und mein Gesicht waren verändert, und ich sagte aggressiv: *„Ich bin froh, dass sie das sagen und nicht ich ... Ich weiß nicht, wie man eine Göttin therapiert."* Sie zuckte zusammen und fing an zu weinen, zog sich an und wollte die Sitzung bezahlen. Ich saß wie auf den Stuhl geklebt, hilflos. Die Bezahlung lehnte ich ab und sagte: *„Das war doch keine Therapie."*

Den ganzen Tag und die Nacht danach fühlte ich mich übel. Am Tag darauf rief mich meine Kollegin an, sie war aufgeregt und verärgert. Ich konnte gar nicht wirklich zuhören, was sie sagte. Als sie fertig war, antwortete ich: *„Ja, es ist tatsächlich eine große Sch..., die ich da gebaut habe."* *„Warum hast du sie nicht selbst behalten?"*, fügte ich hinzu. Meine Kollegin, überrascht, antwortete: *„Sie war doch kein Fall für mich."*

Diesen Vorfall habe ich detailliert geschildert, weil ich damit eine grundlegende Beobachtung aufzeigen möchte: Hinter dem Gefühl der verbrannten Erde, das dieser Vorfall in mir hinterließ, verbirgt sich eine heikle Geschichte. Lange Zeit habe ich gebraucht, um sie zu durchschauen, das heißt, um mich zu durchschauen. In diesem Gefühl ist mein Eigendünkel verborgen: *„Wie konnte mir das passieren, der ich mich doch ... durch ... mein Wissen, mein langes Suchen ... und, und, und ... von anderen unterscheide ...?"*

Das sind keine bewussten Gedankenvorgänge, sondern eine vor mir selbst verborgene Einstellung ... Sie zu durchschauen, und zwar möglichst bei jeder Gelegenheit, und die psychischen Vorgänge, die mitlaufen, zu beobachten, hilft mir langsam, mich von dieser Vorstellung, jemand Besonderes zu sein, zu befreien ...

Das Wissen um unseren Tod

Den Tod als persönliche Angelegenheit erwähnt Herr Wachner in seinem Brief. In der therapeutischen Arbeit kam das Thema Tod aus verschiedenen Blickwinkeln vor. Eine Patientin erlebte, dass ihr Mann neben ihr im Bett an Herzversagen starb, um ein besonderes Beispiel zu erwähnen.

Mich selbst überkam am 9. Mai 1969 im Auto, als ich nach der Arbeit zur Geburtstagsfeier eines Freundes fuhr, eine

„physiologische" Einsicht: *„Hey, Freund, du wirst sterben müssen!"* Dieser Satz bezog sich auf mich. Das war ein ungewöhnliches Erlebnis. Dabei zuckte durch meinen Körper ein feiner bioelektrischer Schlag. Unmittelbar danach dachte ich, dass ich darüber nicht reden soll, weil jeder, dem ich etwas davon erzähle, meinen wird, dazu etwas sagen zu müssen, was diese Einsicht abstumpfen soll. Ich erlebte das in einer feierlichen Ernsthaftigkeit und Endgültigkeit, welche keine Kommentare wollte.

15 Jahre danach werde ich auch einen feierlich ernsten Satz bei Gurdjieff lesen: „Das einzige Mittel, um die Wesen des Planeten Erde noch zu retten, kann nur darin bestehen, ihrem Bestand ein neues Organ einzupflanzen, dass jeder während seines Existenzprozesses dauernd die Unvermeidlichkeit sowohl seines eigenen Todes als auch des Todes jedes anderen, auf dem sein Blick oder seine Aufmerksamkeit verweilt, empfindet und erkennt." (Gurdjieff, Beelsebubs Erzählungen, Diedrichs Verlag, Gelbe Seiten Reihe, S. 1260) Nur ein solches physiologisches Organ könnte unserem tiefen Egoismus Widerstand leisten. Wenn wir uns ständig unseres Todes bewusst wären, könnten wir nicht so leben, wie wir es tun. Unsere Gier müsste mindestens einen Teil ihrer Maßlosigkeit verlieren. Unsere Rechthaberei müsste uns oft auffallen. Wir könnten uns mit dieser jetzigen Selbstverständlichkeit nicht gegenseitig töten. Wir würden uns öfter fragen müssen: *„Wofür ist das, was ich gerade tue, gut?"* Wir müssten allgemein besonnener werden.

Die Erinnerung an Tod und an Vergänglichkeit kann für uns besonders hilfreich sein, wenn wir in der Situation sind, in der wir uns und die Ereignisse in unserem Leben als sehr wichtig, schwer und bedeutsam erleben. In der Regel verlieren wir dabei jeglichen Abstand zu uns selbst und zu diesen inneren Vorgängen. Dabei bewirkt die Erinnerung an den Tod, dass wir auf uns selbst zurückfallen und zu alldem etwas Abstand gewinnen.

Die Religiosität in der Therapie

Die Mehrzahl meiner Patienten hatte kaum religiöse Fragen oder Probleme. Insgesamt elf Patienten studierten voll oder unterschiedliche Teildisziplinen der Theologie. Wenn es sich ergab, dass sie religiöse Fragen hatten, sprachen wir selbstverständlich darüber.

Unabhängig von der Zugehörigkeit zu einem religiösen System bin ich selbst von meinem Wesen her religiös. Dafür bin ich dankbar. Dass religiöse Fragen während der Therapie aufkommen können, ist wohl bekannt. In meiner Arbeit habe ich das selten und nicht schwerwiegend erlebt.

Was hat Bedeutung?

Jetzt komme ich zu der Frage zurück, ob wir doch etwas tun können, um unsere verworrene und ungute Situation zu ändern.

Einige Dinge, die uns – alle Menschen – angehen:

- Das gegenseitige Töten: Syrien, Afghanistan, Irak, Ukraine, etliche Staaten in Afrika und wo sonst das augenblicklich geschieht,

- Die Kluft zwischen wenigen Reichen und vielen Armen,

- Allgemeine sinnlose Ausbeutung und Vernichtung des Erdballs,

- Die Verfolgung und Unterdrückung von Volksgruppen und Minderheiten, in China und Russland und sonst wo,

- Die Tyrannei vieler Machthaber,

- Das Verhalten der reichen Länder gegenüber den Armen aus armen Ländern mit derem tödlichen und doch verständlichen Drang nach Auswanderung dorthin, wo sie hoffen, dass es besser ist,

- Der Anspruch der einzelnen Religionssysteme auf die einzige göttliche Wahrheit.

Diese Liste könnte noch lange fortgesetzt werden. Wir erleben täglich, dass Politik keines dieser Probleme tatsächlich lösen kann ... Gurdjieff hat das bereits um 1924 gesehen. Die einzige Möglichkeit, irgendetwas zu ändern, ist wohl, ein anderes Bewusstsein in uns zu entwickeln/bekommen/aufzubauen ... – was ist das richtige Wort dafür? Und dieses andere Bewusstsein können wir nicht entwickeln durch Lesen, durch Vorträge- und Predigten-Hören, durch wissenschaftliche Entdeckungen, auch nicht durch unsere Gebete, wie wir sie verrichten ...

Im Laufe der Jahrzehnte meiner Beschäftigung mit der menschlichen Seele bin ich zur Einsicht gekommen, dass ein Umdrehen der Richtung meiner Aufmerksamkeit von außen nach innen notwendig ist, wenn ich mich ändern will.

Anstelle ständigen nach außen gerichteten Schauens (bessere Bezahlung, schönere Kleider, tollere Frau, tollerer Mann, angeseheneres Job, ...) nach innen zu schauen: *„Was fühle ich augenblicklich, was ist in mir in dem Augenblick wahr, worum drehen sich jetzt meine Gedanken, liebe ich meinen Nachbarn ...? Ja, liebe ich tatsächlich meinen Mann, meine Frau, meine Kinder? Wie fühlt es sich an, wenn ich sie liebe, und wie, wenn ich sie nicht liebe? Was ist der Grund meiner Unzufriedenheit gerade jetzt?"*

Und sehr häufiges Fragen: *„Wer bin ich wirklich? Was geschieht jetzt in meinem Körper hier?"* Und mich möglichst oft an meinen unvermeidlichen Tod zu erinnern. Bevor sich in mir Ablehnung gegenüber alledem aufbaut, zu mir selbst zu sagen: *„Ich versuche, das jetzt erst mal zu üben."*

Erst nach einer längeren Zeit der Beschäftigung mit meiner inneren Welt kann ich etwas darüber wissen. Ohne eine grundlegende Ernsthaftigkeit gebe ich diesen Weg und dieses „Üben" bald auf. Diese meine Einsicht floss ständig in die Therapie ein. In den Briefen kann man das sehen. Wenn ich mir am Ende der Arbeit an diesem Text die Frage stelle, warum ich das alles geschrieben habe, dann sehe ich, dass dies eine komplexe Angelegenheit war:

Angefangen hat es mit meinem Wunsch, wissen zu wollen, ob das, was ich in meinem Leben tat, von einer Bedeutung für diejenigen war, mit denen ich es machte ... Die Briefe meiner Patienten beeindruckten mich mit ihrer Ernsthaftigkeit und ihrer Aufrichtigkeit. Das ganze Material, mit meinen Patientenunterlagen und lebendigen Erinnerungen, arbeitete in mir. Oft sah und dachte ich mehr, als ich niederschrieb. Dadurch zog sich alles in die Länge. Die Turbulenzen in meinem privaten Leben machten das Schreiben nicht leichter.

Auf ein wesentliches Gebiet in unserem Leben, das mich bei alldem sehr beschäftigte und beschäftigt – unsere Liebe zueinander, unsere Selbstliebe in Beziehungen, unsere Liebesfähigkeit und Liebesunfähigkeit –, verzichtete ich beim Schreiben. Ich wusste, dass ich mich da verlieren würde. Das kam nur in den Bemerkungen durch, dass ich einen Patienten, eine Patientin lieben beziehungsweise nicht richtig lieben konnte.

Mit diesem Buch wünsche ich auch, Wilhelm Reich und die Vegetotherapie bekannter zu machen.

Am Ende dieser Arbeit möchte ich betonen, dass durch diese berufliche Tätigkeit mein Leben eine innere Bedeutung und Glanz erhalten hat. Und ich glaube, dass etliche Leser auf ihre eigenen Fragen und ihr Suchen Hinweise auf diesen Seiten finden könnten.

Wilhelm Reich

Wie ich bereits am Buchanfang gesagt habe, haben Reich und Gurdjieff mit ihren Ideen und ihren Arbeitsmethoden einen wichtigen Platz in meiner Sicht der Dinge und in der Art, wie ich arbeite. So will ich dieses Schlusskapitel mit zwei Essays über diese beiden Männergestalten beenden.

Wilhelm Reich wurde geboren am 24. März 1897 in Bukovina, in Galizien, damals zu Österreich-Ungarn gehörend. Gestorben ist er am 3. November 1957 im Bundesgefängnis von Lewisburg im nordamerikanischen Bundesstaat Pennsylvania.

Wenn ich jetzt bei Google „Wilhelm Reich" (weiter W. R. beziehungsweise Willy) eingebe, dann ist die erste Information, dass die Suchmaschine in 0,18 Sek. 1.860.000 Eintragungen gefunden hat. In meiner Bibliothek stehen folgende Biographien von Reich:

- Ilse Ollendorf Reich, Wilhelm Reich. Das Leben des großen Psychoanalytikers und Forschers, aufgezeichnet von seiner Frau und Mitarbeiterin, Kindler Verlag, München, 1975

- Peter Reich, Der Traumvater. Meine Erinnerungen an Wilhelm Reich, Bertelsmann Verlag, München, 1975

- Myron Sharaf, Wilhelm Reich, Der heilige Zorn des Lebendigen, Die Biographie, Simon Leutner Verlag, Berlin, 1994

- David Boadella, Wilhelm Reich, Leben und Werk des

Mannes, der in der Sexualität das Problem der modernen Gesellschaft erkannte und der Psychologie neue Wege wies, Scherz Verlag, Bern und München, 1981

- Bernd A. Laska, Wilhelm Reich, rororo Bildbiographie
- Martin Kronitzer, Wilhelm Reich zur Einführung (Sehr gut, um in die Ideen Wilhelm Reichs eingeführt zu werden.)
- Charles Rycroft, Wilhelm Reich, engl.

Mit diesen Informationen will ich sagen, dass über Reich enorm viel geschrieben wurde. Was kann ich noch hinzufügen? Wenn nun meine Patienten oder jetzige Leser dieses Buches mehr über Reich wissen wollen, als im Buchtext steht, mögen sie nach einer dieser Biographien greifen. Für meine Entdeckung, Konfrontation und mein Verständnis von Reich waren die ersten drei biographischen Bücher wichtig. Danach, oder besser zuerst, waren seine eigenen Bücher von Bedeutung: Charakteranalyse; Die Funktion des Orgasmus; Die sexuelle Revolution; Die Massenpsychologie des Faschismus; Der Krebs – Die Entstehung des Orgons; Christusmord ..., um einige zu nennen. Die wichtigste Quelle meines Reich-Verständnisses waren die Vorlesungen, Übungen, Demonstrationen und Frage-Antwort-Stunden von Prof. Philip Curcuruto in Los Angeles.

Hier will ich kurz schildern, was mit und in mir geschah, in den Jahren 1977 bis jetzt, also 2014, bei meiner Konfrontation mit ihm. Am Anfang war ich verwirrt durch die Fülle der Themen und der Gedanken in seinen Arbeiten. Und immer wieder war ich begeistert wegen der Schärfe seiner Einsichten. Dann war ich betroffen von dem, was ich über ihn und seinen Charakter las. Das schmerzte und enttäuschte mich irgendwie – zwang mich jedoch gleichzeitig, den Reflektor auf mich und meinen Charakter zu richten. Oft hörte und las ich, dass man mit seinem Genie nicht zurechtkam. Man konnte ihm nicht folgen. Das habe ich zweimal von Alexander Lowen auch gehört. Mit dieser „Entschuldigung" Reichs habe ich mich nicht abfinden können.

Die Beschäftigung mit dem Menschen Wilhelm Reich hat mich sehr beansprucht. Von selbst stiegen in mir die Fragen auf: *„Welche Qualitäten muss ein Mensch haben, wie muss es in seinem Inneren aussehen, um ein Therapeut und sogar ein guter zu sein?"* Irgendwann wurde ich müde von Reich und davon, was über ihn geschrieben worden war. Mein Lehrtherapeut und späterer Freund Dr. Dr. Wilson Smith sagte einmal zu mir: *„Vlad, we will definitly stop to discuss about the master."* (Vladimir, wir werden endgültig aufhören, über den Meister zu reden.)

Mehr und mehr richtete ich meinen Blick auf die Therapie – auf meine eigene und auf die, die ich gab. Was in der therapeutischen Arbeit geschah, beeindruckte mich stark. Am Anfang tat ich mich nicht leicht, anzunehmen, dass intensives Atmen, kombiniert mit bestimmten Körperbewegungen (nur ein Beispiel dafür: Einatmen – Hüfte hochheben, Ausatmen – Hüfte kräftig in die Matratze fallen lassen, zehn Minuten lang … und Laute hinzufügen, wie Stöhnen et cetera), im Patienten Reaktionen hervorbringt, wie Zittern, Strömen, Kribbeln, Zucken … und Gefühle, wie Traurigkeit und Weinen, die einfach ausbrechen, und eine Veränderung in dem Patienten bewirkt, die von Dauer ist ...

Ich sagte diesen Zweifel. Curcuruto schaute mich ernst an und sagte, dass dies verständlich ist. Ich habe in der Reich'schen Therapiearbeit keine Erfahrung, physiologisch-psychologische Zusammenhänge seien mir in keinerlei Hinsicht bekannt. Ich stünde ganz am Anfang eines langen Studiums und Trainings, und es sei viel intelligenter, diese Arbeit mit Neugierde und Offenheit zu beginnen, statt mit Zweifeln.

Ich fühlte mich beschämt und war von Prof. Curcuruto beeindruckt.

Die Erfahrung in und mit der Reich'schen Therapie ist für mich das größte Geschenk von Wilhelm Reich. Immer wieder erlebte ich Dankbarkeit dafür, oft während der therapeutischen Arbeit, öfter danach. Die Einsicht, dass wir an dem angehaltenen und stagnierten Fluss der Lebensenergie in uns – an unserer Verpanzerung – erkranken, war für mich eine einmalige Erfahrung.

Seitdem wir das wissen, müssen wir in der Therapie nichts mehr analysieren und keine Überzeugungsarbeit leisten. Der Patient hat selbst die beste Einsicht in sich und das, was er erlebt. Worum es geht, ist, den Fluss der Lebensenergie in uns wieder zum Strömen zu bringen.

Reichs Entwicklung

In dem vorigen Buchteil, in dem ich die Patientenbriefe zitiere und meine Gedanken hinzufüge, ist oft der Satz zu lesen, dass sie/er ein anstrengendes Leben oder kein leichtes Schicksal hatte. Nun, dieser Satz gilt in besonderem Maße für

Wilhelm Reich selbst. Sein Vater, Leon Reich, dürfte gute zehn Jahre älter gewesen sein als seine Mutter, Cecilia, geb. Roninger. Die Geburtsdaten der Eltern sind nicht bekannt. Als Wilhelm geboren wurde (24. März 1897), war Cecilia ungefähr 19 Jahre alt, so wird es geschätzt. Von seinem Vater wurde er sehr streng erzogen. Er verlangte von ihm immer, dass er mehr leiste als die anderen. Drei Jahre später wurde sein Bruder Robert geboren: 1900-1926. Er starb an Tuberkulose und hinterließ eine Tochter.

Reich hat später als junger Psychoanalytiker in einem anonymen Fall seine eigene Kindheits- und Pubertätsgeschichte beschrieben. Diese fiktive Fallgeschichte wird allgemein als Grundlage für die Darstellung seiner eigenen Entwicklung verwendet. Die Daten entnehme ich selbst aus der Reich-Biographie von Myron Sharaf, Kap. 3 (Reichs Kindheit und Jugend, 1897-1917), S. 56-74. Ich zitiere den Text nicht, sondern erzähle die Ereignisse nach, um ein kurzes und geschlossenes Bild Reichs zu dieser Zeit zu schildern.

Die Ehe seiner Eltern war nicht glücklich, der Vater war ehrgeizig, jähzornig, autoritär, eifersüchtig.

Unter dieser Eifersucht musste seine Mutter schrecklich leiden. Der Vater beschimpfte sie in seinen Eifersuchtsrasereien als Hure, es kam immer wieder zu Tätlichkeiten ... Dieses gemeinsame Leiden unter dem Vater brachte zwischen der Mutter und dem Knaben eine besonders innige Beziehung mit sich. Die Mutter schützte oft den Buben vor dem Vater.

Die Jungen gingen die ersten vier Klassen nicht in die öffentliche Schule, sondern wurden von Hauslehrern unterrichtet und aufs Gymnasium vorbereitet. Die Atmosphäre in der Familie war angespannt. Robert erzählte später, dass sein

Vater die Mutter geschlagen hatte, weil das Essen nicht pünktlich auf dem Tisch stand. Allerdings werden Leons Söhne auch zu Wutausbrüchen neigen.

Willy hat das Landleben gemocht: die Natur, die Tiere, das Reiten, das Fischen, das Jagen ..., auch die bäuerlichen Kindermädchen. Er sah aber auch, wie sein Vater auf die gesellschaftliche Rangordnung achtete. Er war nicht nur ein sehr eigensinniger Hausherr, sondern auch ein sehr bewusster Großgrundbesitzer. Er verkehrte hauptsächlich mit hohen Beamten und mit der Schicht der Gleichgestellten.

Sein ganzes Leben wird Wilhelm Reich mit dieser Spannung zu tun haben. Er wird Kommunist, sexuelle Beratungsstellen für die Arbeiterjugend leiten, versuchen, soziale Fragen in die Psychoanalyse zu bringen und gleichzeitig im weißen Kittel herumlaufen und erwarten, dass man ihn mit „Herr Doktor" anredet.

Alles spricht dafür, dass Reich bereits als Knabe großes Interesse dem Sexuellen widmete. Wenn seine Eltern abwesend waren, durfte er bei Bediensteten übernachten. Bei solchen Gelegenheiten erlebte er, wie sich ein Dienstmädchen mit ihrem Freund liebte. Man kann sich vorstellen, dass dies für den Jungen aufregend war. Er hatte sie dann einmal gefragt, ob er selbst ihren Liebhaber spielen dürfte. Sie hat ihm erlaubt, dass er sich auf sie legt, und hat ihm dabei geholfen. Sie hätte ihn dabei nicht irgendwie gereizt. Da dies die späteren Erzählungen von ihm selbst sind, darf man sich wohl fragen, ob es bei einem Mal geblieben ist und wie alt er dabei wirklich war. Er selbst gab sein Alter mit vier Jahren an. Ob die Erzählungen Angeberei waren, ob es sich um Kindesmissbrauch handelt, wie seine Tochter Lore Reich fragt? Wie das alles einzuordnen ist, blieb eine ständige Frage.

Allerdings sagte Reich selbst einmal, dass er es hauptsächlich diesem Mädchen zu verdanken habe, dass es für ihn seit seinem vierten Lebensjahr in der Sexualität keine Geheimnisse mehr gab.

Die schweren schicksalhaften Ereignisse, über deren psychisch-psychologische Bedeutung ich später schreiben werde, geschahen, als Willy zwölf Jahre alt war. Sharaf hat sie so gewissenhaft wie möglich rekonstruiert – aus dem Artikel Reichs: „Über einen Fall von Durchbruch der Inzestschranke in der Pubertät", und aus Interviews mit seinen weiblichen engen Bekannten.

Ein Hauslehrer, der wohl die Grobheit des Vaters der Mutter gegenüber beobachtete, fing an, ihr den Hof zu machen ... Er gefiel ihr auch. Diese Situation ist leicht zu verstehen. Als Willy das entdeckte, begann er neugierige, erotische und angstvolle Gedanken zu hegen. In der nächsten Zeit fühlte er sich als Aufpasser, Verfolger und Verteidiger der Mutter. Die ganze Angelegenheit hatte einen besonderen Reiz für einen Jungen, der am Anfang der Pubertät war. Vor allem hatte er die Mutter vor des Vaters Überraschungen schützen wollen. Seinen eigenen Zustand hat er selbst nicht verstanden, fühlte sich sehr angespannt und verwirrt. Von dieser Beschreibung, als ich sie das erste Mal las, war ich tief beeindruckt: welche Wahrheit, Selbstbeobachtungsfähigkeit, Aufrichtigkeit, Intelligenz und Neugierde steckte bereits in dem Knaben?

Jetzt kann ich, will aber auch nicht umhin, meinen eigenen Erinnerungen an die Nacht vom 8. auf den 9. September 1949 freien Lauf zu lassen. Ich war auch zwölfjährig – und am Ende der Sommerferien nach der ersten Gymnasialklasse. Am 8.

Sept. war in meinem Heimatdorf Kirchweihe, und wir hatten etliche Gäste. Unter ihnen war eine Kusine, die drei oder vier Jahre älter war als ich. Seit drei Jahren war ich schon in sie verliebt. Bei diesem Besuch war sie 16 Jahre alt. Sie wohnte für unsere damaligen Verkehrsverhältnisse weit weg. Wir sahen uns höchstens dreimal im Jahr. In dieser Zeit war sie für mich das schönste Mädchen auf der Welt. Ich spürte, wie das Leben, die Stärke, die Schönheit, die Begierde und die Zügelung in oder nah unter ihrer Haut strömte.

In der Nacht nach der Kirchweihe blieb sie noch bei uns. Ich träumte, dass ich zu ihr ins Zimmer kam, sie nicht weckte, sondern mich zu ihr ins Bett legte, womit sie in meinem Traum einverstanden war. Ich hatte eine gewaltige Erektion. Sie spreizte ihre Beine und ließ mich in sich eindringen. Meine Genitalien und der Unterbauch taten mir grausam weh, auch die Brüste und die Unterachselhöhlen. Der Samen wollte mit aller Kraft aus mir heraus. Es ging aber nicht … Ich drang immer tiefer in sie hinein und fand keinen inneren Widerstand. Das wunderte mich, weil ich hoffte, dass ein Widerstand mir helfen würde, dass der Samen zum Erguss kommt.

Als das endlich geschah, wachte ich auf mit dem Gedanken: *„Oh, mein Gott, hoffentlich bleibt das Lieben nicht für immer so schmerzvoll."* Ich war buchstäblich in Schweiß gebadet, und die Schlafanzughose war nass vom Samenerguss.

Nach einigen Jahren haben wir uns noch einmal gesehen. Das war das letzte Mal, bevor ich Kroatien verließ. Dieses Erlebnis habe ich ihr nicht erzählt. Soviel ich weiß, war ihr Leben kein glückliches. Was ich da erlebte, hatte für mein Leben eine körperliche Bedeutung, die ich nicht intellektuell erfassen konnte. Grundsätzlich bin ich bemüht, meine Gedankeneinsichten auch sensuell zu erfahren, mit dem Körper zu denken. Wenn ich das schreibe und darüber „im Vorübergehen" nachdenke, sehe und verstehe ich, dass ich Reich'sche Körpertherapie entdecken, finden und mein erwachsenes Leben in der Beschäftigung damit verbringen musste. In einem anderen Zusammenhang werde ich dieser bedeutenden Erfahrung nachgehen.

Nach dieser Assoziation will ich weiter die Geschichte vom Knaben Willy erzählen. Er merkte, dass die Beziehung zwischen der Mutter und seinem Lehrer tiefer gedeiht. Einen wesentlichen Hinweis dafür erlebte er, als er an einem Nachmittag beobachtete, dass die Mutter während des Nachmittagsschlafes des Vaters in das Zimmer des Lehrers ging. Der einzige Gedanke, der sich ihm aufdrängte, war, dass der Vater aufwachen könnte. Davor hatte er große Angst. Und ab diesem Zeitpunkt ist er, wie er sagte, Aufpasser, Verfolger und Verteidiger der Mutter. Dieser Zustand dauerte etwa drei Monate, sie trafen sich täglich, immer allein und nur für einige Minuten.

Da die Zeit ihres Zusammenseins immer kurz war, dachte der Junge nicht an einen Beischlaf. Nach drei Monaten dieser spannungsreichen Zeit, die in seinen Gefühlen und Gedanken schmerzvoll und verworren war, erlebte er die Gewissheit. Der Vater war am späten Nachmittag ausgegangen. Die Mutter ging danach in das Zimmer des Lehrers und blieb lange dort. Willy wartete die ganze Zeit im Vorzimmer in einer Ecke hinter dem Schrank, voller widersprüchlicher Impulse, ins Zimmer zu gehen und zu stören oder dem Vater alles zu erzählen. Er konnte aber nichts tun, fühlte sich wie gelähmt.

Als die Mutter herauskam, waren ihre Wangen gerötet, ihr Blick irr und unstet. Da wusste er, es ist geschehen. Ob das jetzt das erste Mal war, konnte er nicht wissen. Er wollte sich aus der Ecke auf sie stürzen, und er hoffte, dass er sie so zur

Besinnung bringen könnte. Dadurch hätte er seinem Bruder und sich die Mutter und dem Vater die Ehefrau retten können. Diesen Schritt sah er auch später als die einzige Möglichkeit einer Rettung. Was ihn damals davon zurückhielt, wusste er nicht. In dem Moment geschieht in ihm etwas Merkwürdiges: Er beginnt, mit dem betrogenen Vater Mitleid zu empfinden.

Als dann kurz danach der Vater für drei Wochen verreiste, erlebte er, wie er sagte, etwas Schreckliches und Widerwärtiges, was sich tief in sein Fühlen und Denken eingrub. Er wurde nur noch Aufpasser.

Bereits in der ersten Nacht nach des Vaters Abreise – selbstverständlich konnte er nicht schlafen – hörte er, dass die Mutter das Elternschlafzimmer verlässt und in das Zimmer des Lehrers geht. Warum sie die Zimmertür nicht ganz schließt, nur angelehnt lässt, ist für ihn eine Frage. Er springt aus seinem Bett und geht vor die Tür. Da bleibt er und friert, hat Angst, die ihm Zähneklappern macht. Und da, vor der Tür, hört er genau, wie seine Mutter und der Lehrer miteinander schlafen. Er hört Küsse, Flüstern, die Geräusche, welche die Bettbewegung macht, und empfindet das alles als fürchterlich. Nur Ruhe, Ruhe soll er bewahren. Das sagte er zu sich selbst. Mit wilden Phantasien im Hirn schleicht er sich danach in sein Bett zurück – niedergeschlagen, der Freude beraubt, im Innersten zerrissen für sein ganzes Leben ...!

Das setzt sich die nächsten Wochen fort. Er schleicht sich hin und wartet, bis die Mutter aus dem Zimmer kommt. Aber langsam gewöhnte er sich daran und der Schreck schwand. Er selbst seinerseits ging ziemlich regelmäßig zum Hausmädchen. Schon vorher hat er erwähnt, dass er als Zwölfjähriger mit ihr seinen ersten Geschlechtsverkehr hatte.

Wir wissen nicht richtig, wie der Vater von der Affäre der Mutter erfährt. Alle sind sich einig, dass Willy dabei eine wichtige Rolle hatte. Nun konnte der Vater sie mit dem Beweis als Hure beschimpfen. Man hat ausgerechnet, dass sie sich vergiftet hat, als der Junge 13 war. Sie hat wohl Lysol getrunken, ein damaliges Hausreinigungsmittel. Der Todeskampf dauerte mehrere Tage. Warum man sie nicht in ein Hospital gebracht hatte? Ihre Mutter war auch dabei ... Viele Fragen sind unbeantwortet geblieben.

Die grundlegende Veränderung in der Gefühlswelt des Jungen, dass er die „Seiten wechselt" und dem Vater, vor dem er sich fürchtete, die Mutter verrät, zu der er in seiner Kindheit eine innige Beziehung hatte, die ihn vor ihm schützte, überraschte mich sehr, als ich es das erste Mal las. Das alles bot reichliches Material für die Psychoanalyse – etliche Freunde und Feinde von Reich haben versucht, das analytisch einzuordnen. Ich meine, dass dies verlorene Liebesmühe war, und möchte Reichs Schicksal von einer anderen Seite verstehen.

Nach dem Tod der Mutter ist der Vater ein gebrochener Mann. Er verbringt täglich viele Stunden im Wasser und täuscht vor, dass er fischt. Nachdem er an einer Lungenentzündung erkrankt, die nicht heilt, bekommt er Tuberkulose und stirbt 1914, im Jahr, in dem der Erste Weltkrieg ausbricht. Willy besucht in dieser Zeit das Gymnasium in Czernowitz, der Hauptstadt von Bukovina. In den Ferien und immer, wenn er Zeit hatte, arbeitete er auf dem Gut. Er übernimmt auch die Leitung des Großgrundbesitzes.

Es ist auffällig, wie er in der Zeit erwachsen wird und vielfältige Aufgaben bewältigt. Er erkrankt in dieser Zeit an Hautausschlag, der Psoriasis, die sein ganzes Leben lang nicht heilt. 1915 macht er das Abitur und verlässt für immer das väterliche Gut. Die Russen kamen in die Gegend und verwüsteten alles. 1916 wird er zum österreichischen Militärdienst eingezogen und an die Front geschickt, wo er zum Leutnant aufstieg. Er bleibt im Krieg bis 1918, dem Kriegsende.

Ab hier will ich nicht mehr die Spur des Lebens von Wilhelm Reich verfolgen. Sein ganzes Leben bestimmen – wie ich die Dinge verstehe – die Ereignisse dieser Epoche. Dem wirklich interessierten Leser meines Buches empfehle ich, wie schon vorher, die Reich-Biographie von Ilse Ollendorf Reich zu lesen.

In dem wunderbaren, obwohl grausamen Roman: „Wem die Stunde schlägt", sagt Hemingway, dass wir im Leben das tun, wofür wir geboren wurden. Als ich diesen Satz las, daran erinnere ich mich gut, fühlte ich große Erleichterung. Zu der Einsicht war auch ich gekommen, hatte und habe aber Angst vor ihr. Was ist dann mit der Verantwortung und mit der menschlichen Freiheit? Die Frage muss ich augenblicklich unbeantwortet lassen und wähle Hemingways Satz als gültig.

Noch in seinen 30er Jahren wachte Reich immer wieder auf, überwältigt von den Traumgedanken, seine Mutter ermordet zu haben. Ein so tragisches Ereignis, meinte Erik Erikson (1902-1994), ein deutsch-amerikanischer Neo-Freudianer, ist eine Rechnung, die niemals beglichen werden kann und bis ans Ende des Lebens eine existenzielle Schuld bleibt.

Das dürfte wohl die Ursache sein, weswegen Reich nie eine eigene Psychoanalyse bis zum Ende machte.

Er „bezahlte" diese Schuld damit, was er durch seine Arbeit „entdeckt" hat, ich sage lieber, gesehen hat: die Bedeutung der Sexualität in unserem menschlichen Leben, die Wichtigkeit, den Fluss der Lebensenergie in uns wieder in Bewegung zu bringen, und dass der physische und der psychische Teil unseres Wesens eine unzertrennliche Einheit bilden.

„Wilhelm Reich, Leben und Werk des Mannes, der in der Sexualität das Problem der modernen Gesellschaft erkannte und der Psychologie neue Wege wies" ist der vollständige Titel des biographischen Buches Boadellas. Reich konzentrierte den Blickwinkel seiner Forschung auf unsere Sexualität, unsere Orgasmusfähigkeit und unsere Schwierigkeiten, auf unsere Angst vor Sexualität.

Später stand die Lebensenergie im Mittelpunkt seines Interesses.

1966, viele Jahre vor Hemingways Buch, las ich „Tiefenpsychologie und neue Ethik" von Erich Neumann. Es ist ein dünnes Buch von 136 Seiten, voller tiefer Einsichten:

„Der Einzelne und sein Schicksal sind prototypisch für das Kollektiv, sie sind die Retorte, in der die Gifte und Gegengifte des Kollektivs destilliert werden. Darum gerade ist das seelische Tiefengeschehen, das den Einzelnen erfasst und sich in ihm als erfahrbar erweist, für eine Zeit des Übergangs und des kollektiven Normenzerfalls von eminenter Bedeutung.

Die Zukunft des Kollektivs lebt in der Gegenwart der von seinen Problemen bedrängten Einzelnen, welche die Organe dieses Kollektivs darstellen. Die Sensiblen, seelisch Kranken und schöpferischen Menschen sind immer die Vorläufer. Ihre gesteigerte Durchlässigkeit für die Inhalte des kollektiven Unbewussten, der Tiefenschicht, welche die Geschichte des Gruppengeschehens bestimmt, macht sie empfindlich für auftauchende neue Inhalte, die vom Kollektiv noch nicht wahrgenommen werden. Diese Menschen sind es aber auch, für welche Probleme persönlich brennend werden. (...)

Solange für das Kollektiv bestimmte Werte lebendig wirksame Mächte sind, hat der Einzelne, wenn es sich nicht um einen Ausnahmemenschen handelt, keine Wertproblematik. Er erkrankt nicht am Problem dieser Werte, denn es gibt institutionelle Formen, mit dem Wertproblem gültig umzugehen. Solange und soweit es das Sakrament der Ehe gibt, gibt es keine Neurose am Eheproblem, sondern Ehebruch und Sünde, Strafe und Verzeihung. Die Orientierung ist gültig, auch wenn der Einzelne sich ungültig verhält.

Wenn das Kollektiv aber den Wert nicht mehr besitzt, das heißt eine Wertkrise eingetreten ist, fehlt dem Einzelnen die kollektive Orientierung. Er erkrankt an einem Problem, für das es eine kollektive Antwort und eine kollektive Lösungsform nicht mehr gibt. Er gerät nun in einen Konflikt, aus dem ihn keine Institution mehr befreien kann, sondern für den er die individuelle Lösung erleiden und erfahren muss im Geschehen seines persönlichen Schicksals." (S. 13-15)

Die historische Zeit, in der Reich seine prägenden Lebensvorgänge durchschritt, war die unmittelbare Vorkriegszeit, der Erste Weltkrieg und die Nachkriegszeit. Jetzt, zum 100-jährigen „Kriegsjubiläum" leuchtete mir die geistige Bedeutung dieses Krieges auf. Eine lange historische Epoche mit ihren *Gewohnheiten und Werten*, ja, mit ihrem Kleiderstil, brach in diesem Weltkrieg zusammen. Sie kam zu ihrem Ende. Nach diesem Ersten Weltkrieg begann für uns Menschen eine neue historische Entwicklungsperiode.

Für die nächsten, vermutlich zwei, drei Jahrhunderte werden wir uns mit der Kommunikation herumschlagen müssen. Nicht mit der technischen, materiellen, schnellen, ästhetischen ..., sondern mit der wahren und lebendigen. Vieles spricht dafür, dass wir am Ende dieser historischen Epoche wahrhaftig wissen werden, dass der *Mensch,* dem ich begegne im Treppenhaus, auf der Straße, in der U-Bahn, in der Arbeit, im Urlaub, im Fernsehen – und zwar jeder –, nicht ein Türke, ein Grieche, ein Russe, ein Afrikaner oder ein Asiat, sondern ein *Mitmensch* ist ...

... und dass Mensch-Sein das Einzige ist, was uns verbindet.

Georg Ivanovitsch Gurdjieff

Der zweite Mann, dem ich grundlegende Erkenntnisse für mein und in meinem Leben zu verdanken habe, ist **Georg Ivanovitsch Gurdjieff**, geboren am 13. Januar 1866 – gestorben am 29. Oktober 1949. Anlässlich seines 50. Todestages habe ich 1999 folgenden Artikel geschrieben. Er ist in der Zeitschrift „Visionen" (6/99) erschienen.

<u>Vor 50 Jahren starb Georg Ivanovitsch Gurdjieff. Wer war er?</u>

Am 29. Oktober 1949 – es war ein Samstag – um 10:30 Uhr starb im amerikanischen Militärkrankenhaus in Neuilly bei Paris im Alter von 83 Jahren Georg Ivanovitsch Gurdjieff. Obwohl sein Tod seit einiger Zeit vorhersehbar gewesen war, wirkte er auf seine Schüler wie eine Katastrophe, wie ein verrücktes Umkehren der Natur.

„Wir fuhren direkt in das Hospital", schreibt John G. Bennett in seiner Autobiographie. „Madame de Salzmann wartete mit Thomas und Madame de Hartmann, dass der Leichnam einbalsamiert wurde. Es folgte die Aufbahrung in der verhältnismäßig kleinen Hospitalkapelle. Wir gingen in die Kapelle, wo ich zusammenbrach und an der Kirchenmauer bitter weinte."

Dr. Kenneth Walker, ein angesehener Londoner Chirurg und Schüler Gurdjieffs, schreibt: „Gurdjieff tot! Es ist schwer zu glauben, dass diese ganze Kraft, diese unvergleichbare Stärke, diese beißende Intelligenz, diese großartigen Eigenschaften nicht mehr da sind. Gurdjieff hat immer selbst alles, was er tat, festgelegt und kontrolliert, und man war versucht, sich zu überlegen, ob er nicht auch sein eigenes Sterben so ersonnen hat, dass sich dahinter eine weitere Absicht verbirgt, welche im Bezug zum Werk steht. (...) Er war ein Symbol für das Leben und für die Kraft, für die Intelligenz, für das Tun, und ich konnte ihn mit keinem anderen Zustand in Verbindung bringen.

Und ich erinnerte mich, dass der Tod für ihn ,das heilige Rascuano' war, der unvermeidbare Gottesdienst, vor dem jeder sein Knie beugen muss: ein abruptes Ende und vielleicht ein neuer Anfang. In mir klangen seine Worte wieder: ,Auf den Tod muss sich jedermann während seines Lebens vorbereiten', und ich erinnerte mich an seinen Trinkspruch: ,Auf alle diejenigen, die Kandidaten auf einen menschenwürdigen Tod sind, und auf das Wohl all derjenigen, die Kandidaten sind, wie Hunde zu verrecken.'

Die Betonung der beiden Gegensätze und sein schwerer Blick, der über uns alle glitt, um zu sehen, ob wir es verstanden haben, kamen in meiner Erinnerung hoch."

Frank Lloyd Wright, der große amerikanische Architekt, Schöpfer unter anderem des Guggenheim-Museums in New York und des Imperial-Hotels in Tokyo, ebenfalls ein Anhänger Gurdjieffs, wurde kurz nach dessen Tod von der Cooper Union in New York mit einer Medaille geehrt. Zu Beginn der Ehrung bat er, eine Erklärung abgeben zu dürfen, und sagte dann: „Vor kurzem ist der großartigste Mann in der ganzen Welt gestorben – sein Name war Gurdjieff."

Ein gründlicher Kenner der menschlichen Natur

Nun, wer war Gurdjieff? Jenen zufolge, die die Chance hatten, ihm zu begegnen und bei ihm als Schüler zu bleiben, war er imstande, immer in einem selbst die umgekehrte Frage zu erwecken: Und du, wer bist du denn?!

„Monsieur, wer sind Sie eigentlich? Ein echter oder ein falscher Meister? Ich würde mich nie auf ein Schiff begeben, ohne genau über die Dauer der Reise und über die Identität des Kapitäns im Bilde zu sein.' Auf diese verfängliche Frage hatte er mir nicht geantwortet. Ich bin mit einer solchen Wucht auf mich selbst und auf die Frage *‚Und du, wer bist denn du?'* zurückgeworfen worden, dass ich es nie vergessen werde. Das war er." – So beschreibt der französische Journalist René Zuber, ein Elsässer, den Anfang seiner Schülerschaft.

Und er war ein gründlicher Kenner der menschlichen Natur. Es gibt viele Berichte über seinen Blick. „Das Bemerkenswerteste an Monsieur Gurdjieff war sein Blick. Von der ersten Begegnung an fühlte man sich vollkommen durchschaut. Man stand unter dem Eindruck, dass er einen gesehen hatte und dass er einen besser kannte, als man sich selbst gekannt hat. Ein außergewöhnlicher Eindruck."

Wer sich ernsthaft dem stellt, was Gurdjieff wusste und lehrte, dem wird bald klar, dass er seine Lebensaufgabe gefunden hat. Viel ist über den unergründlichen Gurdjieff und über seine Lehre geschrieben worden, dennoch will ich eine knappe Zusammenfassung der Grundideen von Gurdjieffs „Psychologie" wagen.

1. Der Mensch ist die perfekteste Maschine, die es geben kann.

„Was halten Sie von der modernen Psychologie?", fragte ich einmal Gurdjieff. „Bevor wir von Psychologie reden, muss klar sein, auf wen sie sich bezieht und auf wen nicht", sagte er. „Die Psychologie handelt vom Menschen, von menschlichen Wesen. Was für eine Psychologie kann es in Bezug auf Maschinen geben? Zu deren Studium ist Mechanik vonnöten, nicht Psychologie. Darum beginnen wir mit der Mechanik. Es ist noch ein sehr langer Weg bis zur Psychologie."

Wir Menschen sind Maschinen. Wir sind unseren inneren Impulsen und der Beeinflussung von außen bedingungslos ausgeliefert: Was uns vor kurzem noch wichtig war, ist uns jetzt nicht mehr wichtig; was uns nebensächlich schien, bekommt auf einmal große Bedeutung; wir sagen und tun Dinge, für die wir uns bald darauf schämen; wir lügen, ohne es richtig zu merken, und manche Wahrheiten rutschen uns heraus, die wir besser für uns hätten behalten sollen; unsere Freundschaften arten in Feindschaften aus, unsere Liebe verwandelt sich in Hass ...

Diese Aufzählung kann endlos fortgesetzt werden. Wenn wir das eine oder andere davon gesehen haben, sind wir in der Regel entsetzt darüber, dass die Menschen so sind, ohne dass wir dabei den Reflektor auf uns selbst richten. Wenn diese unreflektierte, mechanische Wirklichkeit im sozialen und politischen Leben akkumuliert und auf die Leinwand der Weltbühne projiziert wird, erhält sie groteske und makabre Züge.

Wahre Selbsterkenntnis beginnt mit dem Studium der eigenen Mechanizität.

2. „Wacher Schlaf": Der Mensch täuscht sich über sich selbst.

Insgesamt sind dem Menschen vier Bewusstseinszustände möglich. Aber der gewöhnliche Mensch lebt in den zwei unteren Bewusstseinszuständen. Zuerst ist das der Schlaf, der passive Zustand, in dem der Mensch ein Drittel, oft auch die Hälfte seines Lebens verbringt. Und zweitens der Zustand, in dem die Menschen die andere Hälfte ihres Lebens verbringen, in dem sie auf der Straße spazieren gehen, Bücher schreiben, über erhabene Themen sprechen, an der Politik teilnehmen, ihre Kinder zeugen, sich gegenseitig umbringen. Diesen zweiten Zustand betrachten sie als aktiv und nennen ihn „klares Bewusstsein" oder „Wachzustand".

Es scheint einleuchtend, dass dieser zweite Zustand vorteilhafter ist, als der Schlaf. Wenn wir aber einen Blick in die Innenwelt des „wachen" Menschen werfen, in seine Gedanken, in die Beweggründe seiner Handlungen, dann sehen wir, dass dieser Zustand keinesfalls besser als der Schlaf ist. Im Schlaf ist der Mensch passiv, er kann nichts tun; im Wachzustand hingegen kann er unentwegt irgendetwas tun, und die Ergebnisse all seiner Handlungen fallen auf ihn und seine Umgebung zurück.

In seinem „wachen" Zustand vermag der Mensch den Fluss seiner Gedanken nicht anzuhalten, seine Vorstellungen, seine Gefühle und seine Aufmerksamkeit nicht zu beherrschen. Er lebt in einer subjektiven Welt von „Ich liebe – ich liebe nicht", „Ich habe gern – ich habe nicht gern", „Ich will – ich will nicht", „Ich möchte schon, aber ...". Das heißt, was er zu lieben oder nicht zu lieben meint, was er gern oder nicht gern zu haben meint, was er zu wollen oder nicht zu wollen meint – das alles hält er für wirklich. Die wirkliche Welt sieht er aber weder in sich noch außerhalb von sich; sie wird durch den Schleier seiner Einbildung vor ihm verborgen gehalten. Was der Mensch sein „waches Bewusstsein" nennt, ist tatsächlich Schlaf – ein viel gefährlicherer Schlaf, als der nächtliche im Bett. Beide Bewusstseinszustände, der Schlaf und der Wachzustand, sind gleichermaßen subjektiv.

3. Die Arbeit an sich selbst

Erst wenn ein Mensch anfängt, sich seiner selbst zu erinnern, beginnt er wirklich aufzuwachen. Dann sieht er, dass die Menschen alles, was sie sagen und tun, im Schlafzustand sagen und tun. All dies kann keinen Wert haben. Nur Erwachen und das, was zum Erwachen führt, hat wahrhaftig einen Wert.

Der Zustand der Selbst-Erinnerung ist der dritte Bewusstseinszustand. Wir haben ihn nicht automatisch, sondern er muss erarbeitet, entwickelt werden. Und das ist sehr schwierig. Gurdjieff sagte oft, es sei „offensichtlich, dass man einen Menschen nicht interessieren kann, wenn man zu ihm sagt, dass er nur durch lange und schwere Arbeit etwas erreichen könne, was er seiner Meinung nach schon hat. Im Gegenteil, er wird denken, sie seien verrückt oder sie wollten ihn in der Hoffnung auf persönlichen Gewinn betrügen."

Der Suchende, der ein Schüler werden könnte, muss in sich bereits eine Ahnung von diesen Dingen haben. Er muss bis zu einem gewissen Grad aufgewacht sein, weil er nur dadurch seine mechanische und schlafende Situation als solche erleben kann. Das ist conditio sine qua non, um mit dem

Gurdjieff'schen System der Arbeit an sich selbst, mit dem Werk, wirklich in Berührung zu kommen. So kann zum Beispiel der Leser diese Zeilen im „wachen Schlaf" lesen, und er wird nichts Bestürzendes darin entdecken.

4. Der Mensch hat nicht nur ein Ich, sondern viele.

Wer den Unterschied zwischen dem „wachen Träumen" und der Selbst-Erinnerung erfahren hat und sich ernsthaft bemüht, den Zustand der Selbst-Erinnerung wachzurufen und zu verlängern, wird bei der Selbstbeobachtung bald feststellen, dass er keine Einheit, sondern ein zusammengesetztes Wesen ist. Seine Gedanken laufen nach assoziativen Gesetzen, seine Gefühlsäußerungen sind dem Mögen und dem Nicht-Mögen, das heißt der Begierde und der Angst unterworfen, seine körperlichen Empfindungen richten sich nach dem Angenehmen und dem Unangenehmen.

Im Menschen sind zunächst drei eigenständige Zentren am Werk. In der Gurdjieff'schen Terminologie hat er drei „Gehirne", er ist ein „dreihirniges Wesen". Die Vorgänge, welche in den Zentren geschehen, und deren Funktionsweise erleben wir in der Ich-Form. Diese Ichs sind voneinander getrennt, sie widersprechen sich oft, und sehr häufig kennen sie sich gegenseitig gar nicht. So wird die Situation zum Beispiel eines Studenten dadurch recht verständlich: *„Ich muss lernen"*, sagt das Denkzentrum, *„Ich mag nicht sitzen bei diesem schönen Wetter, ich will spazieren gehen"*, empfindet und sagt der Körper, intuitives und Bewegungs-Zentrum, *„Was soll ich denn jetzt tun?"*, seufzt das Gemütszentrum.

Oder: Das eine „Ich" „entscheidet" am Abend, morgen früh um 6:00 Uhr aufzustehen, und geht dann schlafen. Morgen früh ist für das Aufstehen ein anderes „Ich" zuständig, das gar nicht mit dieser Entscheidung einverstanden ist, und dieses will weiterschlafen.

Der Mensch ist eine Vielheit. In ihm wechseln ständig die Ichs; sie bekämpfen und booten sich gegenseitig aus. Und nichts in uns kann diesen Wechsel der Ichs lenken, vor allem deshalb, weil wir nichts davon wissen, wir bemerken ihn nicht. Wir schenken immer dem letzten Glauben.

5. Objektive Selbstbeobachtung

Andeutungen waren in Gurdjieffs Methode ein wichtiges Mittel des Lehrens. Auch wir müssen sie hier verwenden.

- Neben den drei niederen Zentren (s.o.) gibt es im Menschen das höhere Gefühls- und das höhere Denkzentrum. Diese bleiben uns, da wir von uns selbst entfernt sind, verschlossen, außer in Augenblicken besonders tiefer Erlebnisse. Die Arbeit an sich selbst kann – und soll – uns ermöglichen, auch in den höheren Zentren zu leben.

- Wesenskern und Persönlichkeit – Aspekte von mir – können folgendermaßen beschrieben werden: Der, der ich nicht bin – die Persönlichkeit –, nimmt den Platz von dem ein, der ich bin – der Wesenskern –, der aber zu schwach ist, um wirklich zu sein, und zwar lange – ohne eben diese Arbeit. Diese erfordert

- das Herausfiltern des eigenen Typus und des eigenen Hauptzuges,

- das Lernen der Selbsterinnerung und der Selbstbeobachtung, Unparteilichkeit und Objektivität mir selbst gegenüber und

- das Studium der Eigenschaften unseres „wachen Schlafes": Identifikation, Negativität, Beeinflussbarkeit, Lügen und Faulheit. Besonders wichtig ist das Studium der „Morgen-Krankheit" – unser ständiges Aufschieben der Dinge in der Annahme, dass wir sie später besser machen würden.

6. Die Notwendigkeit der organisierten Arbeit

All das und noch viel mehr „unparteiisch" – Gurdjieffs Lieblingswort – in sich selbst zu sehen, ist ohne Hilfe nicht möglich. So sagt Gurdjieff zu Ouspensky: *„Sie verstehen Ihre eigene Lage nicht. Sie sind im Gefängnis (unser Wacher Schlaf). Alles, was Sie wünschen können, wenn Sie ein vernünftiger Mann sind, ist zu entkommen. Aber wie entkommen? Es ist notwendig,* *eine Mauer zu untertunneln. Einer allein kann nichts tun. Aber lassen Sie uns annehmen, dass 10 oder 20 Menschen da sind – wenn sie in Schichten arbeiten und einer den anderen deckt, können sie den Tunnel vollenden und entkommen. Außerdem kann niemand aus einem Gefängnis ausbrechen ohne die Hilfe schon zuvor Entkommener. Diese allein werden sagen können, in welcher Richtung die Fluchtmöglichkeit ist, und können auch Werkzeuge besorgen. Aber ein Gefangener allein kann diese Leute nicht finden und auch nicht mit ihnen in Beziehung treten. Dazu ist eine Organisation notwendig. Ohne eine Organisation kann nichts erreicht werden.* "

Gurdjieff vergleicht oft unsere Lage mit der eines Gefängnisinsassen. Dabei betont er immer: Damit ein Mensch im Gefängnis überhaupt eine Fluchtmöglichkeit haben kann, muss er zuallererst erkennen, dass er im Gefängnis sitzt. Ohne diese Erkenntnis kann ihm niemand helfen.

Wenn Befreiung überhaupt möglich ist, dann ist sie nur als Ergebnis harter Arbeit und großer Anstrengungen zu erreichen und vor allem durch bewusstes Streben nach einem festen Ziel. Und das Hauptziel der Arbeit ist und bleibt das Entwickeln einer neuen und beständigen Aufmerksamkeit.

Das Institut für die harmonische Entwicklung des Menschen

Weil der Mensch nur durch eine organisierte Arbeit in die Freiheit gelangen kann, beginnt Gurdjieff nach seinem Erscheinen 1912 in Moskau und in St. Petersburg, Gruppen zu bilden. Er bleibt in Russland während des Krieges und der

Revolution bis 1920. In diesem Jahr kommt er mit einem Teil seiner Familie und mit einigen Schülern in die Türkei. Es folgt ein Suchen, wo er sich in Europa niederlassen könnte. 1922 schlägt er seine Zelte endgültig in Frankreich auf. Im Herbst dieses Jahres eröffnet er in Schloß Prieuré in der Gemeinde Avon bei Fontainebleau das „Institut für die harmonische Entwicklung des Menschen".

Über die Art und Weise, wie Gurdjieff in Prieuré lehrte, wie das dortige Leben organisiert war, welche Besucher kamen, wer und was die Schüler waren, ist sehr viel geschrieben und erzählt worden. Da nur durch Reibung, durch den Kampf zwischen Ja und Nein die Energie erzeugt werden kann, welche zur Wandlung notwendig ist, schuf er immer wieder meisterhafte Reibungssituationen, welche diesen Kampf herbeiführten.

Bewusste Arbeit und absichtliches Leiden bieten die einzige Möglichkeit, dass wir aufwachen und in die Freiheit ausbrechen. – Aber dagegen wehren wir uns, und aus uns selbst heraus können wir nicht anders. Was immer Gurdjieff tat, tat er, um seinen Schülern klarzumachen, wie ihre Situation ist und dass sie sich wandeln müssen. Der Spruch, der in Prieuré zu lesen war: „Hier kann man nur Bedingungen schaffen und sie lenken, aber nicht helfen", erinnerte sie ständig daran.

Musik und Movements

Ein sehr wichtiges Mittel in Gurdjieffs Lehren waren die Musik und die *Movements*, auch Heilige Tänze oder Tempeltänze genannt. Er selbst spielte auf seiner „Harmoniola", einem kleinen Harmonium besonderer Bauart. Seine Improvisationen riefen, wie Zeugen berichten, in den Anwesenden ein Gebet hervor, eine ferne Erinnerung und Sehnsucht oder ein getanztes Märchen.

Thomas de Hartmann (1885-1956), bereits ein bekannter Komponist, wurde 1916 Gurdjieffs Schüler in St. Petersburg, kurz danach auch seine schöne junge Frau Olga, eine Opernsängerin. Sie blieben um Gurdjieff in Russland und kamen mit ihm über Konstantinopel nach Europa, und in Prieuré übernahmen sie eine wichtige Rolle im Leben des Institutes.

Die Musik, welche nun als „Gurdjieff/de Hartmann"-Musik bekannt ist, entstand im Wesentlichen in den Jahren 1917 bis 1929. Es ist notwendig zu verstehen, dass sie einer Schule entstammt und für diese Schule komponiert wurde. Das Ziel dieser Schule war identisch mit dem jener Schule, welche Pythagoras um 550 v.Chr. in Süditalien gründete: Selbsterkenntnis und Entwicklung des Bewusstseins. „Objektive Kunst", ein Begriff, mit dem wir kaum etwas anfangen können, hat im Gurdjieff'schen System, wie auch bei Pythagoras, eine wesentliche Bedeutung.

Sowohl die Musik als auch die Movements, die heiligen Tänze, sollten solche Kunst sein.

Einer Fülle von Musik- und Tanzformen begegnete Gurdjieff zunächst in seiner Heimat Armenien, dann auch auf seinen langen und wiederholten Reisen durch Zentralasien bis nach Tibet und in Nordafrika bis nach Abessinien. Das Charakteristische dieser Musik, die lange tradiert wurde und im Weltlich-Profanen und dem Geistlich-Religiösen wurzelt, trug er zusammen. So lieferte der musikalisch sehr begabte und intuitive Gurdjieff Melodien und Rhythmen: Er summte, pfiff oder spielte auch mit einem Finger auf dem Klavier, und der Komponist de Hartmann versah es mit Harmonie und strukturellen Feinheiten. Die Musik wurde sowohl für die Movements als auch für die internen Institutskonzerte geschrieben.

Einige Male zu Gurdjieffs Lebzeiten wurden die heiligen Tänze auch öffentlich vorgeführt: in Paris, in New York, Philadelphia, Boston und Chicago. Hier ein Zitat aus einem Programm dieser Vorführungen: „Das Programm dieses Abends ist vor allem den Bewegungen des menschlichen Körpers gewidmet, wie sie von der Kunst des antiken Ostens in der heiligen Gymnastik, den heiligen Tänzen und den religiösen Zeremonien aufgezeigt wurden, welche in Tempeln Turkestans, Tibets, Afghanistans, Kafiristans und Chitrals enthalten sind ... Heilige Tänze sind stets eines der wesentlichen Themen gewesen, die in esoterischen Schulen des Ostens gelehrt wurden. Eine solche Gymnastik hat ein doppeltes Ziel: Sie enthält und drückt eine gewisse Form des Wissens aus, und gleichzeitig dient sie als Mittel, um einen harmonischen Seinszustand zu erlangen. Man erreicht die weitestmöglichen Grenzen seiner Stärke durch eine Kombination unnatürlicher Bewegungen in der individuellen Gymnastik, die dazu dient, gewissen Empfindungsqualitäten verschiedene Grade der Konzentration zuzuordnen und die erforderliche Kontrolle des Denkens und der Sinne zu erlangen."

Allerdings so, wie wir nicht beschreiben können, wie Salz schmeckt, besagen auch diese Sätze nicht, was in einem Übenden vor sich geht, wenn er die Movements übt. Für den Verfasser dieser Zeilen ist jede „Movements class" eine Herausforderung besonderer Art.

In dieser Darlegung kann auf die weiteren Lebensdaten von Gurdjieff und auf seine Kosmologie und Kosmogonie nicht eingegangen werden. Sie sind aber keineswegs weniger interessant und herausfordernd.

Wer das Gelesene vertiefen und umsetzen will ...

Für den, der wirklich an diesem System interessiert ist, nun zwei in der Erfahrung begründete Hinweise, erstens: Zum Einstieg können zwei Bücher sehr hilfreich sein: „Auf der Suche nach dem Wunderbaren" von P. Ouspensky (O.W.Barth, Bern/München 1978) und „Unterwegs zum Selbst"

von Jean Vaysse. Und dann muss er sich an den Meister selbst wagen: „Beelzebubs Erzählungen für seinen Enkel" von Gurdjefff (Sphinx, Basel 1991), welches, wie in der Einleitung wörtlich steht, dreimal nacheinander gelesen werden muss; dann „Begegnungen mit bemerkenswerten Menschen" (Aurum, Freiburg 1988) und „Das Leben ist nur dann wirklich, wenn ‚Ich bin'" (Sphinx, Basel 1990). Diese Reihenfolge ist von Gurdjieff selbst angegeben. Zweitens: Der Versuch, nach dem Lesen im Alleingang danach zu arbeiten, wird nicht fruchten. Der Interessierte muss nach einer Gruppe Ausschau halten. Dabei ist sein Unterscheidungsvermögen gefragt – falls er eines hat. Das ist keinesfalls sarkastisch gemeint: Ein reifes Unterscheidungsvermögen ist eine großartige menschliche Qualität. Ein Ziel der Arbeit an sich selbst ist es, diese zu entwickeln. Gurdjieff tat vieles, um bei seinen Schülern das Unterscheidungsvermögen zu fördern.

Padmasambhava, einer der Väter, oder genauer, der Vater des tibetischen Buddhismus, empfahl in Bezug auf das Begehen des „direkten Pfades", viele Bücher über die verschiedenen Religionen und Philosophien zu lesen, den Reden vieler Gelehrter und Lehrer zu lauschen, die voneinander abweichenden Lehrsätze erst anzunehmen und sie dann selbst nachzuprüfen, unter allen diesen sich eine Lehre auszuwählen und die anderen fahren zu lassen – so, wie der Adler sich seine Beute aus der Herde herauswählt.

Die Beute, auf die ich mich gestürzt habe, war das Gurdjieff-System der Arbeit an sich selbst. Dass ich es gefunden habe, darüber kann ich nur froh und dafür dankbar sein.[7]

---

[7] Zitate und Beschreibungen in diesem Artikel in „Visionen" 6/99 sind folgenden Büchern entnommen: J.G. Benneth, Das Durchqueren des großen Flusses. Gurdjieff-Aufbau einer neuen Welt; J.G. Benneth und E. Benneth, Idiots in Paris; Kennet Walker, Venture with ideas. A Study of Gurdjieffs Teaching; Ouspensky, Auf der Suche nach dem Wunderbaren. Bewusstsein und Gewissen. Der vierte Weg; Anonym, Gurdjieffs Gespräche mit seinen Schülern; James Moore, Georg Ivanovitsch Gurdjieff – Eine Biographie;

René Zuber, Wer sind Sie, Monsieur Gurdjieff?; Thomas und Olga de Hartmann, Our life with Mr. Gurdjieff; Margret Anderson, The unknowable Gurdjieff; A.L. Stavely, Memories of Gurdjieff; Fritz Peters, Boyhood with Gurdjieff; Alexandra David-Néel, Heilige und Hexer

Über den Autor

Vladimir Bošnjak wurde 1937 in Kroatien geboren, 1961 kam er nach München. Er studierte Philosophie, katholische Theologie, Psychologie und Sozialpädagogik in Zagreb, München, Paris und Los Angeles. Seine Trainings für Psychotherapie machte er in München, New York und Los Angeles.

Von 1971 bis 1975 arbeitete er als Therapeut in der Drogenberatung der Stadt München, von 1975 bis 2008 machte er sich selbstständig in eigenen Praxen in München, Nürnberg sowie im Zentrum „Studierhaus Stüch" in Heiligenstadt in Oberfranken, Landkreis Bamberg.

Heute pendelt er als Ruheständler zwischen der Schweiz und Deutschland.

Kontakt: vl.bosnjak@web.de

Lightning Source UK Ltd.
Milton Keynes UK
UKHW020207141220
375014UK00004B/420